生态环境产教融合系列教材

采购管理

李亚东　主编

谷　静　赵婷婷　孟媛媛　刘一健　副主编

中国环境出版集团·北京

图书在版编目（CIP）数据

采购管理 / 李亚东主编 ; 谷静等副主编. -- 北京 : 中国环境出版集团, 2025. 6. -- (生态环境产教融合系列教材). -- ISBN 978-7-5111-6137-6

Ⅰ. F253.2

中国国家版本馆 CIP 数据核字第 2025GT9457 号

责任编辑 王 洋
封面设计 宋 瑞

出版发行 中国环境出版集团
（100062 北京市东城区广渠门内大街 16 号）
网　　址：http://www.cesp.com.cn
电子邮箱：bjgl@cesp.com.cn
联系电话：010-67112765（编辑管理部）
010-67113412（第二分社）
发行热线：010-67125803，010-67113405（传真）
印 刷 北京鑫益晖印刷有限公司
经 销 各地新华书店
版 次 2025 年 6 月第 1 版
印 次 2025 年 6 月第 1 次印刷
开 本 787×1092 1/16
印 张 16.5
字 数 469 千字
定 价 65.00 元

生态环境产教融合系列教材编委会

生态环境产教融合系列教材

总　序

培养大批应用型人才是贯彻落实党中央、国务院关于教育综合改革决策部署的必要之举，产教融合是高等学校培养应用型人才的必由之路。2017 年，国务院办公厅印发《关于深化产教融合的若干意见》（国办发〔2017〕95 号），明确要求深化职业教育、高等教育等改革，发挥企业重要主体作用，促进人才培养供给侧和产业需求侧结构与要素全方位融合，培养大批高素质创新人才和技术技能人才。深入推进产教融合在解决教育链与产业链脱节问题，将最新理论和技术落实落地，打破产业发展瓶颈，提升高校应用型人才培养质量等方面具有重要意义。

教材作为知识的载体，体现了人才培养目标的要求，是开展教学的基本工具，更是人才培养质量的重要保证。面对应用型人才培养的要求，教材改革迫在眉睫。目前在应用型人才培养过程中普遍缺乏合适的教材，往往借用原有的普通本科教材，其教学要求、教学内容和教学模式，都不适用于强调实践能力的应用型人才培养，难以实现应用型人才的培养目标；有些应用型教材地域性过于明显，或不成体系，限制了学生对行业整体性的了解。因此，面对行业产业需求，将专业教育链与对应的产业链有机衔接，编写兼具适用性和实用性的应用型系列教材非常迫切，并具有重要的现实意义。

党的二十大提出建设人与自然和谐共生的现代化。2023 年 12 月中共中央、国务院印发《关于全面推进美丽中国建设的意见》，明确了要加快形成以实现人与自然和谐共生现代化为导向的美丽中国建设新格局。贯彻落实习近平生态文明思想，加快形成绿色低碳生产生活方式，把建设美丽中国转化为社会行为自觉，已成为新时代发展的必然趋势。高等学校是人才培养、文化传承的重要阵地，在美丽中国建设中，要承担起培养生态文明建设人才、传播习近平生态文明思想、提高全民生态文明素质的重任。面对生态文明建设的新形势和美丽中国建设的明确要求，培养适应生态文明建设需要的应用型、复合型、创新型人才非常迫切。因为生态环境问题的交叉性、系统性和复杂性，在各行各业、生产生活各领域都存在生态环境问题，所以生态环境问题的解决不是某一个行业的事情。这样就使生态环境人才的培养具有两方面特点：一方面具有鲜明的应用型特点，要能够解决各行各业、各个领域的环境问题；另一方面具有交叉复合型特点，培养生态环境人才不仅仅是生态环境类专业独有的任务。因此，高等学校要站在将生态文明建设纳入"五位一体"总体布局的高度，将专业人才培养链与行业产业的生态环境需求有机衔接，培养生态文明建设需要的应用型人才。所以，开发针对各行各业生态环境问题的产教融合系列教材迫在眉睫。

河北环境工程学院前身是中国环境管理干部学院，由中国环保事业的奠基者曲格平先生创建，是中国最早开展环境教育的高校之一。建校40余年来，学校历经环保干部轮训、环保局长岗位培训、成人高等教育、高职教育、本科教育，为环保事业源源不断地输送了大批中坚和骨干力量。学校在我国环保事业发展的各个阶段都发挥了重要作用，其发展历程见证了中国环境保护事业的发展历程，长期以来被誉为环保系统的"黄埔军校"。近几年，学校坚持应用型办学定位，以绿色低碳高质量发展需求为导向，优化学科专业结构，建设与行业产业需求有机衔接的专业集群；以产教融合为人才培养主要路径，建立产教融合协同育人的有效机制；以培养高素质应用型人才为根本目标，建立"跨学科交叉、校政企共育共管、多元协同促教"的应用型人才培养模式，改革课程体系和教育教学方法。其中，以课程建设为突破口，以产教融合应用型教材开发为抓手，针对生态环境类专业，梳理生态环保行业的需求，校企合作编写应用型教材；针对非生态环境类专业，梳理其对应的行业产业相应的绿色低碳发展需求，跨学科、跨行业校企合作开发相关教材。通过几年的实践探索，校企合作开发了这套生态环境产教融合系列教材，以期解决高等学校生态环境应用型人才培养缺乏适用教材的问题。

本系列教材以习近平生态文明思想为指导，坚持绿色低碳发展理念，覆盖多学科门类和行业产业领域，具有鲜明的生态环境特色。系列教材中的环境类专业课程教材，直接与生态环境保护产业链相关领域结合，培养服务生态环保行业的应用型人才；系列教材中的非环境类专业课程教材，针对其行业产业链中存在的生态环境相关问题，有针对性地将绿色低碳理念融入教材教学内容，奠定学生坚实的生态文明职业素养。在具体的教材建设环节，成立了由高校“双师型”教师及行业企业一线具有丰富生产经验的专家组成的教材编写组，充分发挥校企合作双主体优势，立足于企业现实岗位中的具体工作过程，采取案例式、任务式、项目式教学设计模式，将企业先进的生产技术、管理理念和课程思政等教育元素融入教材，真正实现教材内容与企业具体岗位的需要全面融合，全方位保证了教材的适应性。本系列教材填补了全国生态环境产教融合应用型系列教材的空白，可供各普通本科院校、职业院校的生态环境类专业学生使用；同时，对非生态环境类专业但开设与生态环境相关课程的，也可选取系列教材中相关的教材使用。

前　言

采购管理作为现代企业管理的重要组成部分，是企业实现资源优化配置、提升运营效率、增强市场竞争力的关键环节。随着全球经济一体化的深入发展，供应链管理的复杂性和重要性日益凸显，采购管理在企业战略中的地位也越发显著。无论是制造型企业还是服务型企业，采购管理都直接影响企业的成本控制、产品质量、交付周期以及客户满意度。因此，掌握采购管理的理论与实践技能，不仅是企业管理者的必修课，也是经济生产活动中不可或缺的核心能力。

本教材的编写旨在适应新时代背景下企业对采购管理人才的需求，紧密结合产教融合的理念，推动应用型人才培养模式的转型与创新。教材内容以实际工作场景为导向，注重理论与实践相结合，力求为学生和从业人员提供系统化、实用化的知识体系。

本教材共分为八个项目，涵盖了采购管理的核心领域：项目一为采购管理认知，系统介绍了采购管理的基本概念、发展历程及其重要性；项目二为采购管理组织，探讨了采购部门的组织结构、职能划分及专业能力与素质要求；项目三为采购计划与预算管理，详细讲解了采购计划的制订、预算编制方法；项目四为采购方式，分析了不同采购方式的特点和适用场景；项目五为采购谈判与采购合同，阐述了采购谈判的策略与技巧，以及采购合同的签订与风险管理；项目六为供应商管理，深入探讨了供应商选择、评估、关系管理及协同发展等问题；项目七为采购绩效管理，介绍了采购绩效评估的指标体系及优化策略；项目八为战略采购与数字化采购，结合行业发展趋势，探讨了战略采购和数字化技术在采购管理中的应用。每个项目均以实际案例为引导，力求帮助读者在学习过程中实现知识与技能的双重提升。同时，教材还融入了大量的企业真实案例和行业前沿动态，使读者能够更好地理解采购管理在实际工作中的应用场景。

在本教材编写过程中，编写组参考了大量实际案例，特别是京东政企业务、顺丰数智采购管理平台、菜鸟集团供应商管理平台在采购与供应链管理领域的创新实践案例，这些案例很好地反映了中国企业在全球化竞争中的卓越表现。在此，向这些企业一并表示由衷的感谢，感谢他们为行业发展所做的贡献，也感谢他们为本教材提供了宝贵的实践参考。

本教材由李亚东担任主编，谷静、赵婷婷、孟媛媛、刘一健担任副主编。石浩、张松、冯晓萍等企业一线工作人员参与编写，编写团队由高校教师与企业人员共同组成，既保证了理论体系的严谨性，又确保了内容的实用性和前瞻性。

另外，衷心感谢北京京鸿物流有限公司、河北金硕松面业有限公司、天津亿得达国际物流有限公司等企业的一线工作人员对本教材编写工作的支持与帮助。他们结合自身丰富的实践经验，为教材提供了指导和行业洞见。同时，也感谢所有为本书出版付出辛勤努力的同事和朋友们。希望本教材能够为采购管理领域的学习者、从业者以及研究者提供有益的参考和启发，为推动采购管理理论与实践的发展贡献一份力量。

尽管在编写过程中编写组力求准确与全面，但由于水平有限，书中难免存在疏漏或不足之处。恳请广大读者和业界同仁不吝指正，提出宝贵意见，以便在今后的修订中不断完善。

最后，希望本书能为读者提供一些有益的启发，也期待与大家共同探讨物流与供应链管理领域的未来发展。

李亚东

2024 年 8 月

目 录

项目一　采购管理认知

【学习目标】

一、知识与能力目标

◆　清晰阐释采购的内涵；

◆　熟练记忆采购的原则、地位和分类；

◆　能够清晰描述采购作业的一般流程，并概括各环节的注意事项；

◆　在给定的情景下，能够分析出企业所使用的采购方式及其特点；

◆　能够概括采购管理的发展阶段及目标；

◆　对采购管理领域新概念有一定的认知和了解。

二、价值目标

◆　培养供应链系统思维，能够从供应链视角认识采购与采购管理；

◆　能够在供应链管理视角和可持续发展理念下，审视推行绿色采购的重要意义。

【课前任务驱动】

国家邮政局部署开展行业绿色采购试点工作

请结合《方案》的内容和本项目的相关知识点，对以下问题进行分析与研讨：

1）请对邮政快递行业开展绿色采购的必要性进行分析。

2）请从供应链视角分析，国家邮政局印发《行业绿色采购试点工作方案》的目的和意义是什么？

3）请对案例中试点企业的绿色采购实践实施情况进行调研和交流。

任务一　认知采购

【企业实践案例 1-1：关于采购定义的研讨】

唯品会宣布终止自营快递业务，将委托顺丰提供配送服务

2019 年 11 月 25 日，唯品会宣布与顺丰达成业务合作。即日起，唯品会将终止旗下自营快递品骏的快递业务，委托顺丰作为其物流配送服务供应商。目前，唯品会日均订单量达百万级，对快递业务与配送服务水平提出更高的运力要求。此外，受限于单平台规模效应，唯品会自营物流品骏快递的单件物流成本高于快递行业平均水平。自 2018 年下半年起，唯品会宣布回归特卖战略中心，此次自营快递业务调整符合集团的整体业务策略——提高物流效率，在进一步专注品牌特卖核心业务的同时降低履约费用，从而强化运营效能与盈利能力。“最后一公里”是消费者网购体验的关键环节，唯品会对物流合作商有明确的服务质量要求，设置配送时限、妥投率、投诉率等多项指标进行考核，以充分保障用户的优质消费体验。

资料来源：新浪新闻　时间：2019-11-25

请结合案例及下述关于“采购的定义”知识点，对以下问题开展研讨：

1）唯品会委托顺丰作为其物流配送服务供应商的行为是否属于采购行为，为什么？

2）唯品会除了使用顺丰的配送服务产品以外，还获取了顺丰速运的哪些潜在价值？

3）唯品会委托顺丰作为其物流配送服务供应商，是如何体现“采购既要保证供应，满足企业现有的生产经营活动的需求，更要面向未来，支撑企业长远的发展战略”的？

一、采购的定义

采购是经济发展和社会分工高度精细化的产物。在过去企业纵向集成的经济模式下，很多企业追求大而全的经营战略，也就是说，企业需要的原材料或产品，会通过收购或者自制的方式来完成内部供给。久而久之，这类企业对外界市场变化的敏感度逐渐降低，从而在市场竞争中的优势逐渐减弱。反之，那些横向集成度较高的企业在市场竞争中的优势越来越凸显。这是因为横向集成就是供应链上每个企业都专注于自身的核心业务，非核心业务的供给依靠外部专业供应商的供应。在横向集成的供应链当中，每个企业要想完成生产任务，都需要高度依赖外界供应商，供应商供给的产品质量、供应速度等问题都对企业的生产有着非常重要的影响。企业要想控制好这些环节和问题，就需要对采购环节进行有效的管理和监督控制。因此，采购管理便逐渐成为企业管理供应商和提升供应链竞争优势的重要窗口，采购管理职能的重要程度也日益凸显。在现代化经济社会中，“采购”是一个普通但又重要的概念，有狭义和广义之分。

（1）狭义的采购

狭义的采购是指以购买的方式，由买方支付对等的价格，向卖方换取物品或服务所有权行为的过程，在买卖双方的交易过程中，伴随所有权的转移。在该概念中，企业资源获取的渠道仅是以购买的方式，通过支付供应商一定的资金，获取供应商的产品。而在企业的生产实践中，购买仅是企业获取资源的方式之一。

（2）广义的采购

广义的采购是指企业以各种方法优选获取外部资源，以满足企业经营与战略需要的行为，除以购买的方式获取产品的所有权之外，还可以通过租赁、借贷、交换、外包、战略联盟等途径取得产品或服务的使用权，以达到满足生产经营需求的目的。该定义包含了以下三个关键信息：

1）广义的采购是从资源市场，通过优选取得外部资源的过程。其强调获取外部资源的使用权及价值，并不一定发生所有权的转移。

2）获取的资源可以是实物产品，也可以是服务产品，还可以是其他潜在的价值。随着企业经营范围和品类的扩充，各类新兴行业不断涌现，采购的边界也在不断扩大，采购的外部资源可以是产品，也可以是服务和技术。从企业需求角度看，采购的外部资源可以是供应商的现有产品和服务，也可以是供应商的软实力，如供应商的品牌影响力、供应商的研发能力、供应商的渠道等。因此，企业采购不应该是简单的购买行为，而应该成为企业竞争优势构建的重要渠道。

3）采购既要保证供应，满足企业现有的生产经营活动的需求，更要面向未来，支撑企业长远的发展战略。这就要求采购管理人员不能仅仅站在采购部门的角度，单纯地解决保证供应问题、降本问题，更多的是要站在企业经营者的高度，通盘考虑。企业通过与有差异化竞争优势的外部资源供应商建立战略合作伙伴关系，支撑企业未来发展。

【企业实践案例 1-2：关于采购分类的研讨】

京东 2023-行政服务中心-北京总部职场绿植租摆项目招标

一、项目概况

北京总部办公区室内绿植租摆项目招标需求。

二、项目目标

（一）需求内容

项目涵盖京东总部 1 号、2 号、3 号、4 号楼、凯恩帝职场；预中标供应商据甲方分配规则提供服务。

（二）服务内容

1. 绿植养护：供应商需提供绿植租摆及伴随服务。其中绿植的摆放设计、摆放位置和数量，绿植品种、高度、形状，花缸质地、外型、颜色及与绿植相适配的规格、尺寸等必须经甲方事先确定后方可实施。养护所需要的工具和药剂全部由乙方提供，药剂要求必须由正规厂家生产，符合国家规范、质量检测合格、绿色环保、无污染。

2. 造景设计：要求供应商具备造景能力并提供优秀案例，且具备专业的造景设计师；完成不同场景绿植设计方案。

3. 旋转门仿真花设计、制作和维护：旋转门内仿真花的设计、制作，每周进行清洁。

4. 特殊定制项目：如节假日、庆典绿植花卉布置、VIP 会议布置等，要求进行设计、制作、维护等。

（三）供应商资质要求

1. 公司成立 2 年以上且有室内绿植行业经验。

2. 注册资金大于等于 500 万元；企业最近一年营业额大于 500 万元，前二年、三年大于 300 万元；需提供法定代表人授权书。

3. 公司近两年必须有大型综合性写字楼、互联网企业或购物中心室内绿植养护经验，服务规模不小于 10 万平方米；有专业的设计团队，可以独立完成不同场景绿植设计方案。

4. 企业无行政处罚、失信记录。

资料来源：京东招采供应商协同平台　时间：2023-06-13

请结合案例及下述“采购的分类”知识点，对以下问题开展研讨：

1）京东 2023-行政服务中心-北京总部职场绿植租摆项目招标，属于哪类产品采购？

2）请根据以上案例以及所学知识，分析并总结与实物产品采购相比，服务产品采购有何特点？

二、采购的分类

按照不同的分类标准，我们可以将企业的采购按照以下几种方式进行划分。关于各种采购方式的利弊分析以及适用情况等内容在后续章节将详细展开讲解。

1）按照采购行为的主体划分，可以分为个人采购和组织采购。个人采购的目的主要是生活消费，而组织采购的目的往往是经营。组织采购根据组织的性质不同，可以划分为企业采购、政府采购和其他社会团体采购，本教材以企业采购管理行为作为主要研究对象。

2）按照采购行为的客体划分，可以分为有形实物产品采购和无形劳务产品采购。有形实物产品主要包括原材料、辅助材料、零部件、半成品、成品、机器设备以及保养、维修与运营产品（maintenance，repair and operation，MRO）等。无形劳务产品主要包括技术和服务，技术采购一般包括专利、商标、版权和专业技术的获取，服务采购包括售前服务、售后服务、专业服务、物流服务等的采购。有形实物产品采购的规格、型号、质量标准容易界定，无形劳务产品采购的相关标准要借助服务质量说明书进行规范和说明。

3）按照采购技术划分，可以分为传统采购和现代采购。传统采购包括询价采购、议价采购等；现代采购包括订货点采购、企业资源计划（enterprise resource planning，ERP）采购、制订物料需求计划（material requirement planning，MRP）采购、准时制（just in time，JIT）采购、供应商管理库存（vendor managed inventory，VMI）采购、电子采购和数字化采购。

4）按照采购环节划分，可以分为直接采购和间接采购。直接采购是需求单位的采购部门直接与供应商签订采购合同并完成供应的过程。间接采购目前采用较多的方式包括采购业务外包和联合采购。

5）按照采购的时间跨度划分，可以分为长期合同采购和短期临时采购。

6）按照企业的采购制度和组织方式划分，可以分为集中采购、分散采购、混合采购、招投标采购和定价采购等。

7）按照采购活动涉及的地域范围划分，可以分为国内采购和国际采购。随着贸易全球化进程的加快，为了获取更优质的供应商资源或者更有竞争力的价格，国际采购趋势越来越明显。但是国内采购和国际采购各有利弊，企业需要多方权衡利弊，选择合适的采购方式。

【企业实践案例 1-3：关于企业采购特点的研讨】

广西应急管理部门与京东合作建立应急物资紧急采购新模式

2022 年 11 月，广西 14 个设区市、111 个县（市、区）与京东集团签订应急物资紧急采购协议，在全区应急管理系统建立了应急物资紧急采购新模式。广西应急管理部门采用

“借鸡生蛋”原理，借用京东的物资储备库和京东物流，实现了政府、企业以及受灾群众的“三赢”。

（1）打开新思路

2020年一场不期而至的疫情改变了社会生产和生活的方方面面。京东完备的物资储备系统、高效的物资配送物流系统给应急管理部门提供了新思路。广西应急管理部门能不能建立一套新的应急物资紧急采购模式？如何借用京东的物资储备库和物流系统，在大灾大难时，直接从京东的储备库里调配物资并点对点运送到受灾群众手中？

广西应急管理厅于2020年年底与京东集团签署了“新型应急物资保障合作协议”和“应急物资采购协议”；2021年年底，全区14个设区市和111个县（市、区）全部与京东集团签订应急物资紧急采购协议，在全区各级应急部门建立了应急物资紧急采购新模式。

（2）老模式痛点多

之所以大家能很快达成一致并推进这项工作，也是基于之前应急物资储备的诸多问题。广西应急管理厅救灾和物资保障处负责人介绍道，以前应急物资储备基本上是自建物资储备库或者找一些商超合作进行协议代储。自建物资储备库不仅要花费大量的人力、物力和财力，还有很多的易耗品损耗。例如，食品类的存储时间短，定期就得更换过期食品。而且越到基层，因为财力问题，自建的物资储备库的存储条件并不是很好，也容易导致物品损耗。例如，广西气候潮湿，储备的棉被等容易发潮发霉，无形中又增加了储备费用。后来，商超兴起以后，应急储备又多了一个渠道，就是协议代储。商超的流动性比自建物资储备库流动性强一些，但是要给商超代储费用。一年下来，利用商超代储全区要支出几百万元，而且商超代储的物资也不是很全，储存条件也非常一般。除了应急物资储备的相关问题以外，当灾害发生时，物流配送也是个大问题。自然灾害有很多，如地震、洪水、台风，不管哪一类，一旦发生，很容易出现断水断电，甚至断路。在这种条件下，要将物资储备及时配送到受灾群众手中，物流是一个大难题，同时需要不少费用。

（3）“借鸡生蛋”解决痛点

广西应急管理厅与京东合作，建立全区应急物资紧急采购新模式，借助京东发达的“神经末梢”较好地解决了应急物资紧急配送“最后一公里”问题。“京东集团建有自成体系的物流配送网络，物流网点深入城乡，分布广泛，配送人力资源丰富，配送的时效性强，对于解决当前应急部门救援救灾物资人员不足、运力缺乏、时效性差等短板问题具有较好的补充作用。利用京东的这两大系统对应急物资进行代储和配送，相当于‘借鸡生蛋’，可以实现应急物资的保鲜和保质。另外，京东践行社会责任，承诺不收取代储费用和物流运输费用，给财政节约了一大笔费用。”广西应急管理厅救灾和物资保障处负责人介绍说，当灾害发生时，各级应急管理系统从京东应急平台上下单，就可以启动应急储备系统，给灾区迅速配送受灾物资。这些受灾物资将通过紧急采购的形式，先配送后结算。这样可以保证受灾群众在第一时间吃上最新鲜的食物、喝上最新鲜的水以及盖上最温暖干爽的棉被。

资料来源：中国政府采购报 时间：2022-11-03

请结合该案例以及下述“企业采购的特点”知识点，对以下问题开展分析与研讨：

1）广西应急管理厅救灾和物资保障处的采购与普通企业的采购相比是否具备“齐备性、连续性和均衡性”的特点？

2）请分析京东的采购与广西应急管理厅救灾和物资保障处的采购相比有何特点？

3）这种“借鸡生蛋”的应急物资采购方式为何能实现政府、企业以及受灾群众的“三赢”？

三、企业采购的特点

（1）企业采购的采购量和采购金额往往较高

相对个人生活消费的采购行为而言，企业采购往往是为了生产或者销售，涉及的采购量和采购金额较高。对于一个生产型企业而言，采购成本几乎可以占据企业总经营成本的60%以上。因此，企业采购要做好采购预算管理，合理使用采购资金，避免预算不合理导致资金链断裂。另外，企业在执行采购任务之前一定要做好采购计划，避免产生不合理的库存持有成本和缺货成本，因为较高的库存水平会占用企业大量的流动资金，供应商供货不及时又会导致生产线停工待料。这两种情况无论出现哪一种，对企业而言都是致命的问题。

（2）企业采购对采购人员的专业能力和技术要求较高

以前许多企业将采购部门当作行政部门、支持部门和服务部门来对待，重在监督，对采购活动多轮审批，忽略管理，采购的价值得不到充分发挥。但是随着企业对采购工作认知越来越清晰，企业开始站在公司战略高度考虑采购管理问题，这是由于现代经济环境下，企业的竞争归根结底是供应链之间的竞争，而采购端的供应链需要采购人员从战略高度去审视和选择供应商与合作模式。因此，采购人员要立足所有权总成本、产品生命周期总成本，实施战略寻源，为企业创造价值，也就是说，采购人员要有采购管理的专业技能。另外，由于企业生产产品的特殊性和复杂性，决定了企业对零配件、原材料的需求是非常明确的，所以采购人员应该具备该产品相关领域的“专业背景”，才能够在庞大的资源市场选择合适的供应商。

（3）企业采购具备一定的齐备性、连续性和均衡性

市场需求的连续性决定采购订单的连续性，企业产能的相对稳定性决定采购行为的均衡性。明确的物料清单和库存情况，决定了采购行为应该具备齐备性。例如，生产物料采购要根据订单情况、物料清单（bill of materials，BOM）的构成和销售预测情况，制订主生产计划（master production schedule，MPS），并结合企业的库存情况，制订物料需求计划（material requirement planning，MRP）和采购计划。

（4）企业采购更注重计划性

企业生产与采购行为的计划性较强，所谓“谋定而后动”，只有提前做好计划，工作才能顺利开展。企业采购活动涉及的部门较多，采购部门根据销售部门提供的市场需求预测以及生产部门提供的生产计划，制订采购计划，采购计划执行前要做好采购预算，并与财务部门做好沟通。采购订单下达前还要安排好物流、质检和仓储等一系列工作，任何一个环节计划不充分，都会导致产生额外的成本。因此，对于采购部门而言，周密合理的采购工作计划是做好采购工作的重要前提。

四、采购的基本原则

（1）及时性

保证供应是采购部门的首要职责，无论是传统的面向库存的采购，还是面向客户体验和运营效率的精益化采购，一旦出现停工待料，就是采购部门最大的失职。因此，采购活动的实施要以保证供应为前提条件，确保供应的及时性。

（2）适用性

对于一个生产型企业而言，用料部门包括生产部门、研发与设计部门，在执行采购任务之前，一定要与用料部门确认物料品种、规格和标准的准确性，以及质量和技术性能适用性，批量生产的采购需求和研发试制的采购需求要符合用料部门的特定要求。

（3）经济性

采购活动归根结底是一种经济行为，这就说明采购活动既要保证供应，还要追求成本和利益的最优化，因此，采购部门在选择供应商时，一定要清楚地认识到供应商价格最优不一定就是成本最优。这个观点主要体现在以下两方面：

1）企业应该从追求价格最优转变到追求成本最优，这是因为供应商提供的价格可能是最低的，但是质量也可能是最差的，用最差的原材料、零配件生产出来的产成品无论是合格率、退货率、返修率和市场认可度等方面都将给企业带来高额的成本，因此，采购时一定要考虑全生命周期的总成本（total cost of ownership，TCO），不能单纯考虑采购价格。

2）企业需要优化自身产品设计，将其关注焦点从外部转向内部，对复杂的品类、不合理的设计、过高的技术标准进行优化。这是因为产品的生产成本是由产品的设计决定的，因此，对于非核心竞争力的产品和零部件实施标通化设计，从被动的后期管理转变为更加积极主动的前期设计优化，从而实现更高层面的降本。

（4）规范性

企业采购人员是利用企业公共资金开展采购活动的，采购活动的程序就要符合企业对资金使用的规范性要求。从采购需求的预测，采购计划和采购预算的制订，到供应商开发、认证、选择，再到采购谈判、合同管理，最后到采购绩效管理和供应商管理，每个环节都有一套规范的程序和制度来约束和规范采购部门的行为，这一系列规范的程序和制度，最终体现出来的就是企业采购管理行为的规范性。

（5）协作性

一项完整的采购业务从采购计划的制订到采购绩效的评估，需要多部门的参与和协作才能完成。例如，采购计划的制订需要生产部门和销售部门提供生产数据、销售数据和市场调研与预测数据；采购预算的制定需要协调财务部门的资金使用计划；采购订单执行前要与仓储管理部门协调安全库存量、最高库存量；采购物资入库前，需要质检部门进行来料合格率检查；在进行供应商绩效评价和采购绩效评价时，需要财务部门、生产部门、设计部门、销售部门共同参与。因此，采购管理是协调各个部门，使之互相协作，最终保证供应，优化采购成本的过程。

五、采购的地位

（1）价值地位

经济新常态下，企业之间的竞争越发激烈，越来越大的降本压力倒逼企业开始重视采购的价值。一个生产型的企业，可能有60%以上的资金都是由采购部门支出的，采购部门往往是企业管理较为粗放的部门，存在很大的降本潜力。企业要提高利润，首先就要先控制成本，采购部门省下的成本都会转化为企业的净利润。据统计，采购成本每降低 1%，企业就会实现 5%～10%的利润率增长，这就是采购的杠杆效应。另外，采购的价值远不止降低成本，采购部门管理着企业最重要的外部资源——供应商，因此也就决定着企业的前途和命运。采购部门是供应商和企业之间的桥梁与纽带，决定着企业 100%的原材料、零配件的质量和库存，影响企业的现金流，所以说采购的价值地位日益重要。

（2）供应地位

保证供应是采购部门最原始的职责，采购应当“以一定成本，按时、保质、保量地向内部用户提供所需的产品或服务”，这是采购管理的首要目标。因为只有采购计划实施得当，才能保证生产活动的正常进行；反之，会影响生产的进度，延误订单的交付和产品上市，因此，采购部门应该做好采购计划，规划好采购订单执行的节点，保证及时供应。

（3）质量地位

采购是企业取得生产资源的源头，对采购物资或服务的质量进行严格管理与控制是确保最终产品质量与保证生产顺利进行的重要条件，也是企业加强质量管理，建立完善的质量管理体系的重要环节。因此，正确认识采购的质量地位，采取有效措施加强采购质量的全过程管理和控制，对全面提升采购商品质量，具有重要意义。

（4）战略地位

企业的发展不仅取决于自身所具备的各类资源，包括研发设计能力、生产能力、高素质的专业员工，还取决于采购所连接的外部资源与整合外部资源的能力。采购连接着端到端的价值链，因此，采购部门必须站在公司战略高度，变“被动”为“主动”，主动邀请供应商参与产品的开发，充分利用供应商的能力和资源，主动利用各类数据分析市场行情和竞争对手情报，对采购系统、供应商资源进行合理规划，不能只做“齿轮”，还要做“发动机”。

请对【企业实践案例 1-1】唯品会委托顺丰提供配送服务的案例再次进行研讨，分析唯品会在该案例中的采购行为，反映了采购的哪些地位？

【企业实践案例 1-4：关于采购作业一般流程问题的研讨】

菜鸟集团劳务产品采购基本流程

菜鸟集团劳务产品采购基本流程，如图 1-1 所示；与劳务供应商合作的全流程，如图 1-2 所示。

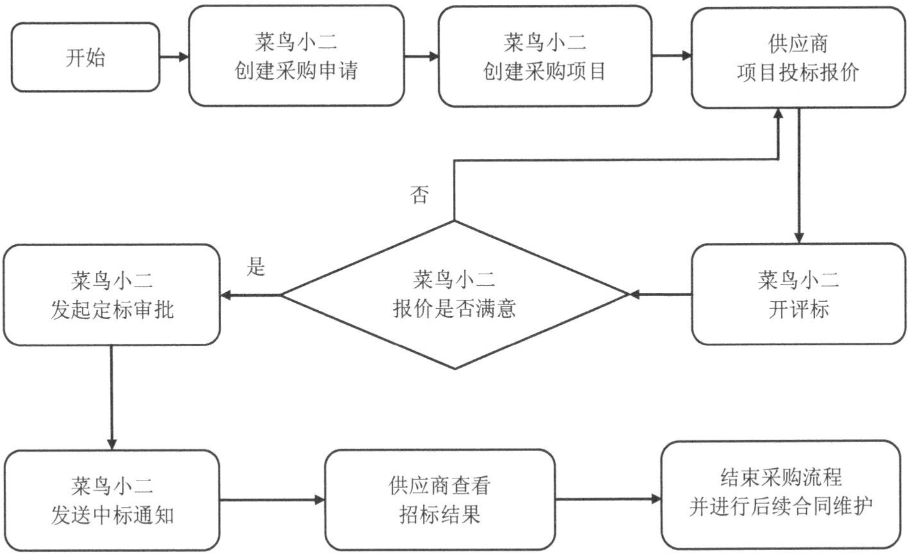

图 1-1　菜鸟集团劳务产品采购基本流程

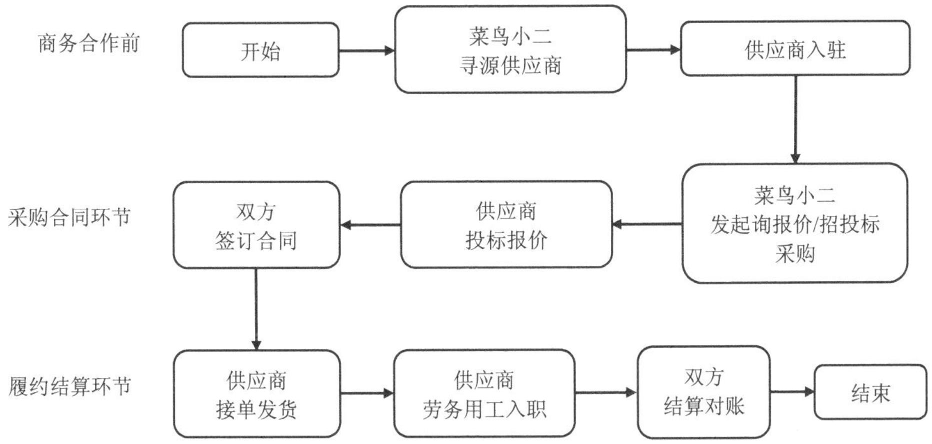

图 1-2　与劳务供应商合作的全流程

资料来源：菜鸟集团供应商管理平台（菜鸟劳务供应商操作手册）　时间：2022-01-04

请结合本案例内容及下述采购作业的一般流程及需要注意的问题相关知识点，对以下问题开展研讨与分析：

1）菜鸟集团劳务产品采购的流程图与下述采购作业的一般流程的内容是否冲突？

2）“创建采购申请”和“创建采购项目”两个环节顺序是否可以互换，为什么？

六、采购作业的一般流程及需要注意的问题

（1）明确采购需求

采购有一个很重要的原则是适用性原则，也就是说采购的物资一定要符合用料部门的需求，因此采购部门要与用料部门开展详细沟通，并在采购订单下达之前确认：买什么、

何时用、买多少、品质要求、技术要求以及物流、包装及售后服务等方面的要求。对于一些有特殊要求的采购项目，如指定供应商，要沟通清楚指定的原因。用料部门提出采购需求后，采购部门对产品的需求的合理性进行分析与审核，结合已有库存情况、预算情况和供应市场调研的情况，可对采购申请进行适当调整。

（2）制订采购计划和采购预算

首先，采购计划的制订一定要结合企业的采购预算，因为如果采购预算与实际采购量相差过大，则容易导致企业资金流出现问题。其次，采购量、生产量与库存量要保持一定的数量关系，避免产生过高的库存持有成本和停工待料现象。最后，采购计划下达的时间和产品到货的时间要做好规划，尽量在保证充足供给的同时，降低企业的库存水平。

（3）供应商开发与选择

没有好的供应商，就不会有好的供应链，也就不会有充分的竞争优势，因此，供应商的选择是企业竞争优势构建的关键环节。采购部门通过对资源市场的深入调查与分析，选择合适的供应商，并在日后的合作中管理好供应商，帮助并督促供应商改进供应服务战略。在这个过程中要注意以下问题：

1）是否建立了合格供应商清单；

2）是否建立了标准的、闭环的供应商选择与管理流程；

3）是否对供应商进行了分级分类管理；

4）供应商价格是否有竞争力，物流保障能力是否充分；

5）供应商服务、订单等的柔性化程度如何，合作意愿与态度如何。

（4）采购磋商与谈判

采购谈判是降低采购成本的必要环节，但是采购谈判不是零和游戏，而是将采供双方从对立面拉向共同努力、利益一致的过程，即双赢谈判，这种双赢谈判强调通过协商，谋求共识。双赢谈判应该是这样的：

1）调整各自的需要而相互接近，最终达成一致意见。

2）不是“合作”与“冲突”的单一选择，而是“合作”与“冲突”的矛盾统一。

3）不是无限制地满足自己的利益，而是有一定的利益界限。

4）判定谈判是否成功，不是以实现某一方的预定目标为唯一标准，而是有一系列具体综合的价值评判标准。

5）谈判不能单纯地强调“科学性”，而要体现科学性与艺术性的有机结合。

6）双赢谈判要让对方产生赢了的满足感。

（5）签订采购合同

经过采购谈判，确定采购的价格、数量及物流服务等相关问题后，采供双方要将协商一致的结果，达成的共识，以合同的形式表现出来。在签订合同的过程中，要排除潜在风险点，降低可能出现的非必要损失和商业纠纷。

（6）采购订单下达、执行、物流跟踪及全程的监督控制

在采购订单执行过程中，采购人员或者订单执行人员，要及时跟踪采购订单的执行状态，了解订单动态，必要时还应设置应急预案，以备不时之需。另外，作为桥梁和纽带作用的采购部门要及时与用料部门及其他相关方及时反馈订单动态，确保信息互通共享。

（7）验收入库，审核付款

在验收入库环节，质检部门要严把验货关，保障将品质不合格产品拦截在仓库之外，且验收记录要清晰，为将来可能存在的纠纷与责任划分等问题提供依据。另外，作为采购方切不可紧催货、缓付款，按时付款是商业社会的基本准则，只要供应商提供了符合要求的货物和服务，采购商就有责任按照约定付款，一旦企业的信用被透支，就很难再得到优质的供应商资源。

（8）绩效评价及供应商关系维护

绩效评价包括对内开展的采购部门的绩效评价和对外开展的供应商绩效评价。合理的绩效评价是有效的激励措施，能够促进供应商和采购部门的工作改进与提升。在开展评价过程中，要注意评价指标设置要客观、全面、有效、可量化。通过绩效评价优化供应商行为和供应商队伍，在保证供应商队伍相对稳定的基础上，持续优化。采购作业一般流程见图 1-3。

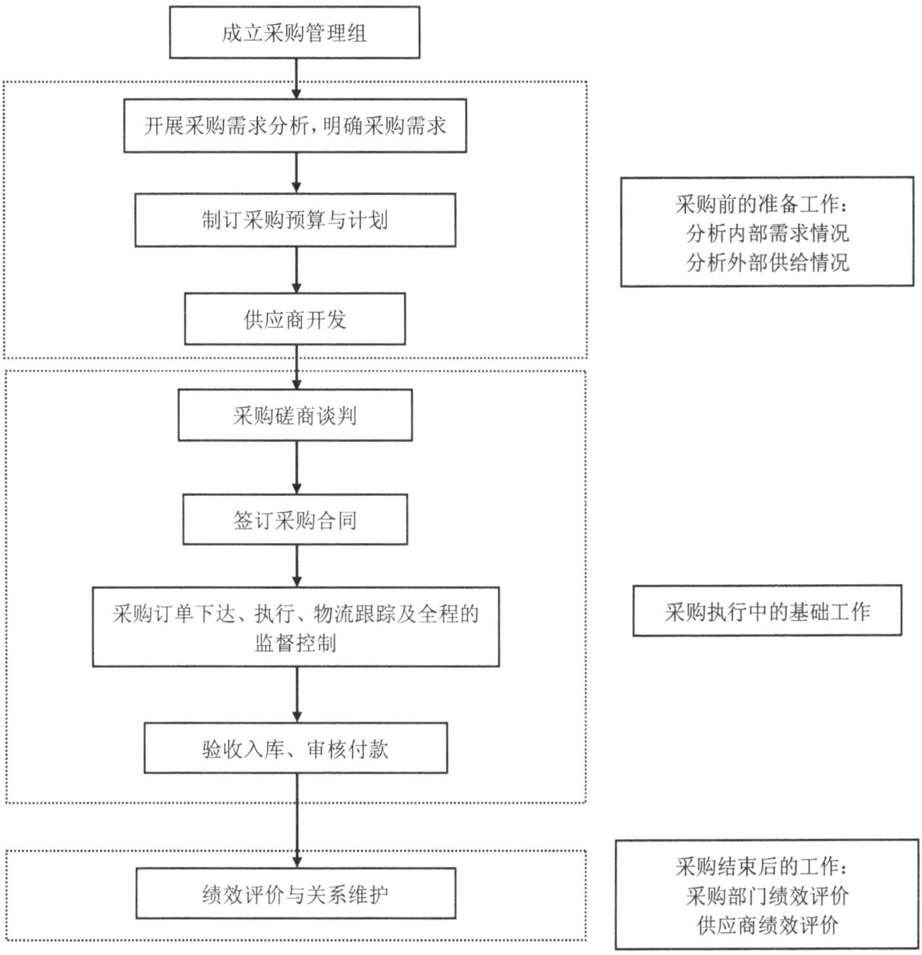

图 1-3　采购作业一般流程

任务二　认知采购管理

【企业实践案例 1-5：关于采购管理相关知识的研讨】

顺丰集团采购政策宣导

一、采购的愿景目标

1. 践行阳光采购，创造战略价值；

2. 建立平等、尊重、透明、发展、共赢的合作环境；

3. 致力于提供及时、准确、优质、高性价比的采购供应链服务。

二、采购管理的方法

（一）分品类的战略采购管理

1. 通过品类支出及需求分析、品类市场分析，制定品类采购策略（包括内部需求优化策略以及外部供应渠道优化策略）实现对品类的战略采购；

2. 采用支持不同品类特点的多种采购方式。

（二）关注 TCO 的成本管理

1. 避免以价格作为采购决策的核心主导，综合评估 TQRDCES，关注供应商综合服务能力；

2. 关注 TCO，以性价比最优作为采购决策的依据和目标。

（三）分级分类的供应商管理

1. 对新供应商引进进行严格把关，实现供应以及质量风险的前置；

2. 对合格供应商进行分级分类管理，培养优质供应商，淘汰低质供应商，保证合格供应商库的健康度；

3. 与供应商建立长期合作关系，深度协同，共创价值；

4. 注重供应商持续优化创新能力、供应商社会责任感、供应商更具竞争力的服务保障。

三、采购业务风险控制

建立完整的风险管控体系对采购业务风险进行全面控制，包括：

1. 规范采购业务中明令禁止的行为：

1）贿赂、欺诈、弄虚作假、围标、串标等违反诚信原则的行为；

2）泄露商业机密；

3）违反法律法规的行为；

4）违反商业约定的行为。

对以上行为依法或依据公司业务行为规范进行严肃处理。

2. 公司审计部门对采购关键业务活动进行监督审查，提出优化建议。

3. 采购稽核组定期进行采购组织内部业务合规度审查，提出优化建议。

4. 建立适用于内外部的、顺畅的、公开的投诉渠道。

资料来源：顺丰数智采购管理平台　时间：2022-10

请结合顺丰集团采购政策宣导内容及下述知识点，对以下问题开展研讨与分析：

1）顺丰集团的采购处于采购管理发展的哪个阶段？

2）顺丰集团采购愿景目标设置与其采购管理发展阶段是否匹配？

一、采购管理的定义

采购是企业与外部资源的接口，是与供应商之间的桥梁，在管理供应商和供应链管理中处于重要的位置。随着竞争环境的改变，在聚焦核心竞争力的宗旨下，企业从大而全的纵向集成向专而精的横向集成战略转变，外包战略日益盛行，企业越来越多的非核心业务向供应商延伸。科尼尔公司曾经做过一份调研，在1995年，只有5%左右的企业在外包生产运营，到1998年这个数据上升到24%，到2001年这个数据达到40%，现在二十年过去了，这个数据只会更高。随着企业对各类供应商的依赖程度越来越高，要想在供应链竞争当中获取优势，对供应商的管理日益重要，相应地，采购管理工作也越来越受到企业管理者的重视。所谓采购管理就是指企业为了保障物资供应，增强竞争力，而对采购活动进行有计划、有组织、有指挥、协调控制的一系列管理活动的过程。

二、采购管理的内容

（1）采购管理组织建设

采购管理组织是采购管理活动的执行者，负责组建采购团队、制定采购制度、规范采购行为、执行采购业务、考核采购绩效等。因此，采购管理组织是采购管理工作水平好坏的直接责任人，构建一支高效的采购管理组织是提升企业采购管理水平的首要步骤。

（2）采购需求管理与供应市场分析

采购需求管理是区别“大采购”与“小采购”的重要标志之一。面向需求导向的采购，力图在需求产生前介入，通过深入地理解需求，正面地影响需求，为内部客户提供更优质的解决方案，从而提高采购的时效性，降低采购成本，提升企业供应链竞争力。而高质量的采购需求预测则需要开展深入的供应市场调研，再对调研得到的各类数据和信息进行科学的分析和计算，测算出企业未来一段时间内对某类物料的需求量以及该物料的市场供需变化趋势，为采购预算、采购计划、采购决策的制订与执行提供基础性的支撑材料。

（3）采购计划和采购预算的制订与实施

采购计划是指为满足企业生产经营的需求，在某一时期内，采购管理人员在了解了原材料市场供求状况和企业生产需求的基础上，对采购的内容、时间、数量及采购作业进行预见性的安排活动。采购预算是指采购部门在一定计划期间编制的商品采购的用款计划，是采购计划具体化、数字化的表现。采购计划和采购预算是采购决策执行前的基础性工作之一。

（4）采购过程监督与控制

在采购业务决策执行过程中，需要对采购人员、采购资金、采购流程、采购质量进行全面、全流程的监控，预防采购风险，保障采购合规。在对采购过程监督和控制的过程中，及时纠偏，促进采购管理目标的达成。

（5）采购绩效评估

采购绩效评估是对某项具体的采购业务或者某段时间内的采购管理行为的综合表现与既定目标之间的差距进行衡量的一种方法。采购绩效评估的目的是帮助企业找到采购管理活动中有待改进的环节，并给出改进的方向。另外，采购绩效评估还可以作为评价采购部门工作好坏的重要方法之一，通过设定合理的绩效指标，奖优惩劣，提高士气，从而改善和提升采购管理部门的整体业务水平。

（6）供应商管理

企业对采购管理的重视程度越来越高，很重要的一个原因是，在供应链高度分工的市场竞争环境中，企业对供应商的依赖程度越来越高，供应商已经成为构筑供应链竞争优势最重要的因素之一。因此，合作前企业要对供应商进行开发、选择、评审和认证，合作中与合作后要对供应商进行绩效考评与关系管理，这些都需要一套科学有效的供应商管理制度作为支撑，才能将企业最重要的外部资源的价值发挥到最大化。

三、采购管理的发展阶段及目标

哈克特集团（The Hackett Group，Inc.）提出了一个采购管理的发展模型，它将企业采购管理的发展分为 5 个阶段，这 5 个阶段代表了采购管理从“小采购”格局到“大采购”格局的发展路径。

第 1 阶段：确保供应；

第 2 阶段：价格最低；

第 3 阶段：总成本最低；

第 4 阶段：需求管理；

第 5 阶段：全面增值。

具体来说前 3 个阶段侧重于具体的业务，即需求确定以后，采购组织根据既定的采购需求，以最经济的方式，保证物料的及时供应，但是对采购需求是如何确定的不去过多的思考，这种采购是一种被动执行者的身份，做着事后管理的工作。因此，采购管理的价值和意义得不到充分的发挥。

事实上，对外而言，采购是供应商的客户，供应商是“销售”身份；对内而言，用料部门是采购部门的客户，采购部门是“销售”身份。在现代营销观念当中，有一种营销观念称为“创造需求”，也就是说现有需求可以被发现、被挖掘，然后被满足，当现有需求被满足以后，企业就很难再开拓市场，“创造需求”观念就随之而生。采购部门也可以利用这个思维，思考用料部门的需求是否可以被修改、被创造呢？采购管理就可以利用这种思维，积极主动地去理解需求、管理需求、影响需求，最后利用供应商的专业能力和市场需求去主动地创造需求，第 4 阶段的采购管理就上升到“需求管理”的阶段。

在采购管理发展的第 5 阶段，企业通过有效的供应商管理，组建一支供应有保障、价格有优势、专业能力强的供应商团队，并与之强强联合，最后创造一条全面增值的供应链。

事实上，不管处于哪个阶段，5 个阶段的事采购部门都在做。例如，某个企业采购管理水平整体处于需求管理阶段（第 4 阶段），并不是说采购部门就不催料（第 1 阶段）、不砍价（第 2 阶段）、不考核 TCO（第 3 阶段）。因为，确保供应永远是第一位的，采购价格也永远是最直观的采购绩效指标之一。因此，评价一个企业采购管理的整体水平，要看企业采购部门的主要精力和关键资源用在了哪个阶段。

前 3 个阶段的采购管理属于业务层面内容，这个层面采购管理的目标是“5R”：

Right Supplier——选择合适的供应商；

Right Quality——选择适合企业需求的质量；

Right Price——确定合适的采购价格，控制好采购成本；

Right Time——规划好下单和送货的时间，确保供应的及时性；

Right Quantity——合理规划采购数量，避免库存积压和停工待料现象的发生。

第 4 阶段、第 5 阶段的采购管理属于战略层面的内容，企业开始重视并合理利用供应链合作伙伴的专业优势，通过与供应链合作伙伴利益共享、风险共担、互帮互助，创造供应链价值，使供应链上的蛋糕做大做好，谋求与客户、供应链伙伴、其他利益相关方实现多方共赢，这个层面采购管理的目标是全面增强供应链的竞争优势，建设可持续发展的供应链生态系统。

任务三　认知供应链视角下的采购管理

【企业实践案例 1-6：关于供应链视角下的采购管理相关知识的研讨】

京东以数字化采购推动制造业供应链全链路数字化贯通

作为京东服务企业客户的重要窗口，京东政企业务基于对制造业行业特点和企业客户实际经营需求的洞察，京东政企业务发挥供应链、技术、大数据以及全场景服务四大核心能力，从“降本、增效、合规”三大层面出发，打造了一站式、定制化、智能化的数字化采购解决方案，让技术与业务深度融合真正为企业创造价值。

在降成本方面，京东政企业务通过对商品价格等显性成本，以及人力时间投入、物流仓储、运营管理等隐性成本进行全面优化，多点多维度帮助企业降低经营成本。在增效率方面，通过对商品、交易、履约、售后等采购过程的改造，实现全流程数字化管理。同时，通过供应链上下游各环节的高效协同，提高供需资源的精准匹配和全链路响应速度。在合规方面，数字化采购管理平台不但能实现全流程可视化、可追溯，还能通过技术实现智能决策，减少人为因素的参与干涉，从根源上降低合规风险。

例如，在京东政企业务的商品智能审核方案中，能够通过计算机视觉技术对图文、视频进行监测识别和分析，解决商品合规审核的难题；在智能价控解决方案中，通过大数据和深度机器学习，输出价格预警策略以及行业价格指数，解决价格不合规的痛点问题；在智能商品运营解决方案中，通过预测和推荐模型的建立，助力客户需求与优质供应商的精准匹配，解决供给匹配的痛点问题等。

制造业企业模式重、盈利压力大，厘清资产，实现资产的保值增值尤为重要，资产全生命周期管理是被反复验证过的增值提效新路径。京东政企业务打造的集“采购—管理—服务—处置”于一体的资产全生命周期数字化管理解决方案，能够实现包括采购前的预算编制、商品寻源，采购中的财务结算、履约交付，以及采购后的资产管理、回收处置等全闭环管理。

具体来看，通过资产管理数智化服务平台，帮助制造业企业实现“一物一码”及全线上的资产管理流程，确保资产信息的准确性和完整性。同时，企业还能通过“以租代采”的轻资产运营模式，能够有效减少企业运营成本、增加现金流的灵活度。在资产处置环节，通过大数据洞察提供价值最优处置建议，提供“估值处置”“委托拍卖”“资产内购”等多种处置方式，帮助企业实现资产处置的价值最大化，具有国有资产处理资质的京东拍卖平台，还确保了整个过程的合规性。

一家位列世界500强的工程机械企业，在引入京东政企业务的数字化采购解决方案后，实现了全品类一站式采购，免去此前每次采购都需单独寻源、比价、招投标的繁复工作，缩短了采购管理流程，提高了整体运营效率，管理成本也得以降低。此外，该企业还实现了供应链管理的流程可视化、数据可追溯，采购行为得以由集团统一管控。同时，通过采购金额的授信，将采购权限下放至每位员工手中，需求人员可自行采购，消除了采、需不一致，不仅大幅提高了采购满意度，也解放了企业的采购人员。通过合作的不断深入，双方还共建了 MRO 采购平台，合作领域从行政办公、生产制造通用场景，到 MRO 工业品等更多场景全面覆盖，依托京东的企业级供应链也提升了其综合服务能力。

在与另一家新能源车企的合作中，针对该车企面临的各门店工厂独立线下采购，采购点零散、采购内容杂、管理难度大，以及供应商使用快递能力不一、配送时效性问题频发等经营管理问题，京东政企业务通过全链路数智化服务，帮助该车企实现了对全国所有经销门店及工厂的统筹管理，实现了采购商品以及销售店端形象的统一。同时，京东提供的金采账期服务，也有效缓解了企业采购的资金压力。此外，京东的全球供应链网络和覆盖全国的自建物流体系，也保证了采购需求的高效履约交付。

资料来源：“京东政企业务”微信公众号　时间：2024-01-15

请结合本案例及下述知识点，对以下问题开展研讨与分析：

1）请简要概括京东是如何以数字化采购推动制造业供应链全链路数字化贯通的？

2）请分析京东政企业务是如何做到“采购与供应链的协同管理”的？

一、供应链与供应链管理

（1）供应链与供应链管理的概念

供应链的概念是在发展中形成的。随着供应链管理实践及理论研究的不断深入，其内涵在不断丰富，外延在不断扩大，概念本身也在不断完善。

早期的观点认为，供应链是制造企业中的一个内部过程，它是指企业将采购的原材料和零部件，通过生产加工转换以及销售等活动，将产品经由零售商最终送达用户的一个过程。传统的供应链概念局限于企业的内部操作层面上，注重企业自身资源的利用这一目标，而忽视了企业与外部环境的联系。1985 年，美国哈佛大学商学院的迈克尔·波特（Michael Porter）教授在《竞争优势》一书中提出了价值链理论，这是供应链概念产生的前奏。

中期的观点注意到企业与外部环境的联系，认为供应链是一个“通过链中不同企业的制造、组装、分销、零售等过程将原材料转换成产品，再到最终用户的转换过程”。这是从更大的范围来定义供应链，它已经超越了单个企业的边界。例如，美国的史蒂文斯

（Stevens）认为："通过增值过程和分销渠道控制，从供应商的供应商到用户的用户的流程就是供应链，它始于供应的源点，结束于消费的终点。"这些定义均注意到了供应链的完整性，并注意到了供应链成员企业运作的一致性。

近期对供应链的概念更加注重围绕核心企业的网链关系，更加强调核心企业对供应链的规划、设计和管理作用。哈里森（Harrison）认为："供应链是执行采购原材料，将它们转换为中间产品和成品，并且将成品销售到用户的功能网链。"菲力浦（Phillip）和温德尔（Wendell）认为供应链中的战略伙伴关系很重要，企业通过与重要的供应商和客户建立战略联盟，能更有效地开展企业经营活动。

目前，人们提出了现代供应链的概念，它是指以客户需求为导向，以提高质量和效率为目标，以整合资源为手段，以数据为核心要素，运用现代信息技术手段和现代组织方式将上下游企业和相关资源进行高效整合、优化和协同，实现产品设计、采购、生产、销售、服务等全过程高效协同的组织形态。该概念更加强调资源整合、数据和信息共享以及供应链成员企业在战略、计划和运作层面的协同。供应链已经成为继节省原料、节省人力、降低物流成本之后的第四利润源。

供应链管理是在满足服务水平需要的同时，通过对整个供应链系统进行有计划、有组织的协调、控制和优化，最大限度地减少系统成本，实现供应链整体效率优化而采用的从供应商到最终用户的一种集成的管理活动和过程。供应链管理涉及供应链合作伙伴关系管理，供应链需求预测与计划管理，供应链设计与优化，企业内部、企业间的物料供应与需求管理，基于供应链的产品设计与制造管理，供应链物流管理，供应链资金流管理，以及供应链风险管理、供应链可视化管理等内容。核心企业通过与供应链成员企业的合作，对供应链系统的物流、资金流、信息流进行控制和优化，最大限度地减少非增值环节，提高供应链的整体运营效率；通过成员企业的协同运作，共同对市场需求作出快速响应，及时满足顾客需求；通过调和供应链的总成本与服务水平之间的冲突，寻求服务与成本之间的平衡，实现供应链价值最大化，提升供应链系统的整体竞争力。

（2）供应链管理的主要职能

在实践操作中，供应链管理由三大职能构成，即采购与供应管理（寻源）、生产运营管理（加工）、物流管理（交付），跨越了单个企业范围的供、产、销三大职能。

1）采购与供应管理侧重于采购和供应商管理，使供应商成为公司的有机延伸；

2）生产运营管理力求以最有效的方式完成产品、服务的增值过程；

3）物流管理力求以最经济、快速、便捷的方式把货物从供应地流动到接收地。

在供应链管理的三大职能中，采购与供应管理的重点是供应商这一外在战略资源，生产运营管理的侧重点在于公司内部生产运营，物流管理侧重于产品和信息的流通。

二、供应链视角下的采购

从供应链的角度来看，采购处于公司的内外结合点，是管理供应链的理想选择。作为采购部门，突破对传统职能的认识，在管理供应链上发挥更大作用，也是提升采购在公司地位的一个有效办法。采购对内管理需求（如设计的新产品寻源、生产部门的量产需求），对外管理供应商（如供应商选择和绩效管理），通过理顺需求来理顺供应。

（1）采购管理与供应链管理的关系

1）采购管理是供应链管理的基本环节，供应链环境下的采购管理不仅体现为一种职能，而且体现为一种企业优化资源配置的战略。

2）为了实现供应链价值最大化，供应链企业成员之间更强调信息共享和协作，采购企业与供应商以“共赢”为合作基础，建立长期的战略合作伙伴关系。要实现这个目标，采购管理需要在供应链管理中发挥“上游控制”的主导作用，选择优质供应商。

（2）采购与供应链的协同管理

采购与供应链的协同管理需要对供应链上各节点企业的合作进行管理，将供应链上分散在各地、处于不同价值增值环节、具有特定优势的独立企业联合起来，以协同机制为前提，以协同技术为支撑，以信息共享为基础，从系统的全局出发，促进供应链内部和外部协同发展，提高供应链的整体竞争力，实现供应链价值最大化。通过采购与供应链协同管理，供应链节点企业之间由简单的买卖关系转变为战略合作关系。要实现采购与供应链的协同管理，供应链节点企业应该采取以下措施：

1）树立“共赢”思想，为实现共同的目标而努力；

2）建立公平公正的利益共享和风险分担机制；

3）在信任、承诺和弹性协议的基础上进行广泛深入的合作；

4）搭建信息和数据共享平台，实现供应链节点企业之间的及时沟通和快速决策；

5）进行面向客户和协同运作的业务流程再造。

（3）供应链环境下采购管理的特点

1）从以库存为驱动的采购向以订单为驱动的采购转变。

在传统的采购模式中，采购的目的很简单，就是补充库存，即为库存而采购。采购部门并不关心企业的生产过程，不了解生产的进度和产品需求的变化，因此采购过程缺乏主动性，采购部门制订的采购计划很难适应制造需求的变化。在供应链管理模式下，采购活动是以订单驱动方式进行的，制造订单的产生是在用户需求订单的驱动下产生的，然后，制造订单驱动采购订单，采购订单再驱动供应商。这种准时化的订单驱动模式，使供应链系统得以准时响应用户的需求，从而降低了库存成本，提高了物流的速度和库存周转率。订单驱动的采购方式有以下特点：

①由于供应商与制造商建立了战略合作伙伴关系，签订供应合同的手续大幅简化，不再需要双方询盘和报盘的反复协商，交易成本也因此大幅降低。

②在同步化供应链计划的协调下，制造计划、采购计划、供应计划能够并行，缩短了用户响应时间，实现了供应链的同步化运作。采购与供应的重点在于协调各种计划的执行。

③采购物资直接进入制造部门，减少了采购部门的工作压力和不增加价值的活动过程，实现供应链精细化运作。

④信息传递方式发生了变化。在传统采购方式中，供应商对制造过程的信息不了解，也无须关心制造商的生产活动。但在供应链管理环境下，供应商能共享制造部门的信息，提高了供应商应变能力，减少信息失真。同时，在订货过程中不断进行信息反馈，修正订货计划，使订货与需求保持同步。

⑤实现了面向过程的作业管理模式的转变。订单驱动的采购方式简化了采购工作流程。采购部门的作用主要是沟通供应与制造部门之间的联系，协调供应与制造的关系，为

实现精细采购提供基础保障。

2）从采购管理向外部资源管理转变。

在传统的采购模式中，供应商对采购部门的需求有一个时间段。另外，采购部门对产品质量的控制也只能进行事后把关，不能进行实时控制。这些缺陷使供应链企业无法实现同步化运作。如何才能使事后把关变成事中控制，可以采用供应链外部资源管理的形式加以解决。

在供应链管理中应用外部资源管理，是指把供应商的生产制造过程看作采购企业的一个延伸部分，采购企业可以直接参与供应商的生产和制造流程，从而确保采购材料质量的一种做法。外部资源管理是实现供应链管理的系统性、协调性、集成性和同步性，实现供应链企业从内部集成走向外部集成的重要一步。要实现外部资源管理，采购企业一般应从以下几个方面入手：

①与供应商建立一种长期的、互惠互利的合作关系。这种合作关系保证了供需双方能够有合作的诚意与共同解决问题的积极性。

②通过提供信息反馈和教育培训支持，促进供应商质量改进。传统采购管理的不足在于，没有给予供应商在有关产品质量保证方面的技术支持和信息反馈。在需求顾客化的今天，产品的质量是由顾客的要求决定的，而不是简单地通过事后把关所能解决的。因此，在这种情况下，质量管理工作需要下游企业提供相关质量要求的同时，应把供应商的产品质量问题及时反馈给供应商，以便其及时改进。对个性化的产品要提供有关技术培训，使供应商能够按照要求提供合格的产品。

③参与供应商的产品设计和产品质量控制过程。同步化运营是供应链管理中的一个重要思想。通过同步化的供应链计划，使供应链各企业在响应需求方面取得一致性的行动，从而增加供应链的敏捷性。实现同步化运营的措施是并行工程。制造商企业应该参与供应商的产品设计和质量控制过程，共同制定有关产品质量标准等，使需求信息能很好地在供应商的业务活动中体现出来。

④协调供应商的计划。一个供应商有可能同时参与多条供应链的业务活动，在资源有限的情况下，必然会造成多方需求争夺供应商资源的局面。在这种情况下，下游企业的采购部门应主动参与供应商的协调计划，在资源共享的前提下，保证供应商不会因为资源分配不公而出现矛盾，保证供应链的正常供应关系，维护企业的利益。

⑤建立一种新的，有不同层次的供应商网络，并通过逐步减少供应商的数量，致力于与供应商建立合作伙伴关系。在供应商的数量方面，一般来说，供应商越少，越有利于双方的合作。但是，企业的产品对零部件或原材料的需求是多样的，因此，不同的企业供应商的数目不同。企业应该根据自己的情况选择适当数量的供应商，建立供应商网络，并逐步减少供应商的数量，致力于与少数供应商建立战略伙伴关系。

外部资源管理并不是采购商单方面努力就能取得成效的，还需要供应商的配合与支持。为此，供应商也应该从以下几个方面提供协作：帮助拓展用户的多种战略；保证高质量的售后服务；对下游企业的问题作出快速反应；及时报告所发现的可能影响用户服务的内部问题；基于用户的需求，不断改进产品和服务质量；在满足自己能力需求的前提下，提供一部分能力给予下游企业能力外援。

3）从简单的买卖关系向双方建立战略协作伙伴关系转变。

供应链管理模式下，采购管理的第三个特点是供应与需求的关系从简单的买卖关系向双方建立战略协作伙伴关系转变。在传统的采购模式中，供应商与需求企业之间是一种简单的买卖关系，因此无法解决一些涉及全局性、战略性的供应链问题；而基于战略伙伴关系的采购方式为解决这些问题创造了条件。这些问题包括：

①库存问题。在传统的采购模式下，供应链的各级企业都无法共享库存信息，各级节点企业都独立地采用订货点技术进行库存决策，不可避免地产生需求信息的扭曲现象，因此，供应链的整体效率得不到充分提高。但在供应链管理模式下，通过双方的合作伙伴关系，供应与需求双方可以共享库存数据，因此，采购的决策过程变得更加透明，减少了需求信息的失真现象。

②风险问题。供需双方通过战略性合作关系，可以降低由于不可预测的需求变化带来的风险，如运输过程风险、信用风险、产品质量风险等。

③便利问题。合作伙伴关系可以为双方共同解决问题提供便利的条件。通过合作伙伴关系，双方可以为制订战略性的采购供应计划进行协商，而不必为日常琐事消耗时间与精力。

④降低采购成本问题。通过合作伙伴关系，供需双方都从降低交易成本中获得好处，避免了许多不必要的手续和谈判过程。信息的共享避免了信息不对称决策可能造成的成本损失。

⑤组织障碍问题。战略性的伙伴关系消除了供应过程的组织障碍，为实现准时化采购创造了条件。

由此可见，在采购理论和实务中，对采购工作的具体要求、采购管理思想的变化和采购中与供应商的关系等，都是随着供应链管理思想的发展而发生变化的。因此，采购存在于供应链管理之中，是供应链管理中最重要的环节之一。供应链管理思想提升了采购的要求，采购的实际运作实现了供应链管理思想，二者在紧密联系中共同促进、共同发展。

任务四　采购管理领域的新概念

一、数字化采购

工业 4.0 的本质是数据驱动的智能化，智能化的前提是数字化。工业 4.0 让供应链中的所有环节都变得智能，难以想象，采购如果不及时数字化，将可能无法在工业 4.0 的浪潮中立足。随着信息技术的进步，生产、制造、物流和仓储等各个环节不断智能化，采购作为供应链的一个重要环节，也必须数字化，以避免成为整个系统的短板。对于任何有志在市场竞争中不断发展壮大的企业而言，数字化的转型已经不是一道“要不要”的选择题，而是必须答对的必答题。数字化转型已成为企业采购实施的一个重要战略。

随着我国数字经济发展进入全面加速阶段，数字化转型已成为制造企业生存和发展的“必修课”。采购管理作为企业经营的高频场景和连接产业链供应链上下游的重要环节，具有成果可量化、效能可扩散的特点，是企业数字化转型的最佳切入点之一。同时，数字化采购也是企业实现降本增效的重要抓手。某头部咨询机构的调研显示，进行数字化采购转型的企业每年能减少 20%～30%的成本、30%左右的交易时间以及 50%的价值漏损。

二、CSR 采购

企业社会责任（corporate social responsibility，CSR）采购是指企业在创造利润、对股东承担法律责任的同时，还要承担对员工、消费者、社区和环境的责任。企业社会责任要求企业必须超越把利润作为唯一目标的传统理念，强调要在生产过程中加强对人的价值的关注，强调对环境、消费者和社会的贡献。

在经济全球化的背景下，企业扩大规模和提高盈利的同时已经不能将环境污染、劳工权益、商业道德、劳动安全等问题置之度外，承担社会责任已成为企业增强其国际核心竞争能力的重要组成部分，尤其是采购环节作为企业商业运作的源头，其社会责任的履行更为重要。虽然采购作为第三利润源泉，是企业提升竞争力的重要方面，但是目前很多企业，尤其是利润比较低的行业，采购时考虑的主要因素还仅仅是成本，这样造成企业采购在短期利润的压力下更容易忽略社会责任。现阶段如果只考虑经济利益，而忽略企业利益相关者的利益，那么企业的竞争力就会被削弱，企业的发展就会举步维艰。企业要认识到，采购已经从低成本延伸到以价值链为导向，社会责任已成为企业的战略任务和目标，成为影响企业竞争力的重要方面。

三、采购外包

社会经济越发展，社会分工越精细，社会分工的精细化，在采购领域体现最明显的就是采购外包。采购外包是指企业在关注自身的核心竞争力的同时，将全部或部分采购业务外包给供应商，采购人员可以通过对供应市场进行分析，辅助管理人员进行决策。企业实施采购外包主要是为了降低成本，提升服务水平，合理利用外部资源以及减少采购风险，提高核心竞争力。采购外包的特点如下：

1）采购外包能够一定程度上促进企业降低采购和采购管理成本。研究表明，通过采购外包的模式可以使采购流程标准化并有效地控制员工的数量，从而使企业的运作成本平均降低 25%，有时特定采购项目的采购成本降幅可达 30%。

2）采购外包能够一定程度上提升内部客户的服务水平。企业内部的采购部往往被认为官僚主义严重，采购活动所用的时间往往超过预期。而良好的采购外包合同，不仅包括采购本身，还包括一系列针对服务提供商服务水平的评估和报告，以确保服务外包商的利益。因而对多数企业尤其是大企业而言，采用采购外包能够提升内部客户的满意度并提高采购效益。

3）采购外包能够在企业采购力量不足或专业度不够的情况下，合理利用外部资源以及减少采购风险。企业本身的采购资源以及能力有限，通过资源外向配置，与外部供应商合作，将部分或大部分采购业务外包给合作的供应商，与其共同分担风险，有利于企业更好地适应外部的环境。

4）采购外包能够促使企业提高核心竞争力。对实行采购外包的企业来说，将企业现有核心采购能力和外包供应商核心能力进行整合，将资源集中于自身核心采购业务的同时，通过利用其他企业的资源来弥补自身的不足，从而增加竞争优势、提高核心竞争力。

四、绿色采购

当前，政府、企业和各种组织和个人越来越关注环境保护。随着可持续发展理念在各国的深入，绿色浪潮席卷全球，也涉及供应链管理领域。采购与供应活动是现代供应链的重要组成部分，是整个供应链活动的起点，考虑可持续发展的绿色采购活动可以兼顾当前经济发展和长远社会发展的要求，能够满足公众对环保产品的需求，同时可以从整体上降低成本，所以，绿色采购可以为企业带来经济效益和竞争优势。

绿色采购的主要思想是，采购作为社会生产和再生产活动的源头和投入，不仅需要考虑经济效益，还需要从生态和环境方面进行管理，尽量减少采购活动对环境的负面作用。绿色采购包括企业绿色采购、政府绿色采购和其他经济主体的绿色采购，虽然采购主体不同，但是有着共同的目标，即绿色采购应当是一种有效率的采购，既考虑如何使采购对环境的负面影响最小，同时能够在尽量控制成本的情况下满足采购者对产品和服务的要求。

绿色采购要求是在现有的采购体系中引入环境标准、评估方法和实施程序，以确保采购符合环境保护和节约资源要求的产品，鼓励采购商选择那些具有尽可能多的生命循环阶段的产品和服务。产品要从整个生命周期来考察，即在资源开发、生产、运输、销售、使用和废旧物品的处理处置等各个环节都最大限度地按照环保目标的要求开展。采购商应在同类竞争性的产品中比较它们整个生命周期对环境影响的严重性，同时考虑它们的复合环境属性，如在生命周期每一个阶段能源效率的增加、毒性的减少或对生态系统影响的减少等。也就是说，既不能采购制造环境不合格的企业生产的产品，也不能采购不符合环境保护要求的产品。

五、采购即服务

“采购即服务”是京东政企业务提出的一个重要理念，该理念也代表中国数字化采购技术的一个发展前沿。京东零售 CEO 辛利军表示，不同于 2C 的消费服务，企业服务需求主要来自企业经营变革的驱动，具有差异化与服务高度复杂的特性。在过去十年中，京东政企业务从企业采购数字化领域出发，发挥京东数智化供应链能力，通过产业链上下游耦合与链接，有效助力了企业客户的成本优化与资产效能提升。

（1）外部环境变化催生企业服务升级

当前，不确定性增加的新环境给众多企业带来了新的挑战，如何找到成本、效率、合规的平衡点，做到降本增效与创新发展“两手抓”、管理优化与员工幸福“两不误”成为企业的“必答题”。全新的企业经营管理底层逻辑，也催生了企业服务的变革。作为京东集团服务企业客户的窗口，京东政企业务深耕企业市场近 10 年，积累了大量的企业服务样本，对企业的运营场景、流程以及需求都有着深刻的理解。基于这份理解，京东政企业务从新的变化出发，提出了“产业为本、技术为器、生态为势、创新为魂、采购即服务”的五项新主张，通过持续深化“以客户为中心的价值创造”，来帮助企业在“不确定中寻求确定”。

具体来看，“产业为本”是核心目标，通过提升寻源、交易、履约等单点环节的效率，推动产业链各环节互联互通，提升产业效率；“技术为器”是一种技术理念，技术应用从客户场景需求出发、与业务深度融合真正为企业创造价值；“生态为势”是对合作伙伴的态度，通过坚持“集成”与“被集成”，与合作伙伴共建高度开放的共生商业生态；“创新为魂”代表着对创新的关注，既要坚持内部创新，又要推动创新成果的外延，与合作伙伴共享京东经验。

“采购即服务”是对京东政企业务发展路径的诠释——以采购管理作为服务起点，以数字化转型为路径实现服务的边界性扩展，深化企业内部协同，加强企业外部产业链上下游耦合与链接，助力企业真正做到采购成本的显著下降与资产效能的明显提升。

（2）携手合作伙伴深耕细分场景

沿着“采购即服务”的发展路径，京东政企业务基于自己多年的经营经验提出了四个方面数智化能力的建设方向——采购全生命周期数智化、运营管理数智化、场景服务数智化和资产管理数智化，并陆续运用到企业服务过程中。

针对企业采购需求，京东政企业务沉淀了一套成熟的数字化服务模式，不仅能够针对过往企业采购长期存在的流程复杂、周期漫长、差错率高、难以监管等问题，提供一站式解决方案，还能够实现非标品物资标品化、线上流程自动化、采购网络一体化、财务结算智能化及全流程采购体系可追溯，显著提升采购决策效率、降低采购综合成本。

针对企业面临的供应链不畅通、经营成本难降低、资金链不稳定、市场拓展受阻等问题，京东政企业务通过数智化紧密连接供需“双端”，协助企业打造数智供应链，从而降低周转成本和库存风险、管控产品质量，同时可视化、实时的智能分析也能够让企业采购决策不再依赖经验和个体能力。

针对企业资产的采购权、管理权和使用权分离，各部门信息化程度不一带来的账实不符、监管难、动态协同难等问题，京东企业提出了资产全生命周期管理与服务的理念，帮助企业理清资产，实现资产的保值增值。目前，京东针对企业业务已经打造了集“采购—管理—服务—处置”于一体的全生命周期管理解决方案，能够根据订单数据自动生成“资产卡片”，大幅提高资产入库的效率和资产数据的准确性和完整性。

六、全球化采购

进入 21 世纪以来，经济全球化进程明显加快，企业的运营也出现了国际化趋势。在以商品、资本、服务、劳动和信息跨国界流动为主要内容的经济全球化中，企业正在以前所未有的规模和速度发展。国际贸易和跨国公司的扩张推动了全球化采购的发展，先进的信息通信技术和交通的发展，使企业在全球范围内获取资源的信息更加畅通、成本更加低廉，在更广泛的地域内配置资源成为可能。

全球化采购也称国际采购，是指利用全球的资源，在全世界范围内寻找供应商，寻找质量最好、价格合理的产品（货物或服务）。广义的全球化采购是指在供应链理念的指导下，利用先进的技术和手段，提出合理的采购要求，制定恰当的采购方案，在全球范围内建立生产与运营链，采购性价比最高的产品，以保证企业的生产经营活动正常开展；同时，通过采购规范化操作，可以有效地对采购过程中的绩效进行衡量、监督，从而确保在服务水平不降低的情况下，实现采购总成本最低。

七、战略采购

战略采购是以降低物资采购的总拥有成本及提高供应链竞争力为目的的一系列采购决策的过程，战略采购的目的是指导采购部门的所有活动都围绕提高企业能力展开，以实现企业的远景计划。从公司战略的实施角度来说，战略采购是支持企业战略及供应链战略实施的重要举措，包含采购策略的计划、制定、实施及控制的整个 PDCA（Plan、Do、Check、Action）过程，它不仅涉及战略性物资，还涉及其他采购项目。

关于数字化采购和战略采购的内容将在项目八中详细讲解。

【课后习题】

一、不定项选择题

1. 采购是企业以各种方法优选获取外部资源，以满足企业经营与战略需要的行为。广义上的采购可以通过（　）方式获取外部资源的所有权或使用权，以达到满足生产经营需求的目的。

A. 购买　　B. 租赁

C. 借贷　　D. 外包

2. 与个人的采买行为相比，企业采购的特点包括（　）。

A. 企业采购具备一定的齐备性和连续性

B. 企业采购量和采购金额往往较高

C. 企业采购专业性更强

D. 企业采购需要更强的计划性

3. 以下属于采购管理原则的是（　）。

A. 及时性原则　　B. 最优质量原则

C. 最低价格原则　　D. 协作性原则

4. 采购的杠杆效应反映的是采购的（　）地位。

A. 供应　　B. 价值

C. 战略　　D. 质量

5. 供应商早期参与到产品的设计和研发过程的决策，体现了采购的（　）地位。

A. 供应　　B. 价值

C. 战略　　D. 质量

6. 供应链的主要职能包括（　）。

A. 采购与供应管理　　B. 生产运营管理

C. 库存管理　　D. 物流管理

二、判断题

1. 集中采购和联合采购属于间接采购行为。（　）

2. 长期合同采购是核心重要物资、资金量大的采购业务。短期临时采购是非核心物资、资金量小的采购业务。（　）

3. 采购业务外包是新的竞争形势下发展起来的一种采购方式，但是不一定适用于所有的企业。（　）

4. 供应链管理和采购管理都属于物流管理的范畴。（　）

5. 供应链管理的目标是核心企业利益的最大化。（　）

三、简答题

1. 简述采购管理的内容。

2. 简述采购管理的发展阶段和目标。

3. 简述采购作业的一般流程。

4. 简述采购的分类。

四、论述题

1. 试论述采购管理与供应链管理的关系。

2. 试论述企业该如何实现采购与供应链的协同管理。

五、案例分析题

松下集团在推行事业活动的基础上，充分发挥作为供应链一环的企业社会责任，希望作为松下集团的供应商也要遵守以下 CSR 项目。对供应商 CSR 采购提出以下要求：

①对廉洁采购的赞同；

②品质以及产品安全的确保；

③环境的考虑（绿色采购）；

④法务以及社会规范的遵守，公正的交易；

⑤信息安全的确保；

⑥对人权和劳动安全卫生的考虑；

⑦社会贡献。

请结合案例及所学知识分析以下问题：

1. 松下集团推进 CSR 采购意义何在？

2. 研读“Panasonic CSR 推进准则（第 3.0 版）”全文，分析并总结松下电器是如何与供应商一道推进 CSR 采购的。

【实战训练】

【实训目的】

通过本次实训，了解京东近年来在数字化采购方面的实践，能够更加深入地理解京东政企业务提出的“采购即服务”的理念，能够在供应链视角下审视数字化采购的重要性。

【实训内容】

1. 登录“京东政企业务”官方网站，调研京东政企业务是如何践行数字化采购和“采购即服务”理念的。

2. 调研“京东政企业务”下的“京采云”“中采云”和“慧采”三个主营产品的应用场景（或对象）分别是什么，分别能够解决不同服务场景的哪些问题，以及各产品是如何推动企业（或其他组织）采购数字化转型的。

3. 调研一个“京东政企业务”合作的真实案例，陈述案例事实，分析京东是如何助力该企业实现数字化采购转型发展的，并分析采购数字化转型为该企业带来了哪些效益。

4. 综合分析“京东政企业务”是如何体现供应链视角下的采购和“采购即服务”理念的。

【实训要求】

以学习小组为单位，利用各种渠道，开展广泛调研，学习小组以 3～5 人为宜，组内分工协作，撰写调研报告，调研报告包括但不限于以上内容，格式规范。

【拓展学习任务】

2023 中国企业数字化采购发展五大“关键词”

项目二　采购管理组织

【学习目标】

一、知识与能力目标

◆　可以分析出采购部门与其他部门的关系；

◆　可以准确描述采购管理组织的内涵；

◆　能够辨析不同的采购组织类型，正确绘制采购组织架构图；

◆　能够对企业的采购组织设置方式的合理性进行分析；

◆　明确采购部门的职责及主要工作岗位的职责；

◆　能够分析出企业采购管理工作中存在的廉洁风险，并能从采购组织管理的角度提出合理的防控措施。

二、价值目标

◆　强化职业规划的意识；

◆　树立守法合规、廉洁自律的职业道德观念和价值标准。

【课前任务驱动】

广药集团：推进集中归口统一采购模式　大力提升企业管理现代化水平

请结合该案例及本项目的相关知识点，对以下问题进行分析与研讨：

1）请分析并总结广药集团为什么要实施“构建集中归口统一采购模式”的采购管理组织改革？

2）案例中广药集团采购管理组织改革涉及哪些方面的建设？

3）集中归口统一采购“136”模式改革体现了采购管理组织的哪些职责？

任务一　认识采购管理组织

【企业实践案例 2-1：关于采购管理组织类型的研讨】

中国银行携手京东政企业务首创总、分行独立采购模式，
打造集团型采购创新范本

京东政企业务在与中国银行的合作中，双方基于分行的个性化采购需求首创了总、分行独立管理的采购管理组织模式，不仅最大化满足了地方和区域的差异化需求，也为分行积极创新注入了更多活力，为银行乃至整个集团型采购模式的创新树立了标杆。

在传统的大型企业合作模式中，企业客户往往直接在集团或总公司层面与京东政企业务建立合作搭建采购入口，各子公司、分支机构在统一的平台下进行相关物资采购。然而在与中国银行的合作中，双方却“不走寻常路”。京东政企业务在与中国银行总行建立合作后，又在总行的牵头下与分行分别建立了平台级的合作。在总行制定的流程、标准等采购规则下，京东政企业务结合区域的具体情况为每家分行在其系统内搭建采购商城，通过自定义商品池和采购场景，满足分行的个性化采购需求。目前，中国银行总行本部及 36 家一级分行，全部与京东政企业务达成合作。

中国银行采购相关负责人表示，与京东政企业务建立合作以后，2019 年中国银行全国在京东政企业务采购节支率较以往分散操作有较大的提升，采购的审核周期、妥投时间、对账结算效率得到了飞跃式提升。目前，借助京东慧采 App 等移动采购管理工具，以往长达数日的审核周期已缩短至 0.4 天；京东政企业务研发的财务结算协同平台实现了自动对账、发票自动开具，解放了大量的重复性人力投入，成为财务人员的最爱，2019 年上半年，中国银行通过京东智能采购平台共开具超 80 万张发票。

除了直观的纸面数据上的降本增效，京东智能采购还对规范采购行为、有效管控风险起到了积极的作用。中国银行浙江省分行采购负责人告诉记者，京东智能采购由总行统一签订框架协议，为多批次、小金额采购项目增加了合规采购渠道，有效规避“化整为零”的采购嫌疑；同时，采购价格公开透明，避免利益输送，有效防范采购人员道德风险。

金融采购创新实验室联合主任、中央财经大学商学院院长王瑞华表示，相较传统集团型物资采购难以集中管理的分散状况，中国银行与京东政企业务达成的总、分行独立管理模式具有更大灵活性，不仅能有效地满足地方和区域采购的差异化需求，也有利于分公司自主引入更多的创新项目，进而推动整个集团采购的发展与进步，值得其他行业借鉴。

资料来源：京东黑板报微信公众号　时间：2019-07-23

请结合以上案例及下述采购管理组织相关知识点，对以下问题开展研讨与分析：

1）在与中国银行的合作中，这种首创的总、分行独立管理的采购管理组织模式有何优势？

2）传统的集团型企业实施分散采购有哪些弊端？在与中国银行的合作中，京东是怎样避免这些问题的？

一、采购管理组织的概念

组织是由若干个人或群体所组成的、有共同目标和一定边界的社会实体。组织必须是以人为中心，把人、财、物合理配合为一体，并保持相对稳定而形成的一个社会实体。组织必须具有为本组织全体成员所认可并为之奋斗的共同目标，并保持一个相对明确的边界，以区别于其他组织和外部环境。

采购管理组织是指为了完成企业的采购任务、保证生产经营活动顺利进行、由采购人员按照一定的规则组成的采购团队。采购管理组织不仅管理与采购相关的日常运作，负责建立相关采购制度、实施采购策略等，而且负责整个企业采购活动的计划、组织、协调、控制和指挥，保证企业物资的及时供应。

二、采购管理组织的功能

直至今日仍然有很多企业把采购管理组织定义为行政部门，将其定义为服务和辅助部门，对采购活动进行多轮次层层审批，对采购部门的管理重在监督，并将其当作审计的重点，只考虑采购人员的忠诚度和可信度，不考虑采购人员的专业能力。这样的认知很难将采购管理组织的价值和功能发挥出来，也不利于采购人员的职业生涯发展。在“中国制造2025”“互联网+”和“数字经济”的时代背景下，采购管理组织更多的应该是承担一种专业的、重要的战略职能。采购管理组织要站在企业战略高度考虑供应商寻源策略。因为，现代企业之间的竞争本质上是供应链之间的竞争，而采购端的供应链需要采购人员从战略高度去审视，去选择供应商，选择合作模式。采购人员要立足总的获取成本或生命周期总成本，在供应市场中寻找机会，为企业创造价值。采购管理组织的具体功能表现在以下几个方面：

（1）凝聚功能

采购管理组织的凝聚功能外在体现为部门的凝聚力，而凝聚力来自组织目标设定的科学性与可行性。因此，采购管理组织要发挥其凝聚功能，必须设定科学的、可行的部门工作目标及任务。

（2）协调功能

采购管理组织的协调功能是指正确地处理采购组织中复杂的分工与协作关系。这种协调功能包括两个方面：内部的协调和外部的协调。内部的协调是指采购管理组织与企业内部其他组织之间的协调，采购管理组织内部各职能岗位之间纵向、横向关系的协调。通过协调，使之密切协作，和谐一致。外部的协调主要是指与外部资源市场及供应商的协调，采购管理组织能够依据采购环境的变化，调整采购策略，以提高对市场环境变化的适应能力和应变能力。

采购管理组织的重要目标之一是与其他部门间进行协调配合，协助企业生产经营目标的实现。因此，采购管理组织不但要了解本身业务的特质，还需随时注意各部门间的协调配合，以便能获得经济有效的供应。无论生产企业还是流通企业，都需要建立一支高效的采购管理组织，通过科学的管理方法和手段，降低采购成本，提高采购效率，保证企业生产经营活动的正常进行。

（3）制约功能

采购管理组织中，每个成员承担不同的职责，有相应的权利、义务和责任，企业及采购管理组织会通过制定各类的管理办法、制度、规章等一系列规则，规范每一个岗位、每一位成员的行为，从而形成一个规则明确、流程清晰、制度严明的采购组织。

（4）激励功能

采购管理组织的激励功能是指在一个有效的采购管理组织中，应该创造一种良好的环境，充分激励每一位采购人员的积极性、创造性和主动性。通过绩效考核等方式，设置各类物质和精神激励，激励其潜能得到最大限度地发挥，以提升采购管理组织的整体绩效水平和部门对企业发展的贡献度。

【企业实践案例 2-2：关于集权型采购管理组织和分权型采购管理组织问题的研讨】

中国石油物资采购中心集中采购保供工作透视

高质量发展需要高质量采购，作为集团公司直属的专业化采购与招标机构，“十三五”时期前三年，中国石油物资采购中心采购总额由 2016 年的 365 亿元增长至 2018 年的 811 亿元，年均采购成本降低率 6.66%；招标总额由 2016 年的 482 亿元增长至 2018 年的 904 亿元，年均综合节资率 7.73%；物资采购工作做到了阳光运作、标准运作、高效运作和节约运作。

进入市场经济以来，集团公司物资采购工作由高度计划走向“分散采购”。集团公司所属企业分别自主采购，采购价格高低不一，采购质量参差不齐，中国石油在物资采购市场上也没有太大的话语权。随着以集约化、规模化、集团化为主要特征的集中采购模式逐渐走上采购舞台，集团公司高屋建瓴，全面推行集中采购模式。集团公司颁布了《中国石油一级采购物资目录》，规定了大宗、通用及重要物资组织集中采购。在此基础上，颁布了《中国石油天然气集团公司一级采购物资授权集中采购实施办法》。

集团公司按照不同的料性品种，授权给物资需求较大、专业优势突出、组织机构健全、采购操作规范、队伍经验丰富的单位为组长单位，组织参与单位形成授权集中采购管理小组，代表集团公司行使集中采购管理职责。组长单位是授权集中采购工作的组织单位和责任主体，管理小组是授权集中采购的决策和执行机构。目前，集团公司共有组长单位 22 个、管理小组 59 个，完成年度物资采购额 60%的集中采购组织实施工作。

物资采购中心承担了其中大宗物资、重要物资、长周期设备、安全物资和应急保障物资的集中采购工作，担任 31 个管理小组组长单位，采购金额超过集团公司授权集中采购金额的一半。身为 31 个管理小组组长单位，物资采购中心深知授权集中采购是代表集团公司行使采购职能，集聚的是责任、是规模、是优势，事关集团公司高质量发展大计，使命光荣、责任重大。

物资采购中心强化高质量采购，持续推进标准化采购与战略采购。以集团公司统一采购技术规格书编制工作为契机，全面梳理物资品种的采购要求及技术标准，逐步实现对授权物资品种的全覆盖。采购策略整体向内部供应商和战略供应商倾斜，持续增加内部优势产品采购和战略采购比重。通过深化采购技术规格书应用，优化运输方案设计，增加物资保供应急预案，改进价格形成方式，提升管理小组集采方案编制水平。

事实证明，集中采购模式有效促进了资源和市场的集中，发挥了各单位的专业特色和技术优势，取得了显著的降本增效成果。近 5 年，物资采购中心为集团公司采购各类物资达 2400 亿元，节约采购成本达到 135 亿元。

资料来源：中国石油新闻中心　时间：2018-12-27

请结合以上案例及下述关于采购管理组织类型的相关知识点，对以下问题进行研讨与分析：

1）请对集权型采购管理组织在中国石油集团的适用性进行分析。

2）集权型采购管理组织的优势在中国石油集团采购组织改革中是如何体现的？

三、采购管理组织的类型

1. 分权型采购管理组织

分权型采购管理组织是由各预算单位自行开展采购活动的一种采购管理组织形式，各预算单位的负责人对本单位的采购工作和财务后果负责，如图 2-1 所示。

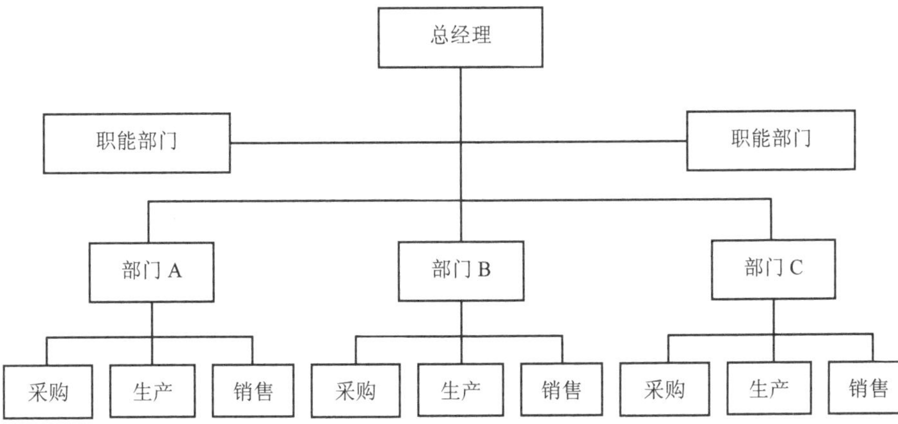

图 2-1 分权型采购管理组织框架

（1）分权型采购管理组织的优点

1）分支单位采购决策自主性强、灵活独立，采购决策与本单位实际经验情况相符合。

2）各部门采购地域差异大时，可以最大限度地保证分支单位的采购独立性，有利于发展与本地供应商的关系。

3）各分支单位独立进行财务决策，各单位对总部的财务贡献度清晰明了，有利于各分支单位的良性竞争。

4）采购效率高，对用户需求反应能力强。

5）分支单位财务和采购决策权较大，有利于激发基层单位的创造力和积极性。

（2）分权型采购管理组织的缺点

1）得不到集中采购的价格优势。

2）在业务范围较为单一的集团公司，各分支单位可能会与同一个供应商合作，当同类物资供应能力不足时，分支单位间会形成竞争关系。

3）分支单位过多或过于分散，增加总部的采购监管的难度。

4）分散采购不利于企业资金的优化配置。

5）不利于科学有效地开展供应商管理。

（3）分权型采购管理组织的适用情况

1）集团跨行业多元化经营的公司。

2）分支单位离主厂区或供应基地较远，本地供应成本低于集中采购成本的。

3）异国、异地供应的情况。

4）批量较小、价值较低或者需求较为紧急的采购。

5）研发和设计部门的试验性物资。

2. 集权型采购管理组织

集权型采购管理组织是由企业的唯一一个采购管理组织统一负责本企业的全部采购业务的一种采购管理组织形式，企业可以单独设置采购管理职能部门，也可以统一开展采购业务外包，如图 2-2 所示。

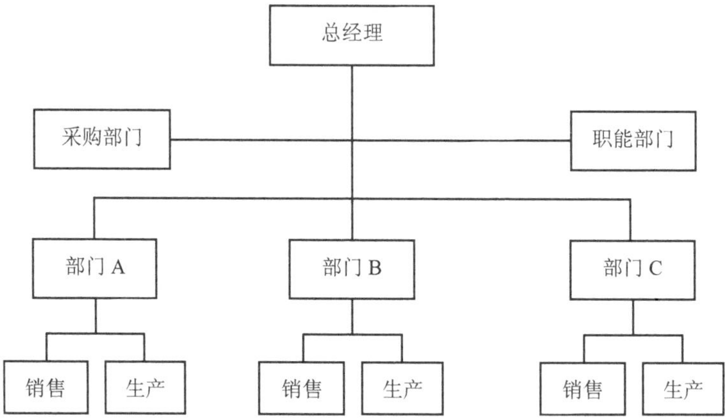

图 2-2　集权型采购管理组织框架

（1）集权型采购管理组织的优点

1）集权型采购管理组织可以汇总各分支单位的采购需求，形成采购的规模优势和价格折扣。

2）集权型采购管理组织可以更好地规范企业的采购行为，进行规范化的科学采购。

3）集权型采购管理组织可以对各分支机构进行统一的采购成本管理和采购预算控制，对集团财务资源进行最优化的配置。

4）集权型采购管理组织方式，可以稳定本企业与重要供应商之间的关系，便于更好地开展供应商管理。

（2）集权型采购管理组织的缺点

1）实施采购活动的周期较长、手续复杂，不利于紧急和临时需求的快速响应。

2）分支机构对集团采购管理组织的决策与资源调配不总能无条件地服从，可能会产生消极抵触和抱怨的现象。

3）高度集权的管理方式，不利于激发基层单位和分支单位的积极性。

（3）集权型采购管理组织的适用情况

1）集团范围实施的同类物料的采购活动。

2）连锁经营和特许经营企业的采购活动。

3）大宗或大批量物品，价值高或总价多的物品。

4）关键零部件、原材料或其他战略资源的采购活动。

5）保密程度高、价值较高的物资。

6）定期采购、紧急程度不高的物资。

3. 混合型采购管理组织

混合型采购管理组织是在企业级的管理层次上设立公司采购部门，同时各个经营单位也有自己的采购部门。这种采购管理组织集合了集权型采购管理组织和分权型采购管理组织的优点，采购活动通过混合型采购管理组织实行决策集中，执行分散的协调运行，实现整个组织的有效运行，如图 2-3 所示。

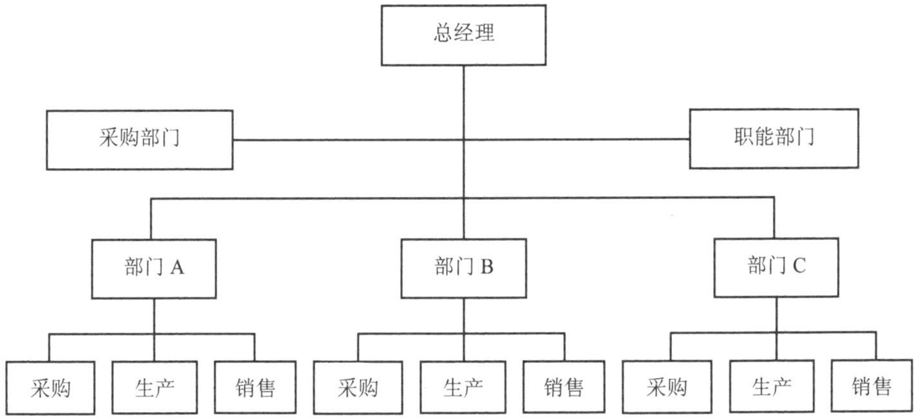

图 2-3　混合型采购管理组织框架

（1）混合型采购管理组织的优点

混合型采购管理组织能够一定程度上避免单一集中采购和单一分散采购方式的弊端，由集团统一采购的部分，可以保证统一标准，实现规模采购的经济性，由分支单位采购的部分，可以保证采购的灵活性和反应速度。

（2）混合型采购管理组织的缺点

混合型采购管理组织对集中采购和分散采购的协调、采购权限的划分难度大，对采购活动的组织和管理都提出了较高的要求。

集中采购与分散采购，是企业反复权衡的话题，无论是本土企业，还是国外企业，都无法回避。企业选择集中采购还是分散采购，主要取决于两个因素，即企业的管理能力和业务需求。企业的管理能力越强，就越可能实现高效的集中采购。相反，企业的管理能力越弱，对采购速度的诉求越高（如新产品开发），就越可能实行分散采购。混合型采购管理组织，看上去是总部、分公司/事业部各尽其能，很完美，但这种采购管理组织形式又产生了一系列新问题，如采购系统和采购流程会越来越复杂，规章制度越来越细化、越来越苛刻，对基层的约束越来越多，采购部门的业务越来越难做，效率越来越低。例如，某个大型制造企业，为了增加响应速度，采购由集中变分散，总部负责建立系统、制定流程和规章制度，事业部负责执行。结果流程越来越繁杂、规章制度越来越苛刻，事业部的执行者叫苦不迭、怨声载道。因此，企业要结合实际情况选择合适的采购管理组织形式。

4．虚拟采购管理组织

虚拟采购管理组织分为以项目为中心的临时采购管理组织和平台型虚拟采购管理组织两种。以项目为中心的临时采购管理组织是根据项目开发需求，从各个部门调取相关技术人员组成的采购管理组织，项目结束后，此采购管理组织即解散的采购管理组织形式。平台型虚拟采购管理组织是利用日益完善的通信网络技术及手段，将分布于各地的企业采购需求和供应商资源虚拟整合为一个大型供需匹配平台，以快速、精确、稳定、低成本地完成采购的任务，满足企业的相应生产或商业运作需求，其实质是采购信息集成平台，以获取采购领域的规模化效益为目的，以先进的信息技术为基础，以共享采购信息为纽带，而构建的企业间的动态联盟。

（1）虚拟采购管理组织的优点

1）虚拟采购管理组织可以通过建立采购信息集成平台，使联盟企业之间能够实现信息共享，并获取规模折扣。

2）合作企业可实现网上交易。

3）组织结构具有动态性强、灵活性高的特点。

（2）虚拟采购管理组织的缺点

1）对信息化要求较高。

2）稳定性较差，一般在采购项目完成后采购联盟即解散。

3）采购管理组织的绩效管理实施困难。

4）对虚拟采购组织中人员素质要求较高。

四、采购管理组织设计

1. 按采购地区设计

有些企业经营范围较广，采购的物资可能来自不同的国家和地区，为了便于企业在某地区开展生产经营活动，企业可以按照这种采购方式设计采购管理组织。例如，中国铁建物资集中采购区域中心就是按照采购地区设计的采购组织，由中国铁建股份有限公司批准正式成立，委托中铁物资集团负责组建和运营，并由中国铁建物资集中采购中心统一指导和管理。现设北京（京、津、冀、鲁、晋、蒙、黑、吉、辽）、上海（苏、浙、沪、皖）、广州（闽、粤、桂、琼）、武汉（豫、鄂、湘、赣）、西安（新、青、陕、甘、宁）、成都（云、贵、川、渝、藏）六大中心，服务范围覆盖全国 31 个省（区、市）。区域中心负责代表公司组织区域物资集中采购工作。区域中心将通过整合区域采购资源，提供公开招标、邀请招标、竞争性谈判等多种采购形式和延伸采购全流程服务，实现为项目提供物资采购供应服务、整合供应商资源和组织内部物贸企业进行源头采购三大功能。

2. 按物品类别设计

根据采购物品类别设计采购组织，将不同物料的采购工作派分给不同单位的人员办理，是许多物料种类繁多的企业首选的采购部门设计方式。这种采购组织设计的典型代表是华为。华为采购部建立了物料专家团（CEG），各 CEG 负责采购某一类或一族的物料，满足业务部门、地区市场的需要。每个 CEG 都是一个跨部门的团队，通过统一的物料族策略，集中控制供应商管理和合同管理，提高采购效率。依据行业或工艺（生产）相关性的特点，组建基于通用物品的物料族，覆盖华为公司 100%的物料需求。公司根据研发、生产以及内部其他需求的特点，相应建立若干采购专家团，分为生产物料专家团和行政物品（含服务）专家团两大类，专家团的分组将随公司的发展而作相应的调整。一个典型的专家团是由一个全职的领导和若干兼职成员组成。专家团的成员是来自采购、研发、生产、品质、法律、商务等例外业务口、下属企业或例外地域的业务代表（或专家）。

3. 按业务分工或岗位职能设计

按业务分工或岗位职能设计采购是将采购计划的制订、询价、比价、签订合同、催货、提货、货款结算等工作，按照采购业务过程交给不同人员办理的方式。典型代表有京东工业和中石化等企业，京东工业作为京东集团旗下专注以“供应链+技术+服务”助力工业产业发展的业务单元，通过覆盖商品寻源、采购管理到履约交付等采购全链条的技术服务，为工业企业的供应链数智化转型提供了有力支持。中石化把采购的职能从围绕项目管理向前扩展到需求管理，从围绕订单处理的“小采购”向后扩展到管理供应商，将寻源、采购、支付三权分立。

4．按照采购业务的重要程度设计

根据采购业务或物资交期的紧迫程度不同，可以分为策略性采购项目（利润影响程度高，供应风险高）、瓶颈采购项目（利润影响程度低，供应风险高）、杠杆采购项目（利润影响程度高，供应风险低）、非紧要采购项目（利润影响程度低，供应风险低）四种，每一种采购对采购组织人员的要求不同。这样划分采购组织的优势在于，可以集中有经验的采购人员去解决策略性采购项目或瓶颈采购项目，带来较高产值，此种组织方式可有效地利用采购人员的专业程度。

任务二　采购管理组织职责界定

【企业实践案例 2-3：关于采购管理组织职责的分析与研讨】

中航锂电（洛阳）有限公司供应商绩效管理办法（节选）

一、目的

规范供应商绩效考核，对合格供应商实施动态管理，持续推动合格供应商绩效的改善，不断优化供应商资源池，为高质量、优成本的准时交付提供保障。

二、适用范围

适用于中航锂电（洛阳）有限公司外购物资及一类外包服务的合格供应商绩效评估管理。

三、职责

（一）采购部

负责组织开展外购物资供应商的绩效评价工作，职责包括：定期组织业务部门进行绩效评分，汇总整理供应商绩效数据，对供应商进行分级，对绩效考核结果的应用执行情况进行跟踪；负责工序外包供应商交付维度绩效；负责评估 A/B 类及原材料二次加工类供应商的交付和成本维度绩效，根据绩效结果调整资源分配，制定和实施供应商整改提升计划，制定和实施供应商开发计划。

（二）SQE

负责评估 A/B 类及工序外包、原材料二次加工类供应商的质量维度绩效，根据绩效结果制订和实施供应商整改提升计划。

（三）技术研究院/物流部

负责评估 A/B 类及工序外包、原材料二次加工类供应商的技术维度绩效。

（四）其他部门

其他一类外包供应商绩效归口管理部门，详见《外包管理程序》。

四、流程

（一）发起供应商绩效考核需求

供应商绩效归口管理部门的供应商绩效管理员定期发起对合格供应商的绩效考核

需求。

A/B 类物料供应商及工序外包、原材料二次加工服务供应商，实行月度绩效监视和季度/年度绩效评级，即按月对供应商业绩进行评分监视，按季度/年度对供应商进行评级，并对分级供应商进行相应的处理对策。

一类外包供应商中，工装模具的委外加工/返修服务、物流外包服务供应商按月度开展绩效评价工作；监视测量设备的检定/校准/维修服务、产品认证/委外测试服务、信息化服务供应商按季度开展绩效评价工作。

C/D 类供应商按季度开展绩效评价工作。

（二）收集各维度绩效数据

A/B 类物料及工序外包、原材料二次加工服务供应商的质量维度绩效由供应商质量工程师负责评分，交付维度绩效由采购业务员负责评分，成本维度绩效由资源开发负责评分，技术维度绩效由技术研究院/物流部根据材料分工负责评分。评分标准见 4.2.1 至 4.2.5（二维码）。其他外包服务供应商及 C/D 类供应商的评分标准参考附录 A。

（三）汇总绩效数据，进行绩效评价分级

A/B 类物料及工序外包、原材料二次加工服务供应商评价分级标准见 4.3.1 至 4.3.2(二维码)。供应商绩效管理员汇总各维度绩效数据，根据分级标准对供应商进行季度/年度分级，月度监控只做排名不做分级。

其他外包服务供应商及 C/D 类供应商的分级标准参考附录 A。

（四）结果审核

A/B 类物料及工序外包、原材料二次加工服务供应商的绩效情况，由外协机加专员组织供应商绩效月会进行会议评审，评审人员范围是各绩效维度负责人。评审后的供应商绩效评分评级结果由采购部负责人批准。

其他外包服务供应商的绩效评审由对应的绩效管理归口部门负责组织，评审结果在采购部备案；评审方式可邮件评审，评审人员范围包括各参与部门负责人。

（五）发布供应商绩效考核结果

审批通过的供应商绩效结果，由供应商绩效管理员负责组织向供应商及内部部门发布。

（六）绩效结果应用

A/B 类物料及工序外包、原材料二次加工服务供应商的绩效结果的应用包括调整资源分配、供应商整改提升计划和供应商淘汰计划。对于供应商质量绩效不达标或出现重大质量问题时，供应商质量工程师立即采取处理措施并向供应商提出纠正和预防要求，限期供应商改进，按照《不合格及纠正措施管理程序》执行。供应商绩效表现也作为资源开发及 SQE 参加材评会时的报告输入之一。各评级结果应用见 4.6.1 至 4.6.4（二维码）。

其他外包服务供应商及 C/D 类供应商的绩效结果应用参考附录 A（二维码）。

（七）绩效应用执行跟踪

针对 A/B 类物料及工序外包、原材料二次加工服务供应商，由外协机加专员定期组织供应商质量工程师、采购业务员、资源开发工程师检讨绩效考核结果应用的执行情况并通报。其他外包供应商的绩效应用跟踪由对应的绩效管理归口部门负责。

更多内容请参见二维码。

注：SQE为供应商质量工程师。

资料来源：中航锂电绿色供应链信息平台　时间：2020-09-10

请结合本案例及任务二中采购管理部门的主要职责相关知识点，对以下问题开展分析与研讨：

1）该制度体现了采购管理部门对内、对外的哪些职责？是如何体现的？

2）该制度哪些方面体现了企业绿色采购的理念？

3）该制度是否很好地体现了采购管理制度的严肃性、可行性等原则，为什么？

一、采购管理部门的主要职责

1. 内部主要职责

（1）建立完善的采购管理制度，设计规范合理的采购流程

采购管理制度是指以文字形式对采购组织工作与采购具体活动的行为准则、业务规范等作出的具体规定。采购管理制度可以规范采购工作，明确各岗位的责任与权利，以及各岗位之间的相互关系。一个合理的采购管理制度能够提高企业采购工作的效率，是采购人员与采购管理组织的工作准则与行为规范，是保证采购管理组织健康、有序、高效运行的规范性文件。采购管理制度的制定要结合企业的实际情况，切不可“照搬照抄”。另外，采购管理制度包含的内容也比较广泛，包括：采购廉洁制度，供应商开发、认证选择与考核制度，集中采购管理办法，以及招标采购管理制度等。

合理的采购流程，能够让企业的采购工作更顺畅，降低无效沟通，提高采购组织的工作效率。按照采购工作不同阶段的内容划分，一般采购管理工作包括但不限于以下内容：

1）采购需求管理；

2）供应商寻源管理；

3）询价、比价、议价管理；

4）采购谈判磋商管理；

5）采购合同管理；

6）交货验收管理；

7）质检入库管理；

8）财务结算管理等。

（2）采购需求管理

对于内部用户而言，采购部门承担着内部供应商的角色，因此，采购部门对内应该扮演内部销售的角色，积极主动地理解需求、管理需求、影响需求。例如，预计供不应求，就要尽早与计划部门沟通，适当增加安全库存，减少紧急需求，这样就避免给供应商支付赶工费；说服内部客户更改不合理要求，因为这些不合理的要求即使不增加公司成本，也会增加供应商成本，供应链任何环节的价值，取决于它能否有效地管理需求、正面地影响

需求、更好地匹配需求与供应，一旦供需不匹配，就会形成成本或库存。

（3）采购计划和采购预算管理

采购计划是在了解市场供求的情况下，在认识企业生产经营活动过程和掌握物料消耗规律的基础上，对计划期内物料采购活动所做的预见性安排和部署。采购预算是采购部门根据在一定计划期间（年度、季度或月度）编制的材料采购的用款计划。做好采购计划和采购预算管理，能够让企业更好地进行资金的规划与管理，提高采购工作的计划性。

（4）采购价格与成本管理

采购成本最优，往往被许多企业的管理者误解为采购价格最低，而很少考虑使用成本、管理成本等因素。这种成本管理思维很容易出现问题，以购买一台打印机为例，我们不能只考虑打印机本身的价格，还要考虑后期更换硒鼓、墨盒及维护维修的成本，如果只考虑打印机本身的采购价格，可能导致总体成本随复印机的使用时间不断增加。因此，必须对整个采购过程中所涉及的关键成本环节和其他相关的长期潜在成本进行评估后，再作出最终的采购决策。

（5）采购方式选择管理

企业根据采购物资的重要程度、需求的紧急程度、采购金额的大小、市场供需状况，选择合适的采购方式，在满足保证及时供应的基础上，通过优化采购方式，降低采购成本。例如，选择集中采购还是分散采购，选择线上采购还是线下采购。

（6）采购合同管理及结算管理

采购合同的签订要尽可能地排除风险，一旦发生合同变更、解除和纠纷时，能够将企业可能存在的损失降到最低。当供应商按照采购合同进行履约时，质检部门要按照企业的规范要求，做好验收入库前的质量管理工作，确保供应的保质保量。另外，在实际的采购业务中，采购员“着急催货缓付款”现象比比皆是，供应商按照合同约定，在约定的交期之内将符合合同质量要求的产品交付给采购商，而采购商一而再再而三地延迟付款，这是非常不可取的做法。

首先，延迟付款是对采购商信誉的消耗过程，一旦采购商信誉消耗到一定程度，很难再找到优质供应商。

其次，采购商延迟付款，供应商资金周转就可能出现问题，从而影响整个供应链的稳定性。

最后，如果该采购商是该供应商不可或缺的客户时，供应商不想失去该客户，就只能从质量、物流服务、交期等方面节省成本保证企业的盈利，这种所谓的“节省”是需要采购商买单的。

（7）采购部门绩效管理

一方面，科学的绩效管理具有激励功能，能够使员工体验到成就感、自豪感，从而增强其工作满意感；另一方面，绩效管理也是执行惩戒的依据之一，而惩戒也是提高工作效率，改善绩效不可或缺的措施。采购部门绩效管理的目的主要包括以下几个方面：

1）确保采购目标达成。

2）提供改进绩效的依据。

3）作为本部门的奖惩参考之一。

4）作为评优、提拔和培养的参考。

5）提高采购人员的积极性和主动性。

2．外部主要职责

（1）合作前的供应商开发与认证管理

供应商开发与认证管理制度目前在很多企业实施得已经非常普遍和成熟，主要通过对潜在供应商资格审查的方式开展。供应商资格审查包括资质审核和现场审查。资质审核是对供应商相关的资质进行审核，主要包括但不限于供应商的营业执照、行政许可证、质量管理体系认证等。现场审查是对供应商相关生产、供应、服务能力等方面进行的现场符合性审查，主要包括但不限于供应商的基本资质、生产能力、质量管理与控制能力、售后服务保障能力等。

（2）合作中的供应商管理

对合作中的供应商进行管理的目的主要是保证产品质量合格，履约及时，并且能够持续优化服务与产品。主要通过构建客观的评价标准指标体系、定期或者不定期的方式对供应商的信用水平、产品质量、履约情况等方面进行评价。客观量化评价供应商表现，反映供应商综合实力。

1）法人信用评价：可以通过联合专业信用认证机构，从基本资质、生产经营、财务状况、行政合规等方面，对法人主体合规守信状况进行评价，并给予综合信用评级。

2）产品质量评价：可以通过联合专业产品质量评价机构，从资质等级、装备能力、质量保证体系、性能检测等方面，对产品满足先进标准或技术规范水平的，给予专业评定并评级。

3）履约动态评价：包括履约评价和综合评价两部分，由采购部门、物资使用单位（内部用户）从质量、服务、交货等多方面量化考评供应商履约行为，并实施分级管理。

（3）合作后的供应商绩效评估

合作后或者项目结束后对供应商开展绩效考核的主要目的是确定供应商的供应是否按照企业的要求按时按质完成，同时进行比较，发现、保留并巩固优秀的供应商，淘汰绩效差的供应商，持续优化供应商队伍。同时，通过对绩效评估结果的分析，也可以了解供应商合作中存在的不足之处，将不足之处反馈给供应商，促进供应绩效的改善，为日后更好地合作打下良好的基础。

【企业实践案例 2-4：关于采购管理制度制定原则的研讨】

比亚迪采购铁律提质升级

在产业变革加速演进、公司高速发展之际，为构建更为公平、高效的采购平台，比亚迪采购铁律提质升级，提升采购管理，规范内部人员对接供应商准则（更新原十项规定第5条、第8条）。

一、三大准则

（一）公平；

（二）透明；

（三）竞争。

二、十项规定

（一）严格品质管理，集中审核，绩效定级，品质一票否决；

（二）供应商导入与退出由采购委员会决定；

（三）一锤定音，招标中标不议价；

（四）特殊情况下，只有总经理可议价，其他人无议价权；

（五）总经理以下人员在采购过程中无决策权，凡宣称有决策权均是违规行为；

（六）战略供应商享有跟标权；

（七）系统设置，到期自动付款；

（八）凡对接供应商的人员均需轮岗，采购及 SQE 是采购业务的指定窗口，其他人员严禁私自对接，与白名单供应商技术对接除外；

（九）行贿受贿零容忍；

（十）严格审计监察，全检采购订单，全程监督招标。

比亚迪将建立以“公平、透明、竞争”三大准则为基础，以“十项规定”为支撑的全新采购体系。在新能源汽车产业发展浪潮激涌而来之际，期望所有合作伙伴与比亚迪携手共建廉洁、开放的营商环境，护航新能源产业发展的行稳致远，助力人类迈向绿色可持续发展的美好明天！

资料来源：比亚迪供应商门户官网　时间：2024-02-28

请结合本案例及下述关于采购管理制度的制定原则知识点，对以下问题进行研讨与分析：

1）请分析“比亚迪采购铁律”对采购的哪些方面作出了严格规定？

2）请对比比亚迪 2022 年 12 月 29 日发布的比亚迪采购铁律，分析“提质升级”后的比亚迪采购铁律有何变化？

3）请分析比亚迪采购铁律“提质升级”是否违背采购管理制度制定的“相对稳定性”？为什么？

4）请分析“严肃性”对采购管理制度建设的重要性。

二、采购管理制度的制定原则

1. 文字化

任何制度都是以文字的形式表示出来的，采购制度也不例外。制度不是上级的口头命令或要求，口说无凭，应以文字的形式固定下来，作为大家共同的行动纲领，对任何人、任何采购活动均起规范作用。

2. 可行性

企业的采购制度都应在充分考虑企业内外部条件、企业发展目标、行业特点以及采购组织本身实际情况的基础上制定，这样制定出来的采购制度在贯彻实施过程中，才能切实可行，而不是僵化的教条与清规戒律。

3．严肃性

采购管理制度一旦确定，采购人员应不折不扣地执行，只制定制度而不加强执行与监督，这样的规定和制度是毫无价值的。在实际运作中，对违反制度的组织和人员应有相应的制裁措施，从而实现采购制度的严肃性。

4．协调性

采购管理制度要注重各部门、各岗位之间的协调，把上下级工作、前后工作环节，有机地协调与联系起来，以体现集体利益的最大化，而非某个部门的利益最大化。

5．相对稳定性

采购制度一经确定，短期内不要有大的变动，通常一两年甚至更长时间内应保持相对稳定，便于各部门的执行。如果采购管理制度频繁变动，容易造成采购管理工作的混乱。当然，采购制度并不是长期固定不变的，随着外部环境和企业内部条件的变化，采购制度也可以适当进行调整与优化。

任务三 采购管理人员的配备

【企业实践案例 2-5：关于采购管理人员能力和素质问题的研讨】

顺丰速运采购高级专员（包材方向）招聘信息

一、工作职责

1. 市场行情：及时跟踪掌握原材料市场（纸浆、原油）价格行情和供需情况，并作出相应方案；

2. 供应商管理：负责相应品类（纸类、塑胶类包装材料）的供应商结构分析与改善，供应商寻源、审核、引入、考核及日常沟通管理，业务高峰前驻厂产能摸排与督促交付等；

3. 成本分析：能够对标行业内的优秀实践和通过总运营成本分析搭建成本模型并不断优化，寻找提升效率质量和降低成本的机会点；

4. 采购策略：分析采购大数据和供应资源，制定相关品类的采购策略；

5. 采购商务：负责招标管理、采购策略编写、成本分析、商务谈判、合同管理、协助其他部门进行产品交付和质量管理；

6. 小组模块化数据统计分析及上级安排的其他工作。

二、岗位要求

1. 学历：本科及以上学历；

2. 工作经验：五年以上大中型企业寻源工作经验，其中三年以上品类采购工作经验，有包装材料采购工作和独立负责年采购额/单项目采购额过亿元的采购经验者优先；

3. 专业能力：逻辑思维清晰，具有良好的成本分析能力，具备较强的采购数据处理能力和汇报材料编写能力，具有较强的商务谈判、沟通协调和处理复杂问题的能力；

4. 综合素质能力：诚信负责，工作细致务实、主动高效，有良好的服务意识和团队精神，有良好的学习能力和适应能力，能承受一定的工作压力。

资料来源：顺丰招聘官网　时间：2023-04

请结合本案例及下述任务三中关于采购管理人员应具备的核心能力相关知识点，对下述问题进行分析：

1）请总结案例中顺丰对本岗位采购人员的岗位职责作了哪些方面的要求？

2）案例中顺丰对此次招聘的采购人员能力和素质方面有怎样的要求？

3）对标此招聘公告，分析自己目前是否具备应聘能力，并谈谈你的未来职业规划。

一、采购管理人员应具备的核心能力

1. 科学选择与评估供应商的能力

供应商初选时，可以利用供应商基本信息表和供应商自我评估表两个工具，快速过滤和淘汰掉大部分不符合要求的供应商。先将供应商基本信息表发给有合作意愿的供应商，从中筛选满足基本要求的供应商，然后对筛选出来的供应商做一个供应商自我评估，这样再筛选一轮。接下来，企业通过建立供应商评估模型，再开展正式的评审环节。供应商基本信息表是一个长清单，供应商自我评估表是一个短清单，最后通过正式评估得到的是潜在供应商清单。通过以上三个步骤就可以从众多供应商中筛选出少量优质供应商，每一步都有相应的筛选工具，每一步都要有筛选的记录。因为时间、成本、效率等方面的要求，企业不可能对所有的有合作意愿的供应商都做实地考察，在正式评审前让潜在供应商填写供应商基本信息表和供应商自我评估表，最后实地考察的那些供应商，都是基本合格的，这样一定程度上提高了供应商开发的效率。而且这种做法有助于建立供应商数据库，收集行业信息，对企业开展供应市场分析也有好处。

需要注意的是，对供应商正式评审时，建立的供应商评估模型或评估体系，要结合企业实际，企业选供应商，选的是供应链合作伙伴，要共同去面对激烈的市场竞争。需要什么样的供应商，把它描述出来，这就是评审因素，或者叫作“看”哪些方面。至于“看重”哪些方面，叫作权重。企业常用质量、成本、交货期、技术水平、环境、服务、安全、社会责任（quality，cost，delivery，technical level，environment，service，safety，social responsibility，QCDTESSS）等要素对供应商进行评估，在众多评估要素中，不同企业用的评估要素是不一样的，权重也是不尽相同的。

2. 控制采购价格及成本的能力

企业要想做好采购价格和成本的分析与控制，就要做好这四个分析，即需求分析、价格分析、成本分析和 VE/VA 分析。

（1）需求分析

需求分析就是详细分析企业要“采购什么”“采购的量是多少”“何时下单与何时送达”的问题。需求描述不清，会导致采购部门与用料部门之间沟通成本的增加，或者采购物资不适用，或者采购价格不合理，因此采购需求描述一定要清晰，如果采购的是实物产品，就要用采购产品说明书的形式把对产品的全部需求表达清晰。如果采购的是服务产品，就要用服务质量说明书的形式来描述采购需求，避免无效采购或低效采购现象的发生。

对于采购需求量的确定要综合考虑多种因素，如供应商的“最小订货量”（minimum order quantity，MOQ）、“经济订货批量”（economic order quantity，EOQ）、安全库存和最高库存水平等库存策略、企业的资金周转情况、供应商产能因素等。

采购订单执行计划是解决“何时下单与何时送达”问题的重要手段，在考虑保证交期的前提下尽可能地满足准时制的物料供给需求，如果来料过早，就产生了额外的库存成本，来料不及时就导致停工待料，影响生产，产生缺货成本。但做到准时制供应并非易事，需要采购商、供应商、物流商等供应链合作伙伴之间有高度的协同能力。另外，企业还要考虑在不断波动的市场行情下，何时下单才能够节约采购开支，这就要求采购人员对市场行情的变动有一定的判断力。

（2）价格分析

价格分析是指把供应商的价格与一个价格基准进行比较，常见的价格基准有同类产品历史价格、竞争者价格、已有的公示价格、市场价格等。通过与价格基准对比，选择合理报价的供应商。

（3）成本分析

对于能够获得其成本数据的合作供应商，采购人员要有能力核算供应商成本的真实性与合理性。核算供应商成本的真实性时，要做成本细分，此时要求供应商报价时要做到分解报价和分解成本，即把成本项目拆分开进行核算。

（4）VE/VA 分析

价值工程与价值分析（value engineering/value analysis，VE/VA）与工业工程、质量控制并称为企业管理的三大支柱，做好 VE/VA 分析对企业实现高质量、低成本的竞争优势有重要作用。VE/VA 用公式表述为：价值 V=功能 F/成本 C，因此要想提高采购的价值，有以下几种方式：

1）成本不变的情况下尽可能地增加功能；

2）功能不变的情况下尽可能地降低成本；

3）功能增加的比例大于成本增加的比例；

4）成本下降的比例大于功能下降的比例。

3. 管控采购合同风险能力

采购合同的风险主要包括合同主体风险、合同权利义务履行风险、合同违约或纠纷风险，采购人员要做好合同风险的评估和管控，将采购合同风险降到最低，保证采购活动的顺利开展。

（1）合同主体的主要风险

1）合同相对人不具备相应资信和能力。

2）合同相对人为法人的职能部门、分支机构或直属机构，缺乏履约能力。

3）合同相对人无代理权、超越代理权或代理权过期。

（2）合同标的的主要风险

1）合同标的不合法。

2）合同标的不可能给付。

3）合同标的不确定。

4）实际交付的标的与合同约定的标的不符。

（3）合同权利义务履行的主要风险

1）合同权利义务约定不清，对标的物数量、质量、包装、运输、风险、检验标准或是检验期间等缺乏明确约定。

2）对自身的权利没有充分认识，无法充分保护自身利益。

3）没有按照约定全面履行义务，或是履行合同义务没有坚持诚实信用原则。

4）合同变更、转让或解除时没有履行相关法律程序。

（4）合同违约或纠纷风险

1）未按合同约定的时间、金额支付价款。

2）逾期交付、提取标的物。

3）未按约定的方式、地点、数量、质量等履行合同。

4）未尽到通知、保密、协助等随附义务。

5）对方违约时，未采取合理措施防止损失扩大。

4．开展双赢谈判的能力

很多人认为采购的谈判就是讨价还价，“谈判”的英文翻译是“negotiate”，“讨价还价”的英文翻译是“bargain”，因此，讨价还价只是谈判的内容和目的之一。首先，讨价还价只在价格上做文章，真正的谈判则更多地涉及成本，通过影响成本来影响价格。其次，讨价还价是零和游戏，问题并没有被真正的解决，而是把自己的问题变成对方的问题。而谈判则更多地涉及共同解决问题。在供应链管理的理念下，采供双方相互依赖度较高，构建长期亲密合作关系非常重要，只有通过谈判，才能更好地开展后续的工作，解决共同发展的问题。

关于采购合同和采购谈判的具体问题，我们将在后续章节中详细展开讲解。

【企业实践案例 2-6：关于采购管理人员职业道德问题的研讨】

京东集团反腐败公告

为加深对《京东集团反腐败条例》的理解与学习，特此公告京东集团近期查处的典型腐败事件，请各部门组织全体同事结合这些惨痛的教训认真组织学习《京东集团反腐败条例》，提升团队廉洁自律，保障公司健康持续的发展。这些腐败事件的查处，也得益于供应商及其他合作伙伴、京东员工参与到京东集团诚信经营的监督体系中，京东集团发布的《京东集团举报人保护和奖励制度》以及《京东集团廉洁奖励试行办法》得到员工和合作伙伴的高度认可，在此向所有积极参与者表示衷心的感谢！同时，京东将一直秉承“正道成功”的理念，与社会各界协力共筑反腐败之长城，打造反腐生态圈，共同建设阳光、透明的商业环境。

一、以下人员的行为分别违反了《京东集团反腐败条例》第十四条、第十五条、第十六条和第十九条，予以辞退处理。同时任兵因涉嫌“非国家工作人员受贿罪”，目前已被公安机关刑事拘留。

京东物流西南区域分公司快运部城配运输管理部机构负责人任兵，利用职务便利收受承运商好处费及礼品馈赠。

京东物流华中区域分公司大件物流部安装运营部机构负责人黄川，利用职务便利收受服务商的好处费。

京东金融保险业务部综合管理部消费者业务部渠道运营人员燕峰，利用职务便利，收受好处费并违规向供应商提供运营支持。

二、以下人员的行为分别违反了《京东集团反腐败条例》第十四条、第十五条、第十九条，予以辞退处理。

京东商城时尚事业部内衣童装部招商人员郭智铎，在职期间向多家供应商借款。

京东商城时尚事业部女装部配饰部采销经理李红维，利用职务便利收受多家合作供应商的好处费、礼品，收受供应商贿赂。

京东商城美妆业务部采销经理岗王宁，利用职务便利收受合作供应商贿赂，并协助供应商引进多个品牌合作。

京东物流西南区域分公司大件物流部重庆大件运营中心负责人王毅，利用职务便利向其负责管理的多家京东帮合作伙伴索贿（未遂）。

京东物流华南区域分公司物流规划实施部项目实施机构负责人朱志云，任职华南建仓项目经理期间收受供应商好处费。

京东物流河南省区分公司人力资源部 HRBP 岗郭峰，利用职务便利收受劳务派遣供应商好处费。

集团招采中心供应商管理部供应商管理岗于丹丹，利用职务便利收受供应商好处费及参加供应商付费的旅游活动。

资料来源：廉洁京东　时间：2018-08-24

请结合本案例及下述采购人员的职业道德相关知识点，对以下问题进行研讨与分析：

1）以上人员的贪腐行为是否属于采购环节贪腐？为什么？

2）请对采购人员职业道德建设和采购反腐的重要性进行分析。

3）试探讨企业应该从采购的哪些环节和方面规避采购廉洁风险？

二、采购人员的职业道德

职业道德是员工职业素养的综合体现。行业法规可以很好地约束员工的行为，像医学、法律、会计和建筑等不同行业都公布了行业法规。美国采购行业组织在 1959 年颁布了采购业务行为法规，为采购行业提供了行为标准，要求采购行业能保持较高的道德水平。国内对采购道德法规没有统一、明确的规定，但企业都会各自设置采购业务的行为准则，主要包括以下几个方面：

1. 遵纪守法

采购人员在工作的过程中要遵守国家的法律和企业的规章制度，面对金钱的诱惑、权力的压迫，不可以随波逐流，甚至犯罪，对于采购管理工作人员而言，诚实守信、遵守纪律是底线和原则问题。

2. 廉洁不贪

采购管理从业者在与供应商合作过程中，免不了与金钱打交道，往往会遇到供应商送红包、给回扣的情况，此时一定要严守廉洁的原则，坚决拒绝贪污。采购从业者一旦贪污，不仅会影响企业的形象，还会致使企业失去最合适的供应商，给企业的发展带来不可估量的损失。采购从业者只有廉洁不贪，才能按照公开、公平、公正的原则，选择到最优质的供应商，为企业持续发展提供充足的、物美价廉的资源。

3. 爱岗敬业

采购管理从业者要有责任心，要有敬业精神，要热爱自己的工作。任何工作，只有有责任心才会想方设法地完成好自己的工作任务。只有热爱自己的工作，才会满腔热忱地突破、提升自己的工作能力。

4. 谦虚谨慎

采购从业者需要与供应链上各个节点企业打交道，用谦虚求教的态度与供应商交流，才能够让交流更融洽，更容易赢得供应商的信任，有利于获得更多的供应商信息，并建立友好的合作关系，同时谦虚求教，还能够让自己变得更加专业。谨慎的工作态度才能够在采购管理和执行工作中发现并排除风险点，为企业减少不必要的损失。

在实际工作中，采购人员要认真履行公司赋予自己的权利，坚持职业道德，抵挡包括小恩小惠在内的一切引诱，绝不能存在侥幸心态，欲望之门一旦打开，公司和个人都要受到连累。对公司而言是损害企业经济效益，对个人影响更为重大，失去的将不仅是一份工作，还有自己的诚信与信誉，还要接受国家法律制裁和公司规章制度的惩处，必将影响未来个人的前途和命运。

【课后习题】

一、多项选择题

1. 采购管理组织的功能包括（　）。

A. 凝聚功能　　B. 协调功能

C. 制约功能　　D. 激励功能

2. 以下属于分权型采购管理组织优点的是（　）。

A. 有利于激发基层单位的工作积极性

B. 有利于获取价格折扣

C. 有利于保证紧急需求的及时供应

D. 采购决策自主性强，灵活独立

3. 以下属于分权型采购管理组织缺点的是（　）。

A. 不利于采购流程的规范化管理

B. 不利于获取价格折扣

C. 不利于激发基层单位的工作积极性

D. 不利于企业资金的集中优化配置

4. 以下属于集权型采购管理组织优点的是（　）。

A. 有利于激发基层单位的工作积极性

B. 有利于获取价格折扣

C. 有利于采购流程的规范化管理

D. 采购决策自主性强、灵活独立

5. 以下属于集权型采购管理组织缺点的是（　）。

A. 采购活动的周期较长、手续复杂，不利于紧急和临时需求的采购

B. 不利于激发基层单位的工作积极性

C. 不利于企业资金的统筹使用与规范化管理

D. 不利于企业资金的集中优化配置

二、判断题

1. 混合型采购管理组织既可以实现规模采购的经济性，又可以保证独立采购的灵活性和快速反应能力，因此，企业都应该尝试使用这种采购管理组织组建方式。（　）

2. 虚拟采购管理组织的缺点包括稳定性较差，一般在采购项目完成后采购联盟即解散，因此采购绩效管理实施不易。（　）

3. 采购管理制度应具备相对稳定性，因此，一经发布即不可更改。（　）

4. 企业通过优化对采购部门的考核模式，可以一定程度上降低采购的廉洁风险。（　）

三、填空题

1. 采购人员应具备的职业道德包括：______、______、______、______。

2. 采购管理制度制定的原则包括：______、______、______、______、______。

3. 采购组织设计的方法有：__________、__________、__________、__________、__________。

四、简答题

1. 简述采购管理部门的主要职责。

2. 简述采购部门绩效管理的目的。

3. 简述采购管理人员应具备的核心能力。

五、案例分析题

A 酒店是当地知名酒店，以其对食材的讲究和优质的服务闻名遐迩，生意一直很好，常常座无虚席。然而，年底核算后，酒店负责人发现酒店营业额不错，但是利润仅占营业额的 10%左右，如何提升酒店利润成了酒店负责人亟须解决的问题。酒店负责人经过初步调查发现，酒店的采购支出占酒店总支出的 60%以上，与同行企业相比，采购支出比例较高。因此，酒店负责人聘请专业团队针对酒店采购部门的现象进行调研与整改，通过深入调查，认为该酒店采购部门存在以下问题：

第一，部门间缺乏对采购的需求分析。采购成本不仅与采购部门的采购能力有关，还与其他部门和采购部门的协作有关。各部门对所需要采购的物资没有进行系统分析，对该部门所需物资没有准确的数量概念，缺乏计划性，导致采购部门的采购随意性较大，常常出现盲目采购的现象，最终导致货物积压，货物库损量增高，造成浪费和流动资金呆滞。

第二，采购部门对采购物品成本控制工作存在缺陷。通过调研发现，采购部门采购的物品质量符合酒店的规定，但是采购的价格都很高，导致货物的性价比不够，成本控制存在问题。主要表现在：

1. 缺乏市场价格分析：采购部门针对所需货品，没有进行市场调查与分析，没有制定关于货品价格的走势分析，季节差价、时段差价掌握不准，不能在货物价格最适宜的阶段购置货品，采购工作缺乏计划性，不利于成本的控制。

2. 采购渠道单一，没有进行多方比较：采购人员对企业的供应商缺乏认识，缺乏对商品原料的质量价格进行比较，人情采购甚至是花冤枉钱的现象时有发生。这导致了采购成本的增加，不利于成本的控制。

第三，没有建立采购的评估与监督机制。各部门对采购行为没有实行监督，对采购物资没有评估和建议，不利于采购部门技能提升和规范化操作，具体表现在：

1. 缺乏对采购过程的监督：采购部门没有制定多人知情、多人参与、多人采购的制度，很少采取轮岗换人制度，采购员一干就是几年或十几年，能够摸清饭店管理漏洞中的“诀窍”，打“擦边球”。在这种情况下，酒店需要建立采购监督机制，促进采购的规范化，使采购成本下降。

2. 缺乏对采购结果的评估：针对采购部门的采购结果，酒店没有建立评估机制，各部门没有对采购结果进行评估，不利于采购的进一步优化。

请针对 A 酒店采购组织管理中存在的问题，提出改进措施，以改善 A 酒店采购成本过高问题。

【实战训练】

【实训目的】

通过本次实训，深入了解顺丰速运采购管理组织和采购管理制度建设情况，并深刻体会采购管理组织和采购管理制度建设对企业发展的重要性。

【实训内容】

1. 登录“顺丰速运”官方网站，下载《顺丰控股可持续发展报告》（也可扫描二维码获取顺丰控股 2023 年度和 2024 年度可持续发展报告），认真研读，并对其采购管理组织和采购管理制度建设情况进行分析和总结。

2. 顺丰采购管理组织建设情况及顺丰速运采购监督管理委员会架构图。

3. 顺丰采购管理制度建设情况，包括供应商管理制度、采购廉洁管理相关制度和绿色采购制度建设情况等。

4. 分析顺丰采购管理组织建设和采购管理制度建设对企业可持续发展的重要性。

【实训要求】

以学习小组为单位，对《顺丰控股可持续发展报告》进行研读、分析和交流，组内分工协作，撰写调研报告，调研报告需内容齐备，格式规范。

【拓展学习任务】

中航锂电（洛阳）有限公司绿色采购管理制度

项目三　采购计划与预算管理

【学习目标】

一、知识与能力目标

◆ 能概括性地描述出采购需求预测、采购计划和采购预算的内涵及三者之间的关系；

◆ 能准确地复述采购需求预测的概念和影响采购需求预测准确性的因素；

◆ 可以较为全面地分析出做好采购需求预测、采购计划和采购预算对企业的重要意义；

◆ 熟练使用采购需求预测和采购预算编制方法，编制简单的采购需求预测和采购预算。

二、价值目标

◆ 培养“预则立，不预则废”的意识，并将其内化为行为习惯。

【课前任务驱动】

联合利华&京东：CPFR 智能预测提升供应链效率方案

请结合该案例及本项目的相关知识点，对以下问题开展分析与研讨：

1）请思考为什么京东与联合利华要协作开展需求预测？

2）本案例中，哪些因素会影响联合利华需求预测的准确性？在京东与联合利华的CPFR 合作模式中，是否充分考虑了这些因素？

3）请总结京东与联合利华是如何利用 CPFR 提高供应链需求预测准确性的？

任务一　采购需求预测

【企业实践案例 3-1：关于采购需求预测作用和影响因素问题的研讨】

菜鸟联手东风本田，提速汽车供应链数智化

依托于数字供应链、自动化、物联网等领先科技能力，菜鸟将汽车行业列为物流科技业务重点发力的方向之一。菜鸟与东风本田的合作，围绕售后零配件环节展开。目前，车企在售后零部件需求预测场景通常采用基于历史数据的“线性预测+人工修正”的方式。不过，车企在调达业务上依然普遍存在预测与计划不准确、库存基准设定“一刀切”、供应商备货时间不可控、全局库存及履约不可视等痛点。

菜鸟与东风本田合作打造的售后零部件智慧调达项目，包含备件标签画像、需求预测、动态库存管理、调达可视化等多个方向。其中，在需求预测方面，通过应用菜鸟最新的供应链智能计划能力，并对不同零部件设置不同的算法模型，东风本田实现了智能预测和智能补货。此外，在依据历史数据进行零部件需求预测的同时，项目还引入了天气温度季节、地理信息、突发状况等数据，更多的特征输入，也进一步提升了预测准确性。在菜鸟提供的科技助力下，东风本田实现了合理库存下的高服务率水平。根据测算，双方合作打造售后零部件智慧调达项目中，高频件与中频件预测准确率、采购订单自动发单率、一次分配服务率均得到大幅提升。

资料来源：菜鸟微信公众号 时间：2023-11-20

请结合以上案例及下述采购需求预测这一知识点，对以下问题开展研讨与分析：

1）对于东风本田而言，为什么要开展售后零部件的需求预测工作？

2）菜鸟与东风本田合作打造的售后零部件智慧调达项目，为东风本田带来了哪些好处？

3）请分析菜鸟的智能预测模型为什么引入天气温度季节、地理信息、突发状况等输入特征？

一、采购需求预测的概念

采购需求预测是在市场调查所取得的各种信息的基础上，基于历史采购数据、库存数据、供应市场变化趋势以及其他相关因素，经过综合分析研究，运用科学的方法对未来一定时期内商品或物料的采购需求、变化趋势和影响因素作出的估计和推断，从而为商品或物料的采购决策和采购计划的制订提供科学依据的一系列过程。这里所说的采购需求是在假设产能充足、没有其他限制条件的情况下，企业为生产产品所需要购买的商品和服务的数量。而采购需求预测是对未来可能出现的情况的一种推测，所以它并不是完全准确的，可能与实际情况存在一定的偏差，偏差越小，说明采购需求预测工作做得越好。企业采购需求预测工作的目的是尽可能地利用现有的已知条件，使预测结果尽可能准确，努力减小预测值与实际值之间的偏差。

准确的采购需求预测能够使企业最大限度地降低库存水平，简化采购流程，提高生产效率，同时保持卓越的客户服务。在当今竞争激烈的市场环境当中，做好采购需求预测对提升供应链的稳定性有着至关重要的作用。

二、采购需求预测的作用

（1）准确的采购需求预测可以降低库存成本

要成功实施供应链管理，就需要准确把握终端顾客的需求以及企业本身的生产消耗速率，否则就会出现大量原材料库存，或者会出现因为原材料供应不足而导致停工待料的事件。企业依靠一定的方法，进行采购需求预测管理，以满足生产能力和消耗速率为目标，降低库存成本，它可以表现在以下三个方面：

1）对于任何一个企业而言，其流动资金都是有限的，无论是生产企业安排生产，还是贸易企业安排采购，它们都是在一定资金范围内进行的，合理的需求预测可以减少资金的占用，加速流动资金的周转。

2）如果预测准确，可以降低安全库存储备量。

3）可以减少原材料库存时间长产生的产品过时、过期的损失。产品过时，往往会折价处理，而产品过期，只能销毁，这样会给企业造成巨大的损失。

（2）准确的采购需求预测可以缩短交货期

客户在作出购买决策后，对交货期的要求也越来越高。如果企业根本没有预测，或是预测不准确，准备原材料的时间就会比较长，不能满足客户对交货期的要求，随着市场竞争的激烈，企业为此而丢失的订单会越来越多。所以，要想满足客户对交货期的要求，要有准确的预测，才能在竞争中争取优势地位。

（3）准确的采购需求预测可以使企业有效地安排生产

任何企业的生产能力都是有限的，如果可以提供给供应商准确的需求预测数据，则可以提高其采购订单的满足率，而且有利于与供应商长期合作。生产厂家往往会同时满足许多经销商的需求，而这些生产厂家会根据各个经销商提供的需求预测来计划生产。因此，如果经销商的采购需求预测不准确，就会降低订单的满足率。

（4）采购需求预测是采购决策的基本前提

采购需求预测是基于历史消耗数据、库存数据以及对未来的预判得出的有理论依据的结论，采购需求预测的结论是制订采购计划、生产计划、运营计划和销售计划、资金预算决策的重要参考，是采购决策的基本前提。

三、影响采购需求预测准确性的因素

（1）历史数据质量

不准确或不完整的历史数据可能导致采购需求预测准确度降低，确保历史数据的质量对提升采购需求预测的准确度至关重要。

（2）市场趋势

快速变化的市场条件，如新产品发布、竞争对手行动和经济变化，会使准确预测未来需求变得困难。例如，电动汽车需求的突然增长干扰了汽车行业的传统预测模型。

（3）季节性因素

需求的季节性波动会显著影响预测的准确性，尤其是对零售和农产品等季节性明显的行业影响显著。

（4）促销和市场营销活动

促销和市场营销活动可以暂时提振需求，使预测长期需求趋势变得具有挑战性。

（5）其他不确定性因素

自然灾害、政治不稳定或全球流行病等不可预见的事件可能会扰乱供应链，影响需求预测的准确性。

四、提高供应链需求预测准确性的方法

（1）利用高级数据分析工具

利用机器学习和人工智能等高级数据分析工具，可以帮助企业快速分析大量数据，从而分析出需求的变化趋势。

（2）协同合作预测

鼓励不同部门和利益相关者之间合作，这种合作预测的方式，可以结合不同的视角和

专业知识，实现更准确的需求预测。与供应商、制造商和其他利益相关者合作可以为市场趋势和潜在需求波动提供有价值的见解。

（3）实时数据集成与共享

实时数据集成来自销售点信息、物联网设备和社交媒体平台传输的实时数据，可以对当前市场状况和发展趋势提供有价值的见解，提高需求预测的准确性，帮助企业对需求变化作出快速反应。

（4）持续改进

定期审查和完善预测流程、预测模型和模型假设，可以帮助企业适应不断变化的市场条件，提高需求预测的准确性。

五、采购需求预测的技术方法

需求预测准确程度与预测过程中所采用的预测方法有直接的关系，因此，选择恰当的预测方法、建立适当的预测模型对企业进行科学预测和决策有着非常重要的意义。通过对大多数企业的产品消耗数据进行分析，采购需求预测基本上可归为两大类：一类是产品的需求呈现规律性，表现为全年的需求比较均衡或呈季节性规律变化，这类产品多处于成长期或成熟期，对这类产品完全可以通过定量的方法进行预测；另一类是产品从近期消耗数据上看，需求时间和需求水平非常不稳定，无固定规律可循，这类产品大多是刚刚进入产品线或即将退出产品线的，对这类产品的预测比较困难，因为难以分清共同起作用的多种因素与需求之间的准确数量关系，使分析者不能利用这些数据定量地开展需求预测，但是分析者仍然可以通过定性分析，为预测人员主观调整提供参考依据。

需求预测方法没有优劣之分，只有合不合适之别。几乎所有的需求预测方法都有缺点，都受所处条件的限制，从而表现的效果千差万别。不同企业不同时期和阶段下的需求数据都是不一样的，需求预测必须考虑数据的局限性和多变性，不是简单依靠一种或固定的几种预测方法就能获得较高的预测准确度。

1. 定性预测法

定性预测法也称主观预测法或判断预测法，是指预测者通过对影响市场变化的各种因素进行分析、判断，根据经验来预测市场未来变化的需求预测的方法。其特点是简便易行、经验色彩浓厚；但易受预测者心理和情绪的影响，预测精度难以控制。常用的定性预测法有需求调查法、采购人员或销售人员经验判断法和专家意见法。

（1）需求调查法

需求调查法是对物资需求部门或者个人逐一进行调查，让用料部门或个人给出明确的需求量（如要求用料部门或个人填写请购单），然后进行汇总，进而确定采购总量的方法。需求调查法通常以调查问卷或面谈、电话等方式向用料部门或个人收集数据。在使用这种方法时，需注意所调查的用料部门给出的数据应该真实准确。因此，应该明确用料部门回答调查问题的意愿和能力，同时还应比较调查所花费的成本和带来的收益，合理地应用调查。需求调查法一般适用于以下几种情况：

1）能够明确用料部门或个人；

2）可用调查成本较少；

3）用料部门或个人购买意向明确且愿意配合调查。

（2）采购人员或销售人员经验判断法

采购人员或销售人员经验判断法是指企业根据采购人员或销售人员对其负责区域内的采购量或用料部门未来需求量进行综合预测的一种方法。这种方法执行起来比较简单，易操作，可应用的范围较广，是目前采购需求预测中最为常用的一种方法。但需要注意的是，由于该方法对采购人员的经验依赖较强，而采购人员自身能力的局限性和主观性可能会影响预测结果的可靠性，尤其是个人利益与企业利益冲突时，有些采购人员为了获得奖励或升迁的机会，可能会故意隐瞒真实的预测数字，而给出不实的预测结果。

【例题 3-1】请销售部负责在 A 地区销售 a 产品的所有销售员预测 a 产品未来一个月在 A 地区的销量（表 3-1）。

表 3-1 A 地区销售 a 产品销售员销量预测情况

销售员	预测项目	销量/件	出现概率	预测销量/件
甲	A 地区 a 产品最高销售量	1000	0.3	820
	A 地区 a 产品最有可能销售量	800	0.5	
	A 地区 a 产品最低销售量	600	0.2	
乙	A 地区 a 产品最高销售量	1100	0.5	940
	A 地区 a 产品最有可能销售量	900	0.3	
	A 地区 a 产品最低销售量	600	0.2	
丁	A 地区 a 产品最高销售量	900	0.6	920
	A 地区 a 产品最有可能销售量	800	0.3	
	A 地区 a 产品最低销售量	700	0.2	

注：如果公司对甲、乙、丁 3 个销售员的信赖度一致，则最终预测结果为 893.33。

销售员甲预测产品 a 销量加权值为

$$1000\times0.3+800\times0.5+600\times0.2=820\text{ 件}$$

销售员乙预测产品 a 销量加权值为

$$1100\times0.5+900\times0.3+600\times0.2=940\text{ 件}$$

销售员丁预测产品 a 销量加权值为

$$900\times0.6+800\times0.3+700\times0.2=920\text{ 件}$$

最终预测结果为

$$(820+940+920)\div3\approx893.33\text{ 件}$$

（3）专家意见法

专家意见法是根据采购需求预测的目的和要求，向有关专家提供一定的背景资料，请他们就采购需求未来的发展变化作出判断，提出需求估计量的一种采购需求预测的方法。专家意见法最常见的有专家意见集合法（头脑风暴法）和德尔菲法。其中，德尔菲法是以匿名的方式，逐轮征求一组专家的预测意见，最后由主持者进行综合分析，确定需求预测值的方法。德尔菲法由于采取了逐轮征求意见反馈的方式，并对最后一轮专家意见运用适当的数学方法进行量化处理，可以获得专家意见中集中、统一、有价值和可靠的部分，并以此来作为预测结果，具有一定的参考价值。

定性预测适用于以下产品的采购需求预测：

1）企业新品上市，没有历史数据可参考。

2）一些新情况的出现改变了现有的需求模式。例如，由于疫情、政策等，严重影响了某些产品的销量，就不能只通过定量分析看历史数据了。

3）历史需求数据与未来预测相关性不大的产品，如项目型或定制型的产品。

2．定量预测

（1）移动平均法

移动平均法是用一组最近的实际数据值来预测未来一期或几期内公司产品的需求量的一种常用方法。移动平均法适用于近期预测，当产品需求既不快速增长也不快速下降，且不存在季节性因素时，移动平均法能有效地消除预测中的随机波动，这是非常有用的。移动平均法是一种简单平滑预测技术，它的基本思想是：根据时间序列资料、逐项推移，依次计算包含一定项数的序时平均值，以反映长期趋势的方法。因此，当时间序列的数值受周期变动和随机波动的影响，起伏较大，不易显示出事件的发展趋势时，使用移动平均法可以消除这些因素的影响，显示出事件的发展方向与趋势（趋势线），然后依趋势线分析预测序列的长期趋势。移动平均法根据预测时使用的各元素的权重不同，可以分为简单移动平均法和加权移动平均法。

1）简单移动平均法。简单移动平均法使用前提是企业不同时期的需求相对平稳，需求量波动小。

$$简单移动平均数=\Sigma 前\ n\ 期需求/n$$

一般情况下，n 值取 2～6，n 值不同，其预测结果不同，随机影响因素影响越大，n 值就应该越大，反之可以取小一些。

【例题 3-2】请根据表 3-2 的数据，用简单移动平均法预测 4—12 月采购需求（已知 n=3）。

表 3-2 基于简单移动平均法的采购需求预测

月份	实际采购量	合计	均量	下月预测量
1	10			
2	12			
3	13	35	11.7	
4	16	41	13.7	11.7
5	19	48	16.0	13.7
6	23	58	19.3	16.0
7	20	62	20.7	19.3
8	30	73	24.3	20.7
9	28	78	26.0	24.3
10	18	76	25.3	26.0
11	16	62	20.7	25.3
12	14	48	16.0	20.7

使用简单移动平均法预测 4 月需求量时，已知 n=3，故 4 月的需求量预测值为 1—3 月实际采购量之和的均值，即（10+12+13）÷3≈11.7。同样，5 月需求量预测值为 2—4 月实际采购量之和的均值，即（12+13+16）÷3≈13.7，依此类推，得到 6—12 月的需求量预

测值分别为 16.0、19.3、20.7、24.3、26.0、25.3、20.7。

2）加权移动平均法。当未来的采购需求存在可察觉的变化趋势时，可用权数强调最近时期数据的重要性，使用该方法需要设定各期的权数。使用加权移动平均法进行预测时，首先需要确定加权的期数和权数，离预测期越近的实际值的权重越大，具体可参见表 3-3。

加权移动平均数=Σ［（前 n 期权数）×（前 n 期需求）］/Σ权数

表 3-3　加权移动平均法各期权数

时间	权数
上月	3
前第二月	2
前第三月	1
权数总和	6

【例题 3-3】请根据表 3-4 的数据，用加权移动平均法预测采购需求（已知 n=3）。

表 3-4　基于加权移动平均法的采购需求预测

月份	实际采购量	下月预测量
1	20	
2	24	
3	26	
4	32	24.3
5	38	28.7
6	46	34.0
7	52	41.0
8	60	47.7
9	56	55.0
10	36	56.7
11	32	46.7
12	28	37.3

使用加权移动平均法预测 4—12 月的采购需求量，已知 n=3，4 月采购需求预测量=（26×3+24×2+20×1）÷（3+2+1）≈24.3。同样，5 月采购需求预测量=（32×3+26×2+24×1）÷（3+2+1）≈28.7，依此类推，得到 6—12 月的需求预测量，分别为 34.0、41.0、47.7、55.0、56.7、46.7、37.3。

（2）指数平滑法

指数平滑法又称指数修匀法，是一种重要的时间序列预测法。指数平滑法实质上是将历史数据进行加权平均作为未来时刻的预测结果，其加权系数是呈几何级数衰减，时间期数越近的数据，权数越大，且权数之和等于 1，由于加权系数符合指数规律，又具有指数平滑的功能，故称为指数平滑。它的基本思想是先对原始数据进行预处理，消除时间序列中偶然性的变化，提高收集数据中近期数据在预测中的重要程度，处理后的数据称为平滑值，然后根据平滑值计算构成预测模型，通过该模型预测未来的目标值。

指数平滑法分为一次指数平滑法、二次指数平滑法和三次指数平滑法。

1）一次指数平滑法。它以第 t 期指数平滑值作为 $t+1$ 期预测值，此处，F_t 为第 t 期的预测值，F_{t+1} 为第 $t+1$ 期的预测值，X_t 为第 t 期实际采购发生值，α为指数平滑系数，为上一期采购实际发生值的权重。与移动平均法一样，一次指数平滑法用来预测下一步，适用于需求数据没有明显的趋势、周期性的平缓情形。其中一部分来自上期实际值，剩余部分来自上期预测值，也就是说，是上期实际值与预测值的加权平均（式 3-1）。用另一种形式表述，就是下期的预测是在上期预测的基础上，根据误差作出一定的调整（式 3-2）。两种表述，区别只是形式上的，而实质内容是一样的。

$$F_{t+1}=\alpha X_t+(1-\alpha)F_t \tag{3-1}$$

$$F_{t+1}=F_t+\alpha(X_t-t) \tag{3-2}$$

$$0\leqslant\alpha\leqslant1$$

通过调整平滑系数α，可以调整上期实际值与预测值的权重：

α越大，上期实际值的权重越大，上期预测值的权重越小，预测模型表现越灵敏，越能尽快反映实际变化，当然也越受随机因素影响，带给供应链的波动也越大；

α越小，上期实际值的权重越小，上期预测值的权重越大，越多的变动被当作“杂音”过滤掉，预测也表现得越平稳，给供应链的运营成本越低，但风险无法及时响应市场的需求变化。

【例题 3-4】某汽车销售公司预测 2 月某汽车的销售量为 142 辆，实际销售量为 153 辆，请用指数平滑法预测 3 月的需求量（α=0.2）。

据：$F_{t+1}=\alpha X_t+(1-\alpha)F_t$

解：$F_3=0.2\times153+0.8\times142$

$=144.2$ 辆 ≈145 辆

2）二次指数平滑法。当时间序列的变动出现直线趋势时，用一次指数平滑法进行预测，存在明显的滞后误差，因此必须加以修正。修正的方法是再做二次指数平滑，利用滞后偏差的规律来建立直线趋势模型，这就是二次指数平滑法。二次指数平滑是对一次指数平滑的再平滑。它适用于具有线性趋势的时间数列。

3）三次指数平滑法。当时间序列的变动表现出二次曲线趋势时，则需要用三次指数平滑法。三次指数平滑法是在二次指数平滑法的基础上，再进行一次平滑。

（3）智能预测法

随着计算机技术、软件技术和数据处理技术的大幅提升，智能数据处理模型能够进行极强的非线性数学分析，而这一特性也非常符合市场需求非线性变化的特点，因此往往能够获得更好的预测结果。

无论使用什么预测方法，当进行预测并评估预测结果时，还需要注意以下几点问题：

1）短期预测一般比长期预测更加准确；

2）总量预测比单个产品或是细分市场预测更加准确；

3）预测通常都有或多或少的误差。

很少有企业仅用上述方法中的一种方法进行预测，大多数企业用几种方法作出几种预测结果，然后把这些不同的预测结果综合起来，形成实际的预测结果，再根据这些结果制订经营计划。研究表明，这种预测的过程得出的结果比单独使用一种方法得出的结果更加准确。

六、需求可预测矩阵

不是所有的需求都可以预测，我们在选择预测方法时，必须考虑该需求的可预测性。然后根据可预测性的不同和数据特性采取对应的预测方法。

如果以数据的稳定性为横坐标，以数据量的多少为纵坐标，我们可以得到四个象限，如图 3-1 所示，将这个矩阵命名为“需求可预测矩阵”。

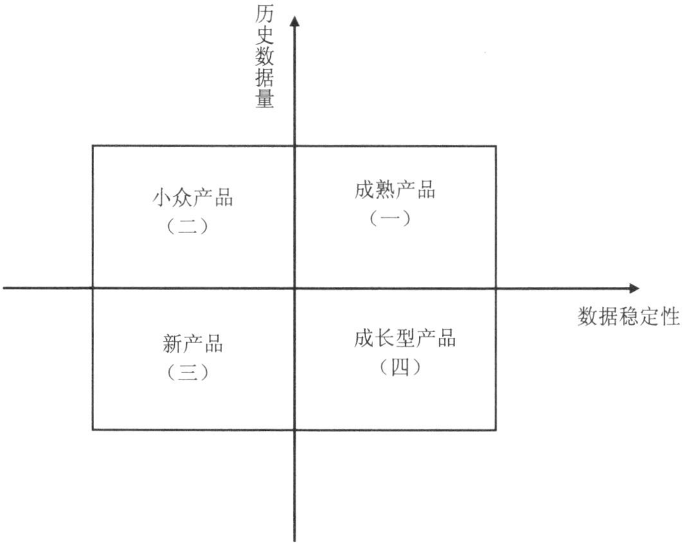

图 3-1 需求可预测矩阵

第一象限，数据稳定性强且历史数据较多。这一象限是强预测性的，一般是公司的成熟产品。

第二象限，数据稳定性差但历史数据较多。这一类一般为公司的小众产品、冷门产品或呆滞产品。不过，尽管稳定性差，但有数据且数据多，我们可以采取一定的统计方法进行分析和预测。

第三象限，数据稳定性差并且历史数据少。这一象限主要是公司的新产品，刚上新的产品。这一类产品的需求对定量预测尤其是时间序列预测来说，是个灾难，在大多数情况下，这一类产品的需求我们用定性预测解决。

第四象限，数据稳定性强但历史数据较少，这一类一般是公司的成长型产品。

任务二 采购计划

一、采购计划的概念

采购计划是企业根据市场供求情况、企业的生产经营能力和物料消耗规律等满足企业生产经营的需求，对计划期内采购的商品、采购方式，订货点、订货量、采购周期、到货时间等所作的预见性安排和部署。

二、编制采购计划的目的

1）编制采购计划可以统计各部门的用料需求，对用料量比较大的物料开展集中采购，以便更好地控制采购成本；

2）编制采购计划可以减少紧急采购，尽可能地降低因紧急采购而产生的额外成本；

3）编制采购计划可以提高采购工作的前瞻性，避免物料储存过多，积压资金，产生额外的库存成本；

4）编制采购计划可以预估物料需用的数量与时间，防止供应中断，减少停工待料和异常库存的产生，可以使供、产、销活动更加协同顺利；

5）采购计划的编制要配合企业生产计划，合理规划资金使用与周转计划；

6）编制采购计划可以使采购部门事先准备，选择有利时机购入物料。

三、编制采购计划需要考虑的因素

（1）年度销售计划和生产计划

销售计划和生产计划是企业制订采购计划的主要参考依据，同时，销售计划制订得是否科学、合理，将直接影响生产计划和采购计划的科学性和可行性。

（2）物料清单及物料耗用标准

物料清单（bill of materials，BOM）是由研发部门或产品设计部门拟定的，在物料清单上列明某产品由哪些物料、零配件组成，其各自的耗用量是多少，根据物料清单可以精确计算出每一种产品的制造所需各种物料的确切数量。用料清单所列的耗用量，就是通称的标准用量，可以将其与实际用量比较，作为物料控制的依据。另外，在编制采购计划中要明确物料耗用标准，以便更好地控制物料的采购成本。

（3）现有库存及库存控制标准

如果物料有存货，所购物料的量要与现有存货状况配合确定。具体来说，采购人员一般是根据用料清单中列出的物料需求数量、现有存货量，以及考虑采购的作业时间和安全存量水平，计算出正确的采购数量，然后再申请采购。

（4）生产效率

生产效率的高低直接影响物料的消耗速率，生产效率提高，会导致物料单位时间内的耗用量上升，致使采购计划中的采购数量不足以满足生产所需。反之，生产效率下降，会导致物料单位时间内的耗用量下降，从而导致额外库存的产生。因此，生产效率发生变化时，采购计划必须随之加以调整，避免发生物料短缺或过剩的现象。

四、采购数量的确定方法

（1）定期订购法

定期订购法是每隔一个固定时间进行库存盘点并订货，如每月、每季或每周订购一次。这种方法适用于需要经常调整生产或采购数量的重要物料。定期订购法的特点是：采购周期固定、采购批量不固定。

采购批量=平均日需要量×采购周期+安全库存量−实际库存量

（2）定量订购法

定量订购法是对库存连续盘点，一旦库存水平下降到预定的最低库存数量（请购点）时，立即按固定的订货数量补充订购的一种采购方法，也称请购点法。适用于品种数目少，但占用资金大的物品的采购。定量订购法的主要控制因素是确定合理的订货点、订货量和安全库存水平，具体的确定方法参见项目四。

五、采购计划的编制内容及程序

1）收集生产计划任务信息，包括用料部门、用料量、用料时间和地点等。

2）了解消耗定额、现有库存水平及安全库存量等。

3）分析历史资料数据，包括物料消耗趋势、采购价格、供应商信息等。

4）综合分析总结，形成最终采购计划，并开始采购计划审批。

采购计划管理流程，见图 3-2。

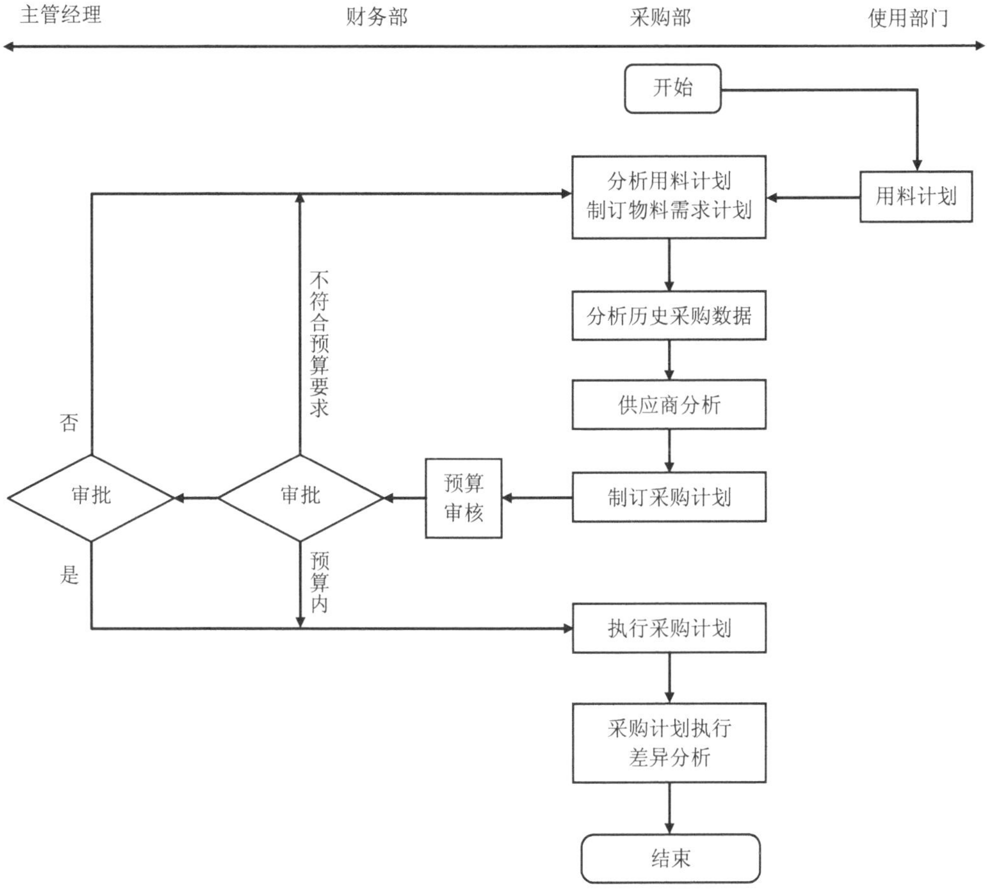

图 3-2 采购计划管理流程

采购计划样表见表 3-5～表 3-7，企业可以根据业务需求，设计适合的采购计划样表。

表 3-5　采购计划样表 1

序号	物料名称	规格型号	单位	项目计划总用量	现有库存量	安全库存量	需采购量	备注

表 3-6　采购计划样表 2

序号	物料名称	质量要求	单位	供货时间	交货地点	供货商	供货量	备注

表 3-7　采购计划样表 3

序号	品名	规格型号	单位	摘要	现有库存量	需求总量	采购量	需求日期
1								
2								
3								
用料部门业务员	签字：				日期：			
用料部门负责人	签字：				日期：			
计划编制业务员	签字：				日期：			
采购部门负责人	签字：				日期：			

任务三 采购预算

【企业实践案例 3-2：关于采购预算问题的研讨】

顺丰集团如何实现精细化预算管理

全面预算管理是连接决策和控制的桥梁，是企业整合资源以提高资金使用效率的有效手段。通过预算管理，企业的经营目标变得明晰和可预见。尽管对于一个高速成长的企业而言，事前设定的预算指标体系在执行过程中可能面临诸多变化，但为了贯彻和监控公司战略目标的制定和实施，顺丰集团稳步推行了预算管理制度，并取得了较好的成效。

一、预算管理制度简介

1. 预算组织机构如下：

全面预算管理的组织机构包括总部预算管理委员会、预算管理领导小组、预算管理办公室及预算责任网络。

1）总部预算管理委员会是实施全面预算管理的最高决策和管理机构，全面负责全网络预算工作，以预算会议的形式审议各所属单位的预算草案。具体职责包括：预算体系的建立、预算编报方法的确定、预算编报的指导、预算的审议和确定等。由总裁担任总部预算管理委员会主任，委员包括总部各中心总监和总部常委。

2）总部预算管理委员会下设预算管理领导小组，负责日常事务的处理，由总部财务总监兼任预算管理领导小组组长，由总部总裁办公室主任、财务中心会计处负责人任副组长，总部各中心职能处室负责人为成员。具体职责包括：负责制定预算管理的制度、规定和政策；负责制定预算编制的方针、程序、方法；负责安排预算编制的日程和预算编制的要求；负责组织预算模板的制定和审查；负责组织预算编制的培训和指导；负责组织预算的汇总和审议。

3）各区部成立预算工作组，全面负责本区部预算的编制、汇总、上报和落实等工作，由区部总经理任组长，区部财务负责人任副组长，组员包括区部各职能部门负责人和分部经理。

2. 预算体系的内容如下：

全面预算包括业务预算、管理预算、投资预算和财务预算四部分内容。

1）业务预算也称经营预算，是对公司未来一年经营业务所取得的收入和成本进行的测算和规划。业务预算的编制应从最基层的经营单位做起。各个点部应按照业务员一一核定；各个分部应按照各个点部一一核定；各区部应按照每个分部进行核定，逐级汇总上报，最后由总部营运中心按照每个区部进行核定，汇总后的业务预算各项指标必须同时满足总部总体目标的要求。

2）管理预算也称费用预算，是指根据业务预算和目标利润的要求，本着节约的原则，对计划期内各个单位、每个部门，每一环节必须发生的费用支出所作的预计和规划，具体包括管理费用预算、营业费用预算和财务费用预算。费用预算采用逐级汇总的方式进行，由总部综合中心、财务中心和其他有关的中心负责审核确定，地区按照预算模板及编制要求进行。

3）投资预算也称资本支出预算，是指对企业在日常经营管理过程中购置资产、基建施工、装修房屋、IT 项目建设、对外投资等活动所作的测算和规划，具体包括：资产购置预算、基建工程预算、装修工程预算、IT 项目预算、网络建设预算等。

4）财务预算是根据以上各项预算，由财务部门进行加工、汇总整理后编制的，用来综合反映计划年度的经营成果、财务状况、资金状况的预算，包括预计损益表、预计现金流量表、预计资产负债表等内容。

3. 预算编制流程如下：

1）目标规划阶段。公司最高决策机构对公司未来 1～3 年的发展作出规划，制定《顺丰 3 年发展规划纲要》，在此基础上对预算年度的业务增长指标和利润指标提出要求；财务中心根据确定的业务增长指标和利润指标，测算成本目标和费用目标；营销部门在市场预测的基础上，根据目标规划对营销进行策划，对营销模式进行规划，对业务的新增长点进行挖掘，制定《营销业务发展计划书》，从营销方面对业务发展目标进行论证；营运中心根据公司的发展规划，结合营销部门的业务规划和市场分析，在总结去年各地预算执行结果的基础上，对公司预算年度的业务发展作出合理预期，制定《业务发展计划书》。

2）目标确定阶段。营运中心根据本中心的各项规划书，对预算年度的业务发展目标和成本目标的调整，提出要求和说明，提交预算管理委员会讨论通过；综合中心根据《人力资源规划书》和本中心的其他计划书，对预算年度的费用目标提出调整要求和说明，提交预算管理委员会讨论通过；其他中心对本中心的工作规划进行陈述和说明，提交预算管理委员会讨论通过；根据对预算年度目标的修订，财务中心对修订后的目标重新进行测算，得出调整后的利润目标，并将最终结果提交预算管理委员会讨论通过，形成预算年度的确定目标。

3）目标分解落实阶段。通过总部和区部、区部和分部、分部和点部的相互沟通，一方面使公司的各级经营管理者了解和掌握公司预算整体的发展思路、经营策略、市场定位、业务发展重点等，另一方面是上级了解下级的经营情况、经营特点、特殊需求、存在问题、解决方案等的主要途径。经过互动式沟通，使公司上下形成目标一致、思想一致、行动一致，确保总体目标的实现。对于地区来讲，目标分解的过程也是地区进行业务规划的过程。地区根据总部整体的发展规划、业务经营计划和各个中心的规划，结合当地的实际情况，对本地区的业务经营、网络建设、市场开发、人力资源等进行规划，制订相应的措施和方案，配合总部的整体战略制定当地具体的战术。

4）预算编制阶段。预算编制采取“先自上而下，再自下而上”的方法。“自上而下”包含两个过程：第一，根据公司整体的经营目标，结合各地的实际情况，进行横向和纵向对比分析，在充分论证的基础上，对各区进行指标分解测算，可以直接下达各个地区，也可以不下达地区只作为审核地区预算的依据。第二，根据总部分解的指标，结合各地区实际进行目标规划，将地区的目标在地区范围按照分部和职能部门进行分解，形成各分部和职能部门的指标；各分部再将整个分部的指标在各个经营网点进行分解，形成各个网点的经营指标；依次层层分解，直到分解到各岗位甚至人员。“自下而上”也包括两个过程：第一，由各个地区在总结去年工作的基础上，充分分析内外部经营环境和经营条件，根据总部下达的指标要求，制定出本地区整体的经营目标；根据本地区经营目标的要求，由所属的分部、点部根据自身的经营能力、市场发展潜力等因素，制定本分部、点部的经营目标和全面预算。第二，各地区部再结合本区部的目标要求，对各分部、点部的全面预算进行论证和调整，最终达到区部经营目标的要求。各区部将分部的预算汇总后，编制形成区部的全面预算，报总部审批。总部预算管理委员会对地区上报的预算进行审议，对不符合总部要求的，由地区根据预算管理委员会的要求进行调整，直至符合要求为止。

5）预算审核阶段。各地区将预算草案上报财务中心，财务中心初步审核后分别将各项预算分发给分管的处室进行审核；总部归口中心处室对地区的预算草案按照上市要求进行审核，对不能满足编制要求或指标确定的不合理、不科学、不够积极先进的，应提出具体要求，直接和地区负责编报该项预算的部门沟通，要求地区修改，直至最后确定为止；经总部归口中心处室最终审核通过后，将最终定稿的预算返回给财务中心，由财务中心汇总、合并后下发回传给地区财务部；地区财务部根据总部财务中心返回的预算，提交地区预算工作小组讨论确认，将最终确认的预算草案报财务中心备审。

6）预算审议确认阶段。预算审议分地区进行，由地区总经理先对预算年度的目标规划进行陈述，同时对预算草案进行说明；总部相关处室负责对所管的预算项目进行补充说明，对有问题的预算指标进行进一步论证，地区负责解释说明；总部预算审核委员会成员对预算发表意见，对有问题的指标提出修改意见，地区按照审议的意见和建议对预算进行修改；地区将修改后的预算报总部分管的处室确认，并将确认后的预算报总部财务中心；财务中心根据预算审议师的修改建议，审核地区上报的预算，对不能满足审议和要求的，返回地区重新调整；财务中心将调整后的预算提交总裁办最终确认，形成地区年度预算，同时将确定的年度预算按照分管内容，转发给相关的中心和处室；总裁办负责组织召开全网络工作总结大会，与地区总经理签订目标责任状。

4. 预算的变更如下：

预算变更主要应对因企业经营的复杂性、内外部条件和环境的多变性等而产生的在日常经营和管理中发生的一些重大的不可预知的经济事项，从而影响预算总体的变化，使原有预算严重脱离实际，对考核和管理已失去意义，必须对原有预算进行重新的调整和编报。预算变更涉及国家宏观经济政策调整、市场价格变化、公司组织结构调整、工资制度和绩效考核模式变动、营运模式的调整、业务增长超出预算范围的调整、新区设立、战略性投资等方面。

为强调预算变更的严肃性，每半年对预算变更一次。预算的变更必须经过预算管理委员会审议，形成决议以后才可以进行。预算的变更视同预算编制，由总部预算管理领导小组统一组织进行，财务中心负责整体预算的统一变更。

5. 预算额度的调剂如下：

预算额度调剂是指在年度预算审议通过后，由于实际情况发生变化，需要对预算的项目之间的额度进行调整，或者对预算的实施时间进行调整。预算额度的调剂一般不改变预算年度公司预算总额，将预算额度在年度内不同期间、不同部门或不同预算项目之间进行调整。

1）预算额度在项目间的调剂。原则上，一经审定、分解和执行后，各预算项目之间不得修改和调整。尤其是一些专项支出，更应保证专款专用，不得挪作他用。对于已经预算但因各种原因不再执行或开展的项目，应予以削减预算。对于事先未预计到实际必须开展的项目，应通过项目管理单独编报项目预算。对于日常的经营管理支出，已经确定预算后，必须严格按照预算执行。

2）预算额度在时间上的调剂。对于客观实际发生变化，一些预算支出需要提前发生或推迟发生，需要对原有预算在时间上进行调整的，分以下情况执行：对于日常费用开支，允许费用向后递延，本期的费用额度没有用完，可以递延到以后时期，但是不得提前使用预算指标；对于资产购置预算或项目预算，可根据项目的进展和实际需要，提前或延后使用预算指标；无论是提前或延后使用预算指标，均不得增加预算额度，如因特殊情况需要追加预算的，应按照项目管理的规定办理。

3）预算在部门之间的调剂。对于收入、成本预算，地区可根据预算执行的情况，每半年调整一次；对于费用预算，地区在不增加额度的前提下可在部门之间自行进行调剂，每半年调整一次，报总部财务中心和相关处室备案，但成本、营业费用和管理费用之间不允许相互调剂；对于资产采购预算，地区可根据实际情况和需要，在不增加预算的前提下，自行在部门之间进行调剂，报总部财务中心和相关处室备案。营运用和行政用的设备和资产不允许相互调剂。

二、预算指标体系的构成

1. 指标主要包括：收入指标、成本费用指标、税前利润率指标、固定资产投资回报率指标、人均效能指标、人均创收指标、票均成本指标。

2. 各预算指标计算依据：

收入指标：

收入金额=收件票数×票均单价

收件票数=上期收件票数×（1+增长率）

成本费用主要指标：

人工成本=基本工资+收派件提成

运输成本：

外部运输费用=固定成本+票数×票均重量×变动成本标准

车辆费用=固定费用+公里数×公里费用标准

直接材料：

运单耗用金额=运单耗用量×平均单价

运单耗用量=某类型快件收件量×票均耗用量

包装材料金额=收件票数×票均材料成本

税前利润率指标：

税前利润率=税前利润/收入净额

固定资产投资回报率指标：

固定资产投资回报率=净利润/［（固定资产原值期初余额+固定资产原值期末余额）/2］

人均效能指标：

人均效能=收件量/（平均人数×工作天数）

人均创收指标：

人均创收=营业总收入/平均人数

票均成本指标：

票均成本=成本总额/收件票数

三、预算执行情况分析

C分部和D分部某年度预算执行情况，如表3-8所示。

表3-8 C分部和D分部某年度预算执行情况

项目	C分部			D分部		
	实际发生额	预算指标	预算达成率	实际发生额	预算指标	预算达成率
主营业务收入	8600425.60元	8958425.60元	96.00%	7937456.80元	7913442.50元	100.30%
成本费用	8307218.38元	8510218.38元	97.61%	7596245.45元	7557337.67元	100.51%
人工成本	4237512.10元	4255960.21元	99.57%	3764528.60元	3785824.60元	99.44%
专机空运费	955330.11元	863787.17元	110.60%	752337.24元	768842.15元	97.85%
散航空运费	846505.55元	936124.02元	90.43%	826527.62元	816095.47元	101.28%
车辆成本	872257.93元	808470.75元	107.89%	721262.73元	712361.67元	101.25%
材料成本	689499.13元	692731.78元	99.53%	626428.18元	632865.96元	98.98%
行政管理费	456897.01元	595715.29元	76.70%	476745.33元	487928.35元	97.71%
其他费用	249216.55元	357429.17元	69.72%	408415.75元	353419.47元	115.56%
税前利润	293207.22元	448207.22元	65.42%	361211.35元	356104.83元	101.43%
税前利润率	3.41%	5.00%		4.55%	4.50%	

财务部对C分部的预算执行情况作出以下分析：

1. C分部本年收入860万元，预算达成率96.00%，未达成本年收入预算目标；同比增长5.6%，未达到10%的年度收入预算增长目标。

原因分析：从收件量来看，达成率99.55%，高于收入达成率，其中航空件预算达成率94%，陆运件预算达成率104%。虽然收件量达成率接近预算，但因航空件的预算达成率较差，且航空件价格高于陆运件，所以拉低了收入额；从收件类型来看，航空件与陆运件实际比例为3.5∶6.5，未达到4∶6的预算比例，因此也对收入达成率产生影响。

2. C分部本年成本费用831万元，预算达成率97.61%，虽未超出预算，但从收入达成情况分析，成本费用率超出预算1.6%。

原因分析：人工成本预算达成率99.57%，从人数来看，本年人员配置按照年初人员规划执行，基本工资与预算接近；因本年收件量达成率为99.55%，单位提成未变，收派件提成接近预算。空运费包括专机空运费和散航空运费，空运费达成率100.11%，其中，专机运费预算达成率110.60%，散航运费预算达成率90.43%。本年航空件预算达成率为94%，类型占比量也未达成预算。原因之一，今年因油价上涨幅度较大，使航空运费大幅增加；原因之二，因下半年营运对空运规划有所变化，减少散航，增加专机投入，使散航费用减少，专机费用增加。车辆成本预算达成率107.89%，下半年营运对线路规划的调整，增加两条支线，使车辆成本增加；同时，因油价上涨，车辆成本也相应比预算增加。材料成本预算达成率99.53%，与件量预算配比，单票物料消耗成本与预算相近。行政管理费和其他费用预算达成率74%，其中装修费节约5.5万元，服装制作费和印刷费共节约费用9.5万元（实际执行时制作单价低于预算单价），IT设备维修费比预算节约10万元，以上几项费用的原因，使行政管理费和其他费用预算达成率较低。

相较之下，D分部的整体预算达成水平极高。

尽管C分部大部分收入和成本项目的预算达成率都比较高，而利润的预算达成率却非常低，但集团预算管理委员会的委员普遍表示，作为一个高速成长的业务区域，C分部的预算执行情况已经非常出色了；在对C分部实施绩效考核时，以业务相当稳定的D分部作为参照是不恰当的；预算管理领导小组应关注高速成长型分部在实施预算管理时面临的各种问题，并提出相应的对策。财务部在分析报告中总结指出，SF（集团）预算管理的下一步目标，是逐步实现预算指标体系和与之对应的绩效考核标准的精细化。

资料来源：“SF杯”第三届全国大学生物流设计大赛案例　时间：2015-09-17

请结合该案例以及下述采购预算相关知识点，对以下问题进行分析与研讨：

1）请分析预算管理在企业管理中的地位和作用。

2）请分析顺丰的预算管理制度涵盖了哪些基本内容？

3）请对顺丰预算编制采取“先自上而下，再自下而上”方法的合理性进行分析。

4）案例中“预算执行情况分析”是否有必要，如果有必要，此环节有何作用？

一、采购预算的概念

采购预算是指采购部门在一定计划期间（年度、季度或月度）编制的材料采购的用款计划。采购预算管理就是指企业内部通过编制预算、执行预算、预算差异分析和预算考核来管理企业的经济活动，反映企业管理的成绩，保证管理政策的落实和目标的实现，促使企业不断提高效率和效益。采购预算管理是企业预算管理的一个分支，应与预算系统的其他系统相互协调，一般来说，企业的采购预算管控体系应包括以下三项任务：

1）预算管理首先要建设预算管理体系和制度，包括预算组织架构、预算管理规章制度、预算指标体系、预算流程体系；

2）采购管理层需要对内外部资源、环境进行全面分析，根据自身能力与特长制定相应战略，作出目标决策和资源投入；

3）管控流程和管控系统的建设需要有一整套严谨且有效的管理流程，让采购业务行为受到预算制度约束，需要建立一套快速、高效的预算数据收集体系，短、平、快的检视与调整机制，让执行中的问题可被及时发现，将真实情况反馈给执行人和决策人，进而改进执行质量、优化执行策略。

采购预算管理对于企业而言，有以下作用：

1）采购预算的编制是企业合理调配资金的依据，合理的采购预算管理有利于企业在各部门间分配有限资源，保证资源分配的效率性。

2）采购预算管理是企业对采购成本和采购活动进行控制监督的重要手段。

二、采购预算的编制

1. 采购预算编制注意事项

1）编制采购预算之前，要进行市场调研，广泛收集预测信息和基础数据资料，如市场需求量、售价、材料价格、各种消耗定额、费用限额等，并对这些信息资料进行必要的加工处理。

2）编制预算时，为最大限度地实现企业的总目标，应制定切实可行的编制程序、修改预算的办法、预算执行情况的分析方案等。

3）确立恰当的假定，以使预算指标建立在一些未知而又合理的假定因素的基础上，便于预算的编制和采购管理工作的开展，确保采购预算的合理性、可行性。

4）每项预算应尽量做到具体化、数量化。在编制采购预算时，必须对每一项支出，都要写出具体消耗的材料种类、材料消耗的数量和价格，数据越具体，越可以准确地判断预算做得准确与否，促使各部门在做采购预算时精打细算，节约开支。

5）应强调预算的广泛参与性，让尽可能多的员工参与预算的制定，这样既可以提高员工的积极性，又可以促进信息在更大的范围内交流，使预算编制中的沟通更为细致有效，增加预算的科学性和可操作性。

2. 采购预算编制关键节点

（1）审核销售计划和生产计划

企业每年年底制定次年度的营业目标，市场营销部根据年度目标、客户订单意向、市场预测等资料，进行销售预测，并制订次年度销售计划；市场根据销售预测计划和本年度年底预计库存及次年度年底预计库存，制订次年度预测生产计划，各单位根据年度营业目标，预测生产计划，并据此编制月份材料需求计划。

（2）审核采购总计划

由采购部根据实际库存量、生产需求量编制“采购总计划”，在编制采购预算前要对“采购总计划”进行再次审核。

（3）供应商认证计划

采购部制订供应商认证计划，为供应商认证工作做好准备，以便初步了解各供应商能够提供的供货量和价格水平。

（4）预算编制的配合工作

1）财务部门负责配合提供上年度材料单价、次年度汇率、利率等各项预算基准；

2）根据财务部门提供的资料，采购部分析市场需求，熟知市场需求计划；

3）销售部门在接受和预测市场需求之后，为采购部门提供销售预测信息；

4）生产部门根据车间产能、工艺流程，为采购部门提供物料消耗的速率及次序，为采购部门准备订单资料和制订订单计划说明书提供重要依据。

（5）确定采购需求

采购部依次分析市场需求、生产需求、订单需求，并分析项目供应资料。

（6）制订余量计划

采购部计算总体订单量，并确定剩余订单容量，对比需求与容量。

（7）制订订单计划

采购部在进行计算后，综合考虑市场、生产、订单容量等要素，分析物料订单需求的可行性，调整订单计划。

（8）编制资金预算

采购部制订订单计划，送管理层审核通过后，送财务部编制“资金预算”。

3. 采购预算编制流程

采购预算是采购部门为配合年度的销售预测或生产数量，对需求的原料、物料、零配件等的数量及成本进行的估计。对于制造企业来说，通常生产计划是根据企业的销售计划来制订的，而生产计划又包括采购预算、直接人工预算及制造费用预算。因此可以说，采购预算如果单独编制，不但缺乏实际的应用价值，也失去了其他部门的配合，所以采购预算的编制，必须以企业整体预算制度为依据。采购预算编制流程，如图 3-3 所示。

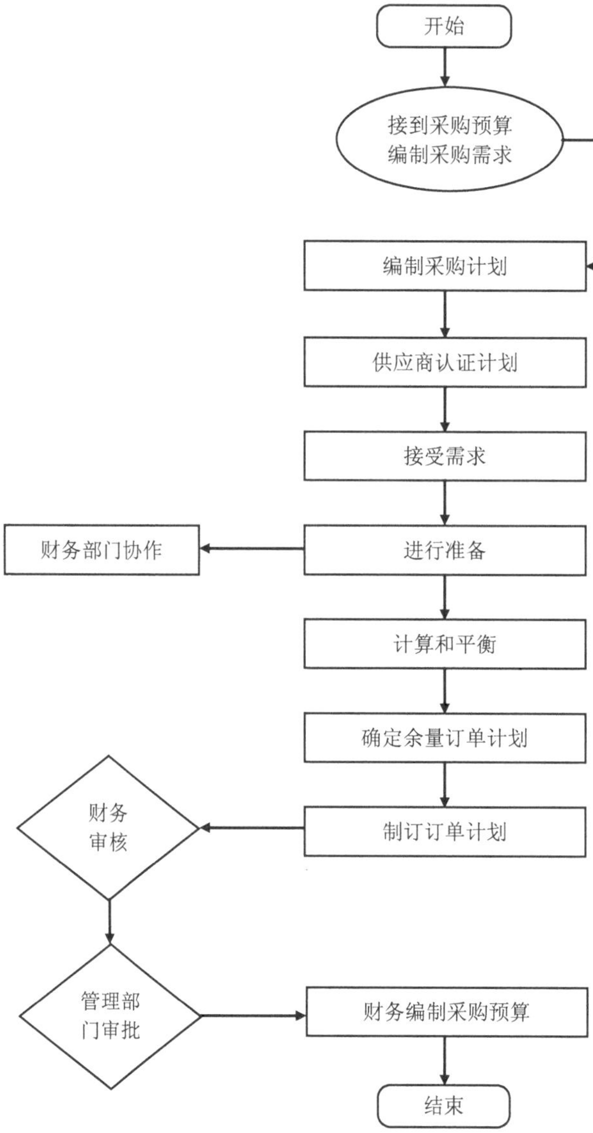

图 3-3 采购预算编制流程

【企业实践案例 3-3：关于采购预算方法问题的研讨】

陕西省财政厅零基预算改革的成效

一是提高了集中财力办大事能力。零基预算改革较好改变了过去“财政资金总量不足但支出结构僵化，部分领域急需钱但另一部分领域浪费钱”的局面，财政能够更好根据党中央、国务院重大决策部署和省委、省政府中心工作大局，统筹安排财政资金，显著提高了集中财力办大事能力。

二是契合和推进了中央各项改革。零基预算改革顺应了“六稳”“六保”对财政工作要求，契合了财政事权与支出责任划分、盘活存量资金、财政资金直达机制、防范化解财政运行风险等重大财税改革部署，在诸多改革的落地落实中发挥了基础性作用。

三是实现了跨年度预算平衡。实施零基预算之前，上下年度间财力极不平衡，赤字财政较为普遍，2015 年全省有 5 个市本级、35 个县区存在累计赤字 65.3 亿元。实施零基预算后，各县区通过压减开支，腾出财力，用 3 年时间全部消化完赤字，实现了全省各级财政预算收支平衡。

四是转变了部门预算理念。实施零基预算改革后，各部门工作重心由原来的“要基数、争资金”，转变为现在的“谋项目、讲绩效”，更好地促进了财政资金与部门职能的有效匹配。

五是强化了政府过紧日子要求。实施零基预算改革后，预算安排以项目为基础、以标准为依据，有保有压、有增有减、能进能出，更加科学规范、突出重点、符合实际，有力落实了政府过紧日子要求，增强了预算约束力。

资料来源：榆林市财政局　时间：2022-10-18

请结合案例调研：

1）陕西省财政厅为什么要推进零基预算改革？

2）这种零基预算改革是否同样适用于普通企业的采购预算编制，谈谈为什么？

三、采购预算的编制方法

1．按业务水平变化情况划分

按业务水平变化情况，可以将采购预算划分为固定预算和弹性预算。

（1）固定预算

固定预算又称静态预算，是以预算期内正常的、可实现的某一固定业务量（如产品产量、销售量）水平作为唯一基础，来确定相应预算指标的预算编制方法。固定预算法是编制预算最基本的方法，按固定预算法编制的预算称作固定预算。

固定预算法简单明了，直观易行，但其适用范围有限，仅适用于实际业务量与预算业务量变化不大的预算项目。当实际业务量偏离预算业务量时，预算就失去了其编制的基础，预算指标的实际数与预算数也会因业务量基础不同而失去可比性。固定预算法的适用范围如下：

1）经营业务比较稳定的企业，主要是产品产销量稳定，能准确预测产品需求及产品成本的企业；

2）企业经营管理活动中的某些相对固定的成本费用支出，如汽车保险、员工社保等预算项目。

【例题 3-5】某公司 2021 年计划销售产品 2000 t，4 个季度的销售量分别为 500 t、600 t、500 t 和 400 t，采购单价为每吨产品 5 万元；根据上述资料，采用固定预算法编制公司 2021 年各季度的产品采购预算，如表 3-9 所示。

表 3-9 某公司编制的固定预算

	第一季度	第二季度	第三季度	第四季度
销售量/t	500	600	500	400
采购预算/万元	2500	3000	2500	2000

（2）弹性预算

1）弹性预算的定义。

弹性预算又称变动预算，是指企业在分析业务量与预算项目之间数量依存关系的基础上，根据预算期内一系列可能达到的业务量水平编制的采购预算，分别确定与各种业务量水平相适应费用的预算数额，从而形成适用于不同生产经营活动水平的一种预算。

2）弹性预算的优缺点及适用范围。

①弹性预算的优点。

第一，弹性预算法是对固定预算法的改进与提升，固定预算法是企业根据单一固定业务量水平编制预算，其预算指标具有唯一性，而一旦预算期内的实际业务量水平与预算业务量水平相差较大时，预算结果就不能成为规划、控制和客观评价企业经济活动与工作业绩的依据。弹性预算法正是为弥补固定预算法的这一缺陷而诞生的，它是根据预算期内可预见的多种业务量水平，分别编制相应预算指标的方法，即弹性预算法不仅适用于一个业务量水平下的预算编制，也适用于多种业务量水平，会随着业务量变化而对应不同预算目标。

第二，弹性预算是以多种业务量水平为基础而编制的一种预算，因此，它比固定预算具有更高的适应性和实用性。即使企业在计划期内的实际业务量发生了一定的波动，也能找出与实际业务量相适应的预算数，使预算与实际工作业绩可以进行比较，从而有利于对有关费用的支出进行有效的控制。

②弹性预算的缺点。

第一，弹性预算编制工作量相对固定预算而言较大。

第二，企业很难对市场及其变动趋势作出准确预测，对预算项目与业务量之间依存关系的判断还受数据积累、分析深度等的制约，这些因素都会影响弹性预算的合理性。

③弹性预算的适用范围。

弹性预算适用于市场、产能等存在较大不确定性的企业，主要用于编制变动性成本费用预算及其他与业务量水平变动有关的预算。企业在编制弹性预算时，应合理识别与预算项目相关的业务量，长期跟踪、完整记录预算项目与业务量的变化情况，并对二者的相关性进行深入分析。最好借助信息系统或其他编制工具，合理预测预算期间的可能业务量，科学匹配和及时修订弹性预算定额，完成弹性预算的编制。

3）弹性预算的编制步骤。

企业编制弹性预算，一般按照确定适用项目、识别业务量、确定业务量弹性幅度、确定弹性定额、构建弹性预算编制模型并形成预算方案、评价并修正预算方案、确定预算控制标准等程序进行。

①企业应结合业务性质和管理要求，遵循重要性原则和成本效益原则选择弹性预算适用项目。一般情况下，企业选择的弹性预算适用项目应与业务量有明显数量依存关系，且企业能有效分析该数量依存关系，并积累一定的分析数据。企业在选择成本费用类弹性预

算适用项目时，还要考虑该预算项目是否具备较好的成本性态分析基础。

②企业应分析、确定与预算项目变动直接相关的业务量指标，作为弹性预算编制的切入点。企业在选定业务量指标后，应确定其计量标准和方法。

③企业应深入分析市场需求、价格走势、企业产能等内外因素的变化，预测预算期可能发生的不同业务量水平，编制销售计划、生产计划等各项业务计划。一般来说，可定在正常业务量水平的 70%～110%，或者以历史上最高业务量和最低业务量为其范围的上下限。

④收集技术指标和历史数据，逐项分析，认定预算项目和业务量之间的数量依存关系、依存关系的相关范围及变化趋势，最终确定弹性定额。企业在确定弹性定额后，应不断强化弹性差异分析，修正和完善上述数量依存关系；根据企业管理需要，增补新的弹性预算定额，形成企业弹性定额库。相关弹性定额可能仅在一定业务量范围内准确。当业务量变动超出该适用范围时，应及时修正、更新上述弹性定额。

⑤企业通常采用公式法或列表法构建弹性预算编制模型，形成基于不同业务量的多套预算方案。

⑥企业预算审批机构应按照预算管理制度的授权，审核、评价和修正各弹性预算方案，并根据预算期最有可能实现的业务量水平确定预算控制标准。

4）弹性预算法的编制方法主要为公式法和列表法。

①公式法。运用公式法编制弹性预算时，相关弹性定额可能仅在一定业务量范围内准确。当业务量变动超出该适用范围时，应及时修正、更新上述弹性定额。

预算项目的弹性预算额=固定基数+Σ（与业务量相关的弹性定额×预计业务量）

公式法的优点是可以计算出任何业务量的预算数值。但是，由于任何事物都会有一个从量变到质变的过程，当业务量变化到一定限度时，固定成本可能不再固定不变，而变动成本的单位成本可能发生变化，采用公式法编制预算时，需要说明每个公式的适用业务量范围。

②列表法。列表法是指企业通过列表的方式，在业务量范围内依据已划分出的若干个不同等级，分别计算并列示该预算项目与业务量相关的不同可能性下的预算方案。

在应用列表法时，首先，应根据实际情况确定业务量之间的间隔，在具体编制工作中，对一般企业，其变化范围可以确定在企业正常生产能力的 70%～110%，其间隔取为 5%或 10%，也可取计划期内预计的最低业务量和最高业务量为其下限和上限。间隔越大，水平级别就越小，可简化编制工作，但间隔过大就会丧失弹性预算的优点。间隔越小，用以控制成本费用的标准就较为准确，但又会增加编制预算的工作量。其次，要根据成本性态，将计划期内的费用划分为变动费用部分和固定费用部分。在编制弹性预算时，对变动费用部分，要按不同的业务量水平分别进行计算，而固定费用部分在相关范围内不随业务量的变动而变动，因而不需要按业务量的变动来进行调整。

列表法的优点是无论实际业务量是多少，不必经过计算即可找到与业务量相近的预算目标，用以控制成本，较为方便。但是，预算不可能详细列出每一种可能的业务，因此运用列表法考核业绩时，往往需要使用插补法来计算实际业务量的预算目标，又显得不够直观。

【例题 3-6】某公司某产品在正常生产的情况下，全年采购量预计为 50000 件，要求按照企业正常生产能力的 70%～120%、间隔 10%的采购量编制其弹性预算。按如表 3-10 所示的各项费用标准编制，用弹性预算法为该公司采购这种产品编制采购预算。

表 3-10 某公司某产品的弹性预算

成本项目	费用与销售量之间的关系
业务佣金	按采购量每件支付 2 元佣金
包装费	按采购量每件支付 1 元包装费
装卸费	基本工资 2100 元，另外按采购量每件支付 1.5 元装卸费
管理人员的工资	基本工资 30000 元，另外按采购量每件支付 0.1 元津贴
保险费	2000 元
差旅费	30000 元
办公费	40000 元

设：总费用支出为 Y，固定费用为 a，单位变动费用为 b，采购业务量为 X，则有

$$Y=a+bX$$

其中，$a=2100+30000+2000+30000+40000=104100$ 元，$b=2+1+1.5+0.1=4.6$ 元/件。则有

$$Y=104100+4.6X$$

采购业务量 X 的可能发生量为

$X=35000$　$X=40000$　$X=45000$　$X=50000$　$X=55000$　$X=60000$

采购预算额 Y 可能为

$Y=265100$　$Y=288100$　$Y=311100$　$Y=334100$　$Y=357100$　$Y=380100$

2．按编制出发点特征划分

按编制出发点特征，可以将采购预算划分为零基预算和增量预算。

（1）零基预算

零基预算是指在编制采购预算时，不考虑过去的预算项目和收支水平，以零为基点编制的预算，具体指不受以往预算安排情况的影响，一切从实际需要出发，逐项审核预算年度内各项费用的内容及其开支标准，结合财力状况，在综合平衡的基础上编制预算的一种科学的预算编制方法。

传统的预算编制方法是在上期预算执行结果的基础上，考虑计划期的实际情况，以适当调整，从而确定出它们在计划期内应增加或应减少的数额。这种预算，往往使原本不合理的费用开支继续存在下去，造成预算的浪费或预算的不足。零基预算的编制法与传统的预算编制方法截然不同。在这种方法下，确定任何一项预算，完全不考虑之前的实际水平，只考虑该项目本身在计划期内的重要程度，其具体数字的确定始终以零为起点。

零基预算的编制方法，大致可以分为以下三步。

1）提出预算目标。企业内部各有关部门，根据本企业计划期内的总体目标和本部门应完成的具体工作任务，提出必须安排的预算项目和以零为基础而确定的具体经费数据。

2）开展成本收益分析。组成由企业的主要负责人、总会计师等人员参加的预算委员会，负责对各部门提出的方案进行成本—收益分析。这里所说的成本—收益分析，主要是

指对所提出的每一个预算项目所需要的经费和所能获得的收益，进行计算、对比，以其计算对比的结果来衡量和评价各预算项目的经济效益，然后，列出所有项目的先后次序和轻重缓急。

3）分配资金、落实预算。按照上一步骤所确定的预算项目的先后次序和轻重缓急，结合计划期内可动用的资金来源，分配资金，落实预算。

零基预算不受现行预算框架的限制。以零为基础来观察和分析一切费用和开支项目，确定预算金额，能充分调动企业各级管理人员的积极性和创造性，促进各级管理人员精打细算，把有限的资金切实用到最需要的地方，以保证整个企业的良性循环，提高整体的经济效益。但该预算编制方法一切支出均以零为起点来进行分析、研究，因而工作量过大。而且，一个企业，把不同性质的业务按照重要性进行排序，绝非易事，其中不可避免地也会带有某些主观随意性。因此，在实际预算工作中，可以隔若干年进行一次零基预算，以后几年内则适当调整，这样既可简化预算编制的工作量，又能适当控制费用的发生。

（2）增量预算

增量预算又称调整预算，是在基期水平的基础上，分析预算期业务量水平及有关影响因素的变动情况，通过调整有关基期项目及数额，编制预算的方法。用增量预算法编制的预算叫作增量预算。增量预算法的显著特点是以基期实际发生水平为基础，结合预算期的业务活动的变动量，然后按业务量与收支比例，测算收入和支出指标，即根据业务活动的增减量对基期预算的实际发生额进行增减调整，确定预算期的收支预算目标。

1）增量预算的假定前提如下：

①企业现有业务活动是合理的，不需要进行调整。

②企业现有各项业务的开支水平是合理的，在预算期予以保持。

③以现有业务活动和各项活动的开支水平，确定预算期各项活动的预算数。

2）增量预算法优点如下：

①增量预算法的编制方法简便易行。

②增量预算法是以基期预算的实际执行情况为出发点，所编制的预算较容易得到企业领导、员工的理解和认同。

③预算容易受到基期不合理因素的干扰。

④由于受原有费用项目的限制和局限，不利于培养和提高各部门节约成本费用的能力。

3）增量预算的缺点如下：

①预算理念保守，不利于提升管理水平。增量预算法是假定基期经济业务活动在预算期内仍然发生，而且发生额是合理的，完全接受原有业务活动和收支额，使某些不合理的开支合理化，不利于企业管理水平的提升。

②预算结果消极，不利于挖掘增收节支的潜力。当预算期情况发生新变化时，而预算目标却受限基期的干扰，可能导致预算指标不能反映预算期实际情况，不利于调动各部门完成预算目标的积极性，不利于调动各部门增收节支的积极性。

4）增量预算的适用范围如下：

①经营活动变动比较稳定的企业。

②业务量与成本的关系明确、可量化。

5）增量预算的编制过程如下：

①详细列出各部门各项目的基期费用发生数清单；

②剔除在预算期内不再发生的业务项目及其金额；

③分析基期业务行为和金额发生的合理性、有效性；

④分析增加的业务行为的必要性及增加金额的合理性。

【例题 3-7】表 3-11 为 A 公司采用增量预算法编制业务招待费和运输费两项项目预算。

表 3-11　A 公司增量预算

序号	项目	2021 年度发生额/万元	2022 年度预算额/万元	预算费用产生原因说明
1	业务招待费预算	12	24	销售部业务员张某 2022 年平均每月发生招待费 1 万元，每月招待一次客户。2023 年预算期计划每月招待 2 次客户，则预算金额为 2×1×12=24 万元
2	运输费预算	100	130	公司 2022 年实际销售收入 1000 万元，实际运输费 100 万元，占销售收入的 10%，2023 年销售收入 1300 万元，则 2023 年运输费预算金额为 130 万元

3. 按预算期时间特征划分

按预算期时间特征，可以将采购预算划分为定期预算和滚动预算。

（1）定期预算

定期预算是指在编制预算时以不变的会计期间作为预算期的一种预算编制方法。可以与会计年度相配合，便于考核和评价预算的执行结果，但是远期指导性和连续性都比较差。

（2）滚动预算

滚动预算又称连续预算或永续预算，其主要特点是预算期随着时间的推移自行延伸，始终保持一定的期限。当年度预算中某一季度（或月份）预算执行完毕后，就根据新的情况进行调整和修改后几个季度（或月份）的预算，以次往复，不断滚动，使年度预算一直含有四个季度（或 12 个月）的预算。其基本特征如图 3-4 所示。这种预算可以保证预算的完整性和连续性，从动态预算中把握企业未来发展趋势。

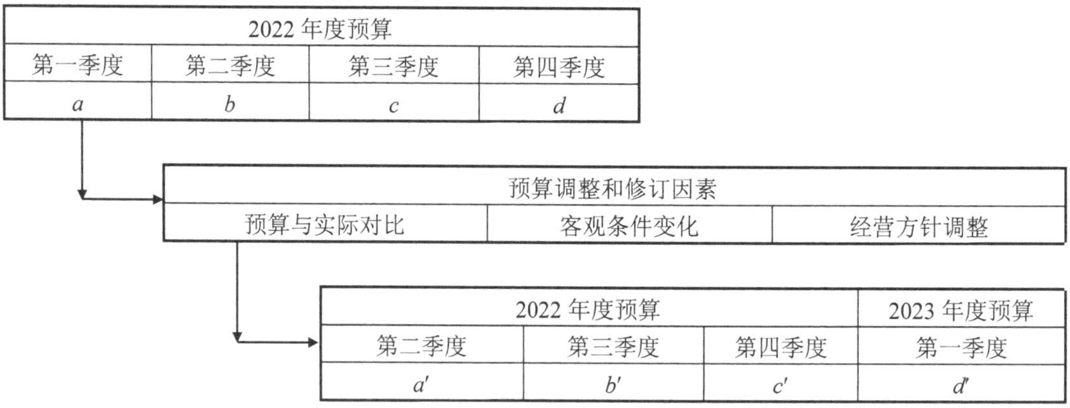

图 3-4　滚动预算示意图

滚动预算的提出根据：

1）企业的生产经营活动在可预见的将来是延续不断的，因此，指导企业经营活动的预算也应该全面反映这一延续不断的过程，使预算方法和生产经营过程相适应。

2）现代企业的生产经营活动是复杂的，随着时间的推移，它将产生各种难以预料的结果。滚动预算在执行过程中可以结合新的信息，对其不断进行调整与修订，使预算与实际情况能更好地相适应，有利于充分发挥预算的指导与控制作用。

4．按构成条件的确定性划分

按构成条件的确定性，可以将采购预算划分为确定预算和概率预算。

（1）确定预算

确定预算对于多数预算来说，影响预算的因素比较确定，所制定的预算具有唯一的可能性，属于确定预算。

（2）概率预算

企业在编制采购预算过程中，涉及的变量较多，如业务量、价格、成本等，通过对影响预算的若干不确定因素进行分析和计算，然后确定一个该项预算对象最有可能实现的值，这种预算适用于变量较多的情况。企业管理者不可能在编制预算时就十分精确地预见这些因素在将来会发生何种变化，以及变化到何种程度。而只能大体上估计它们发生变化的可能性，从而近似地判断出各种因素的变化趋势、范围和结果，然后对各种变量进行调整，计算其可能值的大小。这种利用概率（可能性的大小）来编制的预算，即概率预算。

【例题 3-8】某公司根据预算年度上级下达的预算指标，结合上一年本公司生产部门的实际用料情况，经预测分析，本年度公司该物料需求量为 6000 t 的概率为 0.4，需求量 8000 t 的概率为 0.6。公司上一年度的单位可变采购成本为 200 元，本年度预计通过流程改造可使单位可变采购成本降为 100 元，此种情况经测算概率为 0.8；若流程改造不顺利，则仍然保持 200 元，如表 3-12 所示。公司年度采购固定成本预计为 5 万元，则该公司本年度的采购预算额度为多少？

表 3-12 某公司概率预算

采购量/t	概率	单位变动成本/元	概率	固定成本/元	采购成本/元	联合概率	采购成本预算/元
6000	0.4	200	0.2	50000	A_1	a_1	C_1
		100	0.8	50000	A_2	a_2	C_2
8000	0.6	200	0.2	50000	A_3	a_3	C_3
		100	0.8	50000	A_4	a_4	C_4
采购成本最终预算值	C						

采购成本：

$$A_1=6000\times200+50000=1250000\text{ 元}$$

$$A_2=6000\times100+50000=650000\text{ 元}$$

$$A_3=8000\times200+50000=1650000\text{ 元}$$

$$A_4=8000\times100+50000=850000\text{ 元}$$

采购成本 A_1 发生的联合概率为 a_1：

$$a_1=0.4\times0.2=0.08$$

采购成本 A_2 发生的联合概率为 a_2:

$$a_2=0.4\times0.8=0.32$$

采购成本 A_3 发生的联合概率为 a_3:

$$a_3=0.6\times0.2=0.12$$

采购成本 A_4 发生的联合概率为 a_4:

$$a_4=0.6\times0.8=0.48$$

采购成本预算:

$$C_1=A_1\times a_1=1250000\times0.08=100000\text{ 元}$$
$$C_2=A_2\times a_2=650000\times0.32=208000\text{ 元}$$
$$C_3=A_3\times a_3=1650000\times0.12=198000\text{ 元}$$
$$C_4=A_4\times a_4=850000\times0.48=408000\text{ 元}$$

采购成本最终预算值:

$$\begin{aligned}C&=C_1+C_2+C_3+C_4\\&=100000+208000+198000+408000\\&=914000\text{ 元}\end{aligned}$$

【课后习题】

一、多项选择题

1. 企业要想提高供应链需求预测的准确性，就需要（　）。

A. 利用高级数据分析工具　　B. 协同合作预测

C. 实时数据集成与共享　　D. 持续改进

2. 采购需求预测的定性分析法包括（　）。

A. 需求调查法　　B. 采购人员经验判断法

C. 专家意见法　　D. 指数平滑法

3. 按业务水平变化情况，可以将采购预算划分为（　）。

A. 固定预算　　B. 确定预算

C. 弹性预算　　D. 概率预算

4. 按照构成条件的确定性，可以将采购预算划分为（　）。

A. 固定预算　　B. 确定预算

C. 弹性预算　　D. 概率预算

二、填空题

1. 影响采购需求预测准确性的因素包括：________、__________、________、________、________。

2. 编制采购计划需要考虑的因素包括：________、________、________、________、________、________。

3. 按编制出发点特征划分，可以将采购预算划分为：________、________。

三、简答题

1. 简述采购需求预测的内涵及作用。

2. 简述编制采购计划的目的。
3. 简述采购预算的内涵及作用。
4. 简述采购预算的分类。
5. 简述增量预算的假定前提条件。

四、论述题

1. 试论述增量预算的优缺点及适用范围。
2. 试论述弹性预算的优缺点及适用范围。

五、计算题

1. 用简单移动平均法预测 4—12 月的采购需求，并将数据填入表格中（单位：件）。

月份	实际采购量	合计	均量	下月预测量
1	120			
2	151			
3	132			
4	100			
5	202			
6	196			
7	183			
8	188			
9	162			
10	141			
11	109			
12	121			

2. 用加权移动平均法预测 4—12 月的采购需求，并将数据填入表格中，选取 $n=3$（单位：件）。

时间	权数
上月	3
前第二月	2
前第三月	1
权数总和	6

月份	实际采购量	下月预测量
1	50	
2	55	
3	43	
4	57	
5	68	
6	90	
7	106	
8	80	
9	110	
10	88	
11	92	
12	102	

3. 某公司5月某型号的儿童学习桌实际销量为3600台，上月末预测5月销量为3535台，请用指数平滑法预测6月该型号学习桌的需求量（a=0.4）。

六、案例分析与实践调研

顺丰公开“快递物料需求的预测方法”专利　可提高预测精确化程度

申请公布号：CN 115204435 A

申请公布日：2022.10.18

申请人：顺丰科技有限公司

发明人：刘冠君

发明名称：快递物料需求的预测方法、装置、设备和介质

摘要：本申请提供了一种快递物料需求的预测方法、装置、计算机设备和存储介质。该方法包括：通过获取待预测收派员的收派员特征信息、历史件量信息和待预测日特征信息，根据历史件量信息确定对应类型的件量预测模型，将收派员特征信息和待预测日特征信息输入该件量预测模型，根据该件量预测模型的输出结果，得到该待预测收派员对应的预测件量，并根据该待预测收派员的物料预测消耗率，确定该待预测收派员的物料预测领用量。上述方案，避免了基于网点进行物料分配导致的高消耗率，实现了基于收派员维度的物料领用量的预测，提高了快递物料需求量预测的精确化程度（图3-5）。

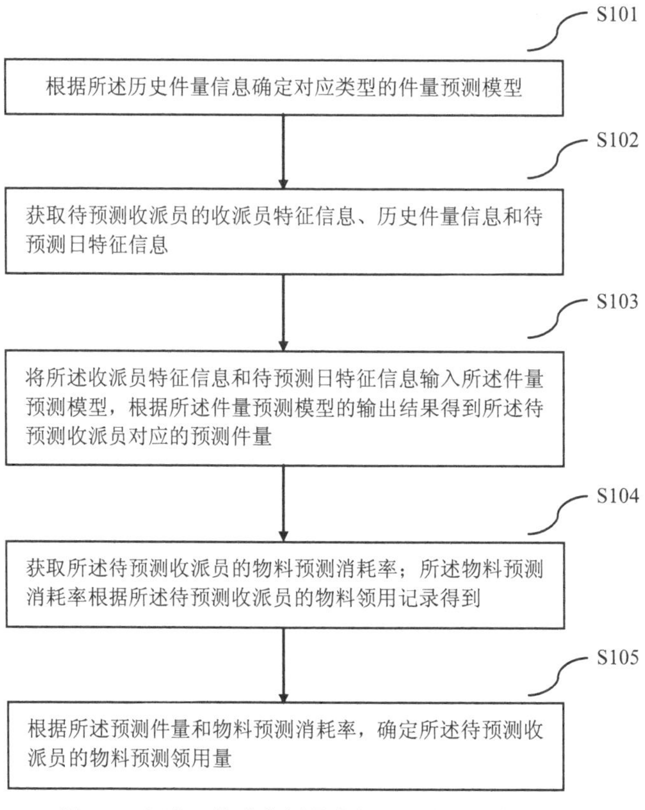

图3-5　顺丰“快递物料需求的预测方法”专利原理图

资料来源：国家知识产权局　日期：2022-10-18

请结合案例分析：

1）对于顺丰而言，提高快递物料需求预测的精确化程度有何意义？

2）请登录国家知识产权局官网，查询该专利的详细信息，研究该专利所应用的预测技术方法是什么，是如何实现需求预测的？

【实战训练】

【实训目的】

通过本次实训，掌握采购需求预测的方法、采购计划编制的方法及采购预算的编制方法。

【实训内容】

学习小组内部分工协作，调研并统计顺丰速运、京东快递或其他快递公司某营业部的包材消耗情况，根据调研数据，设计该营业部未来 3 个月的包材订购计划和预算，并完成相关任务调研材料撰写。

调研项目	形成材料
调研对象过去一年的包材使用与消耗情况统计分析	调研报告
根据上述调研结果，选择合理的方法预测未来 3 个月各类包材的使用量，并编制该营业部未来 3 个月的采购计划	采购计划
调研各类包材的市场供应价格水平，采用适当的方法，编制未来 3 个月的该营业部包材采购预算	采购预算

【实训要求】

以学习小组为单位，选择恰当的方法和手段，开展调研，确保调研数据翔实、可靠，并按要求提交实训材料。

【拓展学习任务】

京东“可解释预测”技术入围 Gartner 全球供应链技术创新奖总决赛

请结合所学知识及案例分析：

1）智能需求预测技术对供应链管理的意义体现在哪些方面？

2）京东“可解释预测技术”与传统的预测系统相比有何区别？

项目四　采购方式

【学习目标】

一、知识与能力目标

◆　能够全面概括出集中采购和分散采购特点；

◆　准确描述联合采购与集中采购的区别；

◆　能够客观分析出国家药品和医疗耗材的集采（带量采购）措施提出的背景及其促进降价的机制；

◆　能够复述招标采购的流程；

◆　能辨析出在供应链管理理念下招标采购的不足之处；

◆　能结合企业实际采购问题，建立定量采购或定期采购模型；

◆　可以准确表达出各种采购方式的内涵或原理；

◆　能够结合企业实际情况，对企业实施 JIT 和 VMI 采购的必要性与可行性进行客观分析。

二、价值目标

◆　从采购管理专业的角度，深度理解国家是怎样利用采购手段改善“看病贵”问题的，并从中感受我国“人民至上，生命至上”的责任与担当。

◆　将 JIT、VMI 采购管理思想内化，树立供应链大局观及和合共生的价值观。

【课前任务驱动】

京东与招天下达成战略合作　开启电子招投标新领域

请结合该案例及本项目的相关知识点，对以下问题进行分析与研讨：

1）招标采购有何优势？

2）京东推进全流程电子化招标的目的和意义何在？

3）与传统招标采购模式相比，电子化开评标的优势体现在哪些方面？

任务一　分散采购与集中采购

【企业实践案例 4-1：关于集中采购与分散采购问题的研讨】

一次桶装水的集中采购，年度节约 200 多万元

桶装水，每家企业都可能买过，由于金额低，通常由某位行政人员负责采买，环节包括供应商选择、谈价格、签协议等，也可能由企业身强力壮的男员工负责换桶，按月结算。国内某电商企业 A 各分子公司的桶装水之前由各分公司自行采购，一方面涉及的采购金额低，在企业内比桶装水采购金额高的项目比比皆是；另一方面，桶装水有明显的地域特征，由于运输半径有限，只能在当地选择供方。这就造成了各分公司购买的桶装水品牌多、规格难统一、价格难统一等问题。A 公司在对各地分子公司进行审计时发现，桶装水采买上有不规范行为：

一是价格虚报，即以公司为单位购买，购买量大，但是却用市场零售价结算。

二是数量虚报，供方当月送了 30 桶，却上报 45 桶，因为桶装水算耗材，所以没人去查一个月到底消耗了多少。

三是赠票不报，买 30 桶，送 5 张水票，没入账，被个人使用了。一桶水一般 10～20 元，金额似乎不大，但由于每天发生，每个办公场所都在消耗，一年下来仅 A 公司在华南大区桶装水费用就超过了 300 万元，全集团一年支出超过 1000 万元。

审计部门出具审计建议，为规范管理，建议集团出面，对桶装水进行集中采购。没做过采购的领导会觉得："这还不容易，下个行政命令，集团把量集中起来，统一招标，确定供应商不就完了吗？"这有些想当然了。桶装水确实是没有技术含量，但这并不意味着桶装水的集中采购没有技术含量。当真正操作起来，会发现困难重重。看不到的风险点都出现了，且都是烫手的山芋。桶装水的集中采购，至少要考虑以下 4 个问题：

①品牌规格如何确定；

②价格如何确定；

③集中采购的供应商如何确定；

④集团、分子公司、供方之间的流程如何确定。

现有的桶装水供方几乎都是本地的，选哪几个品牌、选什么样的规格标准都会有很大争议。越是简单的东西，各分子公司各部门选择的标准就越不统一。每个地区水源、物流、经济都会影响桶装水的定价，很难确定合理的价格。集团定了供应商，定好价格，但本地供应商的绩效如何监管？如何保证数量不虚报？集团与分子公司之间、供应商之间如何衔接？谁来付款？怎么付？这些都是难题，仅靠一种制度很难产生应有效果，怎么办？

A 公司总部的采购负责人对用户需求重新分析与定义，最终选华南大区作为饮用水集中采购试点，与净水机厂家签订年度租赁合同，由供方负责日常维护和维修，包括更换新产品，按月付费。经统计，华南大区一年饮用水的总采购金额从 300 多万元降到 100 万元左右，采购成本节约超过 200 万元，降本比例约为 60%。同时，办公室的人更省心，不用和桶装水厂家打交道，省去换桶、统计用量、报费用等大量工作，节约了大量人力。

资料来源：微信公众号"采购从业者"　时间：2022-11-28

请结合以上案例及下述集中采购和分散采购的相关知识点，对以下问题开展研讨与分析：

1）总结A公司桶装水采购方式改革之前的分散采购方式有哪些问题？

2）实施集中采购改革对企业而言有哪些好处？

3）分析集中采购改革顺利实施的主要原因是什么？

一、分散采购

1. 分散采购的定义

分散采购是指将企业或企业集团的采购权限分散到下属各个预算单位，各预算单位自行设置采购部门，独立组织和实施采购，满足自身生产经营所需物资的采购方式。

2. 分散采购的优缺点

（1）分散采购的优点

1）二级单位的自主性和灵活性更强；

2）采购和使用部门统一，对采购需求理解更准确，能够提高二级单位采购产品的适用性；

3）采购手续相对便捷，因此采购订单相应的及时性强，能够快速满足需求。

（2）分散采购的缺点

1）分散采购无法实现规模折扣，存在巨大的成本浪费；

2）采购权限分散，采购活动的规范性差，不利于企业总部对采购工作的管理；

3）分散采购不利于企业深入地开展市场调研，对采购需求分析与管理方面工作欠缺，采购的战略地位不能得到很好的体现；

4）分散采购中，供应商资源分散，不利于企业开展科学有效的供应商管理。

跨行业多元化经营的企业可以选择分散采购的方式开展采购工作，因为对于这类企业而言，每一个经营单位或预算中心采购的产品与其他经营单位完全不同，在这种情况下使用分散采购的方式，能够确保各预算中心的采购工作高效执行。

二、集中采购

1. 集中采购的定义

集中采购是指企业在核心管理层建立专门的采购机构，统一组织企业所需商品采购工作的采购方式。集中采购的目的是规避分散采购的弊端，在更高层面选择供应商，议定价格，签订协议，然后由各分部执行采购合同。

2. 集中采购的类型

（1）需求集中型

需求集中即企业将采购需求进行集中、将需求品类进行集中。品类集中指的是尽可能缩减品类，实施标准化、通用化采购。例如，按年度将办公用品采购需求集中起来，对品类进行优化，每一类产品只选少数几个规格，对品类进行集中，一次带量采购签订框架协议，从而获得更优惠的价格。关于实施标通化采购的具体内容将在后续章节展开详细探讨。

（2）采购集中型

采购集中是指企业把凡是花钱的活动，放在一个篮子里进行统一集中管理。例如，将原来分散在销售部门的广告类采购、HR 的培训采购、总务部门的行政类用品采购等都统一集中到采购部门，改变多头采购模式，规范采购作业过程。当然，如果采购人手不够，采购部门则可以采用书面授权方式，但往往授权都有期限，如将培训类采购授权 HR 或培训部，有效期为一年，授权出去的项目，责任主体部门仍然是采购部门。

（3）供应商资源集中型

供应商资源集中，主要表现形式是精简供应商数量、集成供应商业务，使每家合作供应商的采购量增加，从而获得采购价格优势。很多企业的供应商资源并未经有效规划，而是随着企业发展野蛮生长。企业通过对供应商采购金额等数据作科学的统计分析，对原有供应商进行整合，减少供应商数目，增加少数优质供应商采购额，在降低企业与供应商双方管理成本的同时，提升企业的采购博弈力，促进供应商直接的良性竞争。除了供应商数量集中，还可以将供应商业务集中，即将多个采购项目汇总集成到一家供应商手里。例如，一家供应商原本只做其中一种物料，现在将其他物料也交给这个供方，或者将一些采购额小、复杂程度低的产品交给一家供方代为采购。扩大需方对供方的影响力，实现管理成本和采购价格的双重降低。

（4）管理集中型

管理集中，一般理解为集团型公司对子公司的采购进行管控，综合统筹，从而发挥集团型公司的采购优势。管理集中的优势在于能大幅降低管理成本，各子公司需要的产品不再需要多次单独寻源，集团对同一品类只需要进行一次寻源、一次谈判，合同一经签订，各子公司只需按需下单，就可以节约大量管理成本。集团型公司的采购管理集中实践中主要有 6 种方式，如表 4-1 所示。

表 4-1　集团型公司的采购管理集中的 6 种实践方式

集团采购	适用情形	优点	缺点	关键管控事项
总部指导	供应链以敏捷或服务为战略导向	较少参与具体流程，重点以改善整体能力和工作标准为主	需要花较多的精力进行培养、写作、推进	◆ 成本类标准； ◆ 供应商管理类标准； ◆ 质量类标准
总部集中招标	一般适用于大额项目投资、设备、物流、服务等	提高招标的质量和能力，对大额支出进行有效的集体评议，获得高层参与决策	缺乏全生命周期管理，早期需求管理和后期执行阶段的优化工作少，也缺乏供应商管理机制	◆ 招标制度建设； ◆ 评标专家库建设； ◆ 招标流程组织； ◆ 招标相关规范标准管理
总部集采	战略类、杠杆类物资；分为生产类物资的集采和非生产类物资的集采	可以发挥采购集中优势，获得更多的战略化空间	不适合的采购物资或者采购策略，导致效果不佳。例如，项目施工单位大部分是项目区域采购，总部进行集采确定的价格，由于供应市场变化产生冲突，最终变为提供了供应商短名单	◆ 深度供应市场分析，寻找成本优化机会； ◆ 全球寻源，需求整合； ◆ 战略性谈判方法； ◆ 管控集采成果与集采类供应商绩效； ◆ 管控库存成本

集团采购	适用情形	优点	缺点	关键管控事项
采购服务平台	通用低值物资的公共服务	提高服务水平，作业效率高	有些公司在操作过程中，供应商选择依然受需求单位影响，变成操作性服务，可大幅降低其价值	◆ 提供采购整体服务
总部采购管控	多元化产业集团	有利于快速对采购管理资源进行整体管理，实现合规、透明	缺少战略化、优化智能，往往监管无法估计采购执行后端问题	◆ 制度建设及采购合规类管理； ◆ 成本类管控； ◆ 供应商类管控
总部供应商集中管理	供应链管理水平较高的战略采购组织	有利于对供应商进行全角度的供应链运营管理	需要比较强的组织协同能力和跨部门协作能力	◆ 供应商管理策略策划规划管理职能； ◆ 组织协调采集供应商指标； ◆ 供应商管理工作优化和辅导供应商能力提升

3．实施集中采购的原因

（1）企业降本增效的要求

整合内外部需求，获得数量优势，引发供应商竞争，降本效果十分明显。例如，某企业2009年对20多个下属地区企业所用石油专用管实施集中采购，在年采购金额160亿元、集中采购比例90%的情况下，单品价格降幅为29%，实现成本节约高达30余亿元。如此高的成本节约势必引起其他企业的对标与效仿。

（2）对采购工作规范化管理的要求

为降低采购风险，规范采购流程操作，企业将分散在各个部门的采购职能进行集中，按统一流程规范操作，即将所有鸡蛋放在一个篮子里统一管理。而集团型企业往往对下属公司管控困难，信息不畅，资源不共享，也希望从合规的角度将采购管理权限集中，形成一整套完整的采购流程和制度，解决下属公司操作不规范、过程不透明、人为干扰多等普遍存在的问题。

（3）政府和国有企业根据上级主管部门的政策要求实施集中采购

例如，《中央国家机关政府集中采购目录实施方案（2020年版）》《中央国家机关政府采购中心批量集中采购履约管理办法（试行）》等文件成为国企和政府机构推行集中采购的重要政策依据，在主管部门的政策要求和引导下，国有企业和政府部门打破原有利益格局，积极推动采购管理变革，降低采购成本，规范采购行为，提高采购资金利用效能。

4．集中采购的特点

集中采购的过程是需求集中、供应商集中、采购行为集中和管理集中的过程，便于企业对采购活动的管理和控制。但是，它增加了控制却降低了灵活性，取得了价格优势却往往降低了采购的响应速度，减少了内部用户的选择余地。集中采购能够使采购活动更加阳光化，因此这类采购方式备受一些大型国企、央企的青睐，很多国企和央企都有专门的集中采购比例指标，逐年驱动越来越多的采购额度通过集中采购的方式完成。但集中采购的效率相对比较低，无法满足内部客户紧急的需求，订单响应的柔性化程度低。我们要知道采购管理不但要为企业节省开支，更重要的是要服务好内部和外部客户，两者缺一不可。因此，企业在实施集中采购时，要注意尽量通过信息化手段，提升客户对采购效率的要求，切不可牺牲客户对采购效率的要求，换取成本的降低。集中采购的规范性及巨大的成本优势，吸引很多企业向集中采购改革，但实施改革之前，要把集团与分子公司权责与流程如何衔接分析清楚，否则集中采购执行后有可能会出现二级单位排斥的现象，严重的会影响整个企业的发展。

集中采购与分散采购对比如表 4-2 所示。

表 4-2 集中采购与分散采购对比

	优点	缺点	适用情况
集中采购	◆ 有利于总部采购资金的统筹规划； ◆ 集中各单位的采购需求，议价能力强，能够获得规模效益，节约采购成本； ◆ 有利于总部对采购工作的控制，实现采购作业及流程的规范化和标准化； ◆ 能够集中供应商资源，能够得到供应商更深入的支持与合作，稳定供应关系，便于供应商管理； ◆ 集中采购的过程中往往伴随着共性物资的标通化，便于库存资源在企业范围内进行调配，降低企业层面总库存； ◆ 能够一定程度遏制腐败现象	◆ 采购流程长，手续复杂，时效性和响应性差，难以适应零星、地域性及紧急性物资采购； ◆ 非共用性物资集中采购，不但难以获得价格折扣，还增加了采购管理的复杂度； ◆ 采购部门与使用部门分离，一旦沟通不畅，会导致采购需求理解有误，从而导致产品适用性差； ◆ 采购风险集中，一旦发生断供，影响巨大	◆ 主体：共性物资采购需求量大，集中采购能够大幅降低采购成本的企业；对采购管理过程规范性要求较高的企业； ◆ 客体：标通化程度高的物资、大宗高价物资、关键零部件、战略资源和瓶颈资源
分散采购	◆ 采购流程和手续便捷，采购效率高； ◆ 采购订单响应性和灵活性更高； ◆ 采购与使用统一，能够更好地理解采购需求，提高采购的准确性和适用性； ◆ 采购部门与使用部门统一，有较强的激励作用； ◆ 能够一定程度上分散采购风险； ◆ 采购工作对利润中心负责，权责明确	◆ 缺乏规模经济，采购成本高； ◆ 采购管理活动规范性差； ◆ 多部门间易出现资金占用，不利于企业资金的统筹使用； ◆ 决策层次低，采购权利下放后，对采购工作难以实施有效控制，易出现舞弊现象； ◆ 供应商资源分散，不利于供应商的管理	◆ 主体：跨行业多元化经营的企业； ◆ 客体：紧急和零星物资、标通化程度低的物资、研发试制物资

【企业实践案例 4-2：关于混合采购问题的研讨】

嘉美包装采取“分级管控、集中采购、分散执行”的采购模式控制成本

嘉美包装总体采取“分级管控、集中采购、分散执行”的采购模式，采购体制分三级管控机制，控制原材料供应和生产成本。对应物料明细及采购机制如下：

一级管控物料：主要包括马口铁、易拉盖和铝材等原材料，由于数量较多，且占产品成本比重较高，实行“集中采购、分散执行”的原则，即由公司供应链事业部采购中心统一进行供应商的选择与评定，统一与重要的供应商签订长期协议，统一就采购数量、价格条件及调整机制、售后服务等主要条款与供应商达成年度协议，制定出年度采购策略，确定供货渠道，公司各业务板块产品物料控制（product material control，PMC）部门、各子公司则在年度协议框架范围内根据具体的生产任务具体执行原材料采购活动，公司供应链

事业部采购中心、PMC部门对采购结果进行分析总结，每年会同生产部门对供应商进行统一评价。

二级管控物料：主要包括包装材料、运输费用、水电费等，由各分子公司进行合格供应商选择、议价、维护及评价工作，并报送供应链事业部备案，由子公司执行具体采购流程。

三级管控物料：主要包括生产设备、五金配件、办公用品及其他设施等，对于由集团统一采购的三级物料项目及单次金额超过10万元的三级物料，由公司供应链事业部采购中心集中采购，分散执行；对于其他三级物料的采购，由子公司直属行政总经理批准后，各子公司执行具体采购流程。

资料来源：同花顺金融研究中心　时间：2020-05-12

请结合以上案例及下述混合采购这一知识点，对以下问题开展研讨与分析：

1）分析嘉美包装这种“分级管控、集中采购、分散执行”采购模式有何优势？

2）你认为这种采购模式是否合理，为什么？

三、混合采购

1. 混合采购的内涵

混合采购是企业为了充分利用集中采购与分散采购的优点，并在一定程度上规避二者缺点的一种采购方式。这种采购方式在集团总部层面设置采购管理部门，制定采购管理制度，对战略物资、标通化程度高的物资实施集团层面的采购，其他物资的采购权限下放到二级单位，由二级单位的采购管理部门负责采购。有的企业也把供应商的选择、管理“下沉”到分公司、事业部，但制度、流程和系统，还是由集团总部的采购部门统一制定。

2. 混合采购的优缺点

混合结构的采购，理论上结合了集中与分散式管理的优点，却因导入复杂性而使功效大打折扣。在集中采购向分散采购转变时，有的企业把供应商的选择、管理“下沉”到分公司、事业部，但制度、流程和系统，还是由总部统一制定。也就是说，供应商的选择、管理等具体由分公司、事业部的采购做，因为他们贴近需求，可以快速响应；但工作究竟如何开展，采用什么样的系统和流程，则由总部决定。这种混合结构，看上去是总部、分公司/事业部各尽其能，很完美，但又产生了一系列的问题，比如系统、流程会越来越复杂，规章制度越来越细、越来越苛刻，基层的约束越来越重，事情越来越难做，效率越来越低。

例如，某大型制造企业，为了增加响应速度，采购由集中变分散，总部负责建立系统、制定流程和规章制度，事业部负责执行和结果。这导致采购流程越来越繁杂、规章越来越苛刻，事业部的采购执行工作也遇到了很多麻烦。

出现这种问题的原因在于负责制定流程、系统和规章制度的部门，为了规避采购流程、制度和系统出现漏洞，集团层面的采购部门会尽可能地“完善”流程、系统和规章制度，结果是采购流程越来越复杂。混合采购模式下，总部负责规范采购过程，事业部负责具体采购任务的执行，最后导致过程和结果两层皮，结果就是过程异常复杂化。

集中采购没有这种问题的原因在于集中采购时，采购过程的规范和采购工作的执行都由总部负责，规则制定者也是规则执行者，因此采购规则的制定是为采购工作的执行服务的，是符合企业采购执行实际的。在混合采购中，总部制定的采购流程、系统越来越“完善”，也越来越复杂，分部、基层越来越多的时间在走流程，合法合规时间长了，因此采购效率往往达不到企业预期。

任务二　联合采购

【企业实践案例 4-3：关于联合采购相关问题的研讨】

全国首个快递物流装备物资集中采购交易中心正式运行

2020 年 5 月 6 日，全国首个快递物流装备物资集中采购交易中心在杭州桐庐正式上线运行。快递物流装备物资集中采购交易中心，是由多家主要品牌快递企业与桐庐县政府共同发起设立的在线交易平台。申通、韵达、圆通、中通、顺丰五家快递企业与集采中心签订采购订单协议，共同约定 2020 年在平台采购交易总额达到 115 亿元。

集采平台交易系统已具备“委托集中议价采购”“采购拼单”“优品特惠”与“商城交易”等核心功能，能满足不同的采购交易需求；集采中心通过线上线下相结合的方式为快递物流企业与装备物资供应商提供信息发布、交易撮合、集中议价采购等服务，搭建最全采购信息、最多采购渠道、最佳销售模式、最优配套服务的专业快递物流装备物资采购交易平台。对此，作为采购商代表的申通快递采购总监姜锋说：“集采中心为快递行业搭建了一个方便、快捷、透明的采购渠道，运输设备、仓储设备、快递包装、IT 设备和服装、运输服务等商品一应俱全。”

集采中心对强化供需对接、服务快递物流企业降费增效可以起到积极支撑作用，截至 2023 年 6 月，中国快递物流装备物资集中采购交易中心累计入驻采购商 1731 家，供应商 303 家，协议交易额超 350 亿元。2020 年至今，共招引快递关联产业项目 106 个，协议引资 371.2 亿元，其中投资亿元以上项目 46 个（含投资 10 亿元以上项目 19 个），集聚“三通一达”等快递关联企业超过 325 家。

资料来源：央广网　时间：2020-05-07

请结合以上案例及下述关于联合采购的相关知识点，对以下问题开展研讨与分析：

1）“全国首个快递物流装备物资集中采购交易中心”运行的实质是哪种采购方式？为什么？

2）请结合案例分析联合采购与集中采购有何区别？

3）快递企业之间这种联合采购行为对参与联盟体的快递企业而言有何优势？这种采购方式成功实施的关键是什么？

4）请分析案例中为什么说“集采中心对强化供需对接、服务快递物流企业降费增效可以起到积极支撑作用”？

一、联合采购的内涵

联合采购的概念最早是在 1927 年提出的，是以采购合作的相关形式组成合作联盟，以联盟体的名义开展采购的行为，这是联合采购比较早的概念。到 1997 年有学者提出采购联盟是一种正式或非正式的联合，主要是指两个或更多的企业通过联合组成一个集体，或通过独立的第三方采购平台进行联合，主要通过汇总联盟内每个企业对生产资料、产品或服务的需求，进而通过联盟集体的形式向供应商进行采购，以便获得更多的产品和服务的增值价值。

本书认为联合采购可以看作集中采购在外延上的进一步拓展，是多个企业之间的采购联盟行动，是指需要购买同一种或同类产品的同质企业之间在采购业务上开展联合，形成一个采购联盟，从而使其产品采购量能够达到取得供应商价格折扣的规模，由联盟体向供应商提出采购的行为。

按照传统的竞争理论，同行业企业在采购时，各个采购企业会为了争取优质的供应商、获取低价商品形成激烈的竞争。这种竞争模式对于单个采购企业而言，由于订单量较小，采购产品的价格较高，同时供应商供货的质量、交期又难以得到有效保证。对于供应商而言，为了减少交易成本、简化服务，不得不把其产品出售给采购量大的经销商，产品经多级分销最终到达需求单位的价格远高于最初的出厂价。在供应链管理和竞争性合作的理念指导下，越来越多的企业会遵循合作共赢的理念，在采购时选择与其他企业合作组成采购联盟，从而在最大限度上获得供应商技术支持的同时降低采购成本。

二、联合采购的优势

1）联合采购参与主体是采购需求相同或相近的企业，采购联盟将这些采购需求集中起来，以量换价，可以最大限度地提高联盟体整体的议价能力。

2）由于采购订单量足够大，也会因此得到供应商最大限度的技术和服务支持，提高供应商的服务水平。

3）对于供应商而言，联合采购能够让供应商与需求单位（采购联盟）直接对接，跨过非必要的各级各类经销商渠道，能够批量生产，批量接单，降低供应商的销售成本。

4）对于联盟体而言，内部信息交互通畅，联合采购的产品标通化程度高，联盟体内部可以对采购的产品进行统筹管理，从而降低供应链上多余的呆滞库存。

5）在管理方面，采购联盟的形成使得采购管理的组织更加有序，采购管理方面可以一定程度上降低人力、物力和时间的投入。

6）在物流管理方面，联合采购为各个成员企业降低了物流成本。因为单位运输费率与单次运输量成反比，即运输量越大对应的单位运输费用会相应的降低，联合采购批量生产、统筹运输和仓储，为各成员企业节省物流成本。

三、联合采购的不足之处

1）采购作业程序复杂，统一需求难度大，对联盟的采购需求管理能力要求较高。

采购联盟内部各成员企业的需求千差万别，统一需求将是联合采购需要面对的一大难题，这也是联合采购顺利进行的前提。采购联盟最大的优势是通过统一需求，扩大单品采购量，从而获得最大的价格折扣，虽然联盟企业之间采购需求类似，但是采购规格、型号各异，如何说服各成员单位统一品类和规格并非易事，因此要求采购联盟有较强的管理能力。

2）联合采购对采购需求预测的准确性要求更高。

联合采购需要各成员企业提前报备采购需求量，联盟负责进行采购需求的汇总，采购订单下达后，联盟需要统筹各成员企业的需求情况，再将产品分派给各成员企业，过程复杂，如果需求预测不准确，会导致产生过高的库存。

3）采购时机与条件未必能适合所有联合企业。

不同企业生产的效率不同，对产品上市时间要求不同，因此对原材料或零配件的供应时间要求就不同，采购联盟对此的协调难度大。

4）联合采购可能会造成“联合垄断”。

对于供应商而言，当采购联盟成为供应商最大或者为数不多的客户时，一旦有竞争者以更低的价格成为联盟新的供应商，失去该联盟对于供应商而言是致命性的。

对于采购联盟而言，如果市场只有为数不多的供应商，纠纷或不良竞争导致合作关系断裂，对于联盟内所有企业而言将面临严重的缺货风险。

5）采购联盟各成员之间除了合作关系，还有一定的竞争关系，如果合作中关系处理不当，可能泄露企业的产品设计和采购需求量等重要信息，会给企业带来巨大的损失和风险。

四、联合采购的类型

（1）采购战略联盟

采购战略联盟是指两个或两个以上的企业出于对整个市场的预期目标和企业自身总体经营目标的考虑，采取一种长期联合与合作的采购方式。这种联合是自发的，非强制性的，联合体内部企业之间仍保持各个公司采购的独立性和自主权，彼此依靠相互间达成的协议以及经济利益而考虑联结成松散的整体。利用现代信息网络技术，开辟新的企业合作空间，企业可通过网络保证采购信息的即时传递，使处于异地甚至异国的企业实施联合采购成为可能。国际上，一些跨国公司为充分利用现有规模效益，降低采购成本、提高企业的经济效益，正在向采购战略联盟发展。

（2）基于行业协会的联合采购

行业协会是由同行业中的企业自愿组合的非营利性社会团体组织，具有较强的公信力和行业组织管理协调能力，为会员服务，严格执行行规、行约，维护行业整体利益和会员的合法权益。同时，同行业中的广大企业所需原辅材料基本雷同，因此可以充分发挥行业协会的作用，动员和组建成员单位成立原辅材料采购联盟，改变单打独斗的经营模式，形成采购联盟，提高联盟的议价能力，大幅降低原辅材料采购成本，提高成员企业的市场竞争力。

（3）第三方运营的联合采购

这种方式是通过一个专业性的第三方组织实施联合采购的一种方式，第三方组织凭借其专业性和客户资源，可以获取较大的价格折扣，采购企业可以享受专业化的服务，比独立采购更具优越性。

任务三　招标采购

【企业实践案例 4-4：关于招标采购相关问题的研讨】

中国邮政集团有限公司宁夏分公司 2025—2026 年胶带、塑料包装物及充气填充物采购项目（标包三）二次招标公告

项目编号：YZNX2025-02

招标编号：XZ522-HW250101

一、招标条件

秀至（宁夏）项目管理有限公司受中国邮政集团有限公司宁夏回族自治区分公司的委托，代理中国邮政集团有限公司宁夏分公司 2025—2026 年胶带、塑料包装物及充气填充物采购项目（标包三）二次，本项目已具备采购条件，现对该项目以公开招标的方式进行招标。

二、项目概况与招标内容

项目名称：中国邮政集团有限公司宁夏分公司 2025—2026 年胶带、塑料包装物及充气填充物采购项目（标包三）二次；

招标内容：本项目采购各种规格寄递业务用充气填充物 28.07 万卷，具体技术要求详见招标文件；

供货时限：自采购订单下达后 20 日内送达指定地点；

供货地点：各市分公司指定地点；

协议期限：两年；

标段划分及预估金额：本项目拟分为三个标包，标包三为充气填充物，年预估金额 161.68 万元（投标人须清楚了解本项目存在无订单或订单量小等风险因素，招标人不承担实际采购量与年度预计需求量差异对供应商的任何影响，具体数量以实际订单为准）；

公告期限：7 日。

三、投标人资格要求

1. 供应商必须在中华人民共和国境内注册、具有独立法人资格、能独立承担民事责任、有能力为本项目提供货物和服务。

2. 法人授权委托书（提供法人授权委托书及被授权人的身份证明）。

3. 供应商具有有效的《印刷经营许可证》。

4. 供应商须为一般纳税人，能够开具符合采购人员要求的增值税专用发票。

5. 供应商须具有环保（环境）或绿色认证证书或地方政府环保部门等颁发的环保诚信（或良好）企业证书。

6. 供应商资产状况良好，近 3 年未受到监管机构重大处罚、无重大金融、财经违法行为，具有履行合同所必需的设备和专业技术能力；严格遵守国家有关的法律法规，依法缴纳税金和社会保障资金，管理规范、控制制度严密，具有严格的操作规程和保密措施（提供承诺函）。

7. 供应商未列入中国邮政集团有限公司黑名单；未被列入“信用中国”的“失信被执行人”名单内；中国裁判文书网上近 3 年企业、法定代表人无行贿犯罪记录的查询结果网页截图。

8. 与招标人存在利害关系可能影响招标公正性的法人、其他组织或者个人，不得参加投标。与邮政无投资关系且存在以下情况的，不得参加本次投标：邮政领导人员及其亲属和其他特定关系人、邮政员工持股（限非上市公司），以个人身份（组织委派的除外）担任法人、董事长、总经理、监事的企业，以及邮政所属工会或员工集体出资成立的企业（以上内容须提供承诺书）。

9. 供应商间无投资参股关系，或单位负责人为同一人或者存在控股、管理关系的不同单位。

10. 供应商须提供承诺函，保证对招标人提供的客户信息严格保密，不向第三方提供招标人的客户信息，并对查询到的数据信息（含查询量相关数据）做保密处理。

11. 本项目不接受联合体投标，不允许分包、转包。

四、报名及招标文件的获取

1. 请投标人于 2025 年 2 月 14—21 日，8:30—12:00、13:30—18:00（北京时间），到中国邮政电子采购与供应平台（网址：https://cg.11185.cn）上传资格证明文件报名，购买招标文件，招标文件售价 500 元/套，售后不退。

2. 报名时需提供以下资格证明文件：载有统一社会信用代码的营业执照副本复印件，授权委托书、授权委托人身份证复印件、《印刷经营许可证》、一般纳税人资格证明、供应商须具有环保（环境）或绿色认证证书或地方政府环保部门等颁发的环保诚信（或良好）企业证书、相关承诺证明、供应商未被列入“信用中国”的“失信被执行人”名单和中国裁判文书网上近 3 年企业、法定代表人无行贿犯罪记录的查询结果网页截图。以上资料均提供扫描件加盖投标企业公章，按顺序制作成 1 个 PDF 文件上传。

五、投标文件的递交

1. 递交平台、递交时间、签到。电子版与纸质版投标文件递交的截止时间均为 2025 年 3 月 7 日 14:30（北京时间），投标人应在截止时间前通过“中国邮政电子采购与供应平台”（网址：https://cg.11185.cn）递交加密的线上电子版投标文件，并在 2025 年 3 月 7 日 14:00—14:30（北京时间）完成电子版投标文件“签到”流程，现场递交纸质版投标文件的完成现场签到流程。

2. 递交地点、解密地点。纸质版投标文件递交地点、现场电子版投标文件解密地点：秀至（宁夏）项目管理有限公司［宁夏银川市虹桥南街陕西大厦 B 座 701（天鹅湖小镇东门南侧）］。投标人自行在制作电子版投标文件的电脑上进行解密，保证网络畅通、运行环境良好、介质完好等，不影响现场解密电子版投标文件，逾期或不符合规定的纸质版和电子版投标文件恕不接受。

3. 加密、解密。投标人须在开标前对“中国邮政电子采购与供应平台”（网址：https://cg.11185.cn）递交的线上电子版投标文件进行加密。投标人须在平台下载《中国邮政投标管家》工具结合 CA 证书，进行电子版投标文件的编制，并在递交截止前进行加密后上传。递交文件截止时，使用 CA 证书进行电子版投标文件解密。

4. 电子版投标文件与纸质版投标文件内容须相同。采购文件中要求的盖章、签字，在制作电子版投标文件时可以是有效的电子签章，也可以是加盖公章、签字的纸质版扫描件（电子签章后，文档不应再修改，否则签章无效；如需修改，请修改后重新签章）。

六、开标

1. 开标形式：本项目采用在“中国邮政电子采购与供应平台”（网址：https://cg.11185.cn）线上解密开标。

2. 电子版投标文件解密截止时间：2025 年 3 月 7 日 14:30（北京时间）。

3. 投标文件递交及开标地点：秀至（宁夏）项目管理有限公司［宁夏银川市虹桥南街陕西大厦 B 座 701（天鹅湖小镇东门南侧）］。

七、发布公告的媒介

本次公告在中国邮政官方网站、中国招标投标公共服务平台及中国采购与招标网同时发布。

资料来源：中国邮政电子采购与供应平台　时间：2025-02-21

请结合以上案例及下述招标采购的相关知识点，对以下问题开展研讨与分析：

1）请总结本次招标采购的基本流程。

2）本次采购属于哪种招标采购形式，“寄递业务用充气填充物”这个品类采购是否适用于这类招标采购形式，为什么？

3）本次招标采用电子化招投标方式，请探讨电子化招投标相比传统招投标方式有哪些优势和挑战？

一、招标采购的发展与概念

招标采购源自美国，20 世纪 80 年代初国内企业开始使用世界银行贷款，在世界银行要求下开始逐步引入招标采购模式。短短 30 年，招标采购在中国取得了极大的发展，不论是招标的法律法规建设、理论研究，还是招标应用范围、使用频次、从业人员，中国的规模都远超美国，处于绝对的世界第一。招标采购是伴随社会经济发展而产生的一种高级的、有组织的、规范化的采购方式，招标采购是指通过在一定范围内公开采购信息，说明拟采购物品或项目的交易条件，邀请供应商在规定期限内提出报价，经过比较分析后，按照既定标准选择最合适的投标人，并与其签订采购合同的一种采购方式，招标采购最大限度地体现了公开、公平、公正的原则。

招标采购模式一方面可以通过市场竞争建立有效的价格发现机制，称为“合理定价不依赖于采购人员个人能力”；另一方面可以通过规范流程建立组织体系选择供应商的决策机制，称为“过程阳光不依赖于采购人员的个人觉悟”。前者是结果，后者是过程，两者同等重要，缺一不可，只提其中任何一点都会导致招标采购有偏差。目前很多关于招标采购的文章、书籍，大多是面向中央投资、政府采购、工程建设等法定强制招标项目进行论述的，侧重于政府采购机构、招标代理机构的招标过程管理。对于大多数企业而言，由于招标对象涉及企业生产质量、服务质量、产品竞争能力，不仅关系价格，还要考虑质量、服务、交货周期等因素，对招标采购不仅关注“过程”是否合规，更关注“结果”是否适用。本节内容中的观点主要是针对营利性企业使用自有资金，在企业自行组织招标的情况下，对如何兼顾“过程合规”与“结果适用”开展招标业务进行阐述。

二、招标采购的形式

根据《中华人民共和国招标投标法》，招标分为公开招标、邀请招标。

（1）公开招标

公开招标也称无限竞争性招标，是一种由招标人按照法定程序，在报刊、网络等公共媒体上发布招标公告，吸引众多企业单位来参与竞争，招标人从中择优挑选中标单位的招标方式。

（2）邀请招标

邀请招标也称有限竞争性招标或选择性招标，即由招标单位选择一定数目的合格企业（不少于 3 家），向其发出投标邀请书，投标单位在规定的时间内向招标单位提交投标意向，购买投标文件进行投标。

国外在建筑领域还有一种使用较为广泛的采购方法，被称为议标。实质上即谈判性采购，是采购人和被采购人之间通过一对一谈判而最终达到采购目的的一种采购方式，不具有公开性和竞争性，因而不属于本法所称的招标投标采购方式。议标也称非竞争性招标，其实质是一种合同谈判形式，这种方式适用于国际工期短、专业性强或军事保密性工程，可以尽快达成共识，节省时间，迅速开展工作，缺点是无法获得有竞争力的报价。

三、招标采购的适用情况

第一种是国家法律法规规定必须采用招标的。比如，大型基础设施、公用事业等关系社会公共利益与公众安全的项目；全部或者部分使用国有资金投资或者国家融资的项目；使用国际组织或者外国政府贷款、援助资金的项目。

第二种是标准化程度高、竞争性充分的物料采购项目。

第三种是比较重大的采购项目。比如，采购批量比较大、涉及资金较多或者需要寻找长期合作的供应商。但要考虑市场竞争的充分性，有较多的供应商可以参与到招投标过程中。

第四种是一次性（特别是工程类）项目的采购。

公开招标这种采购方式已经广泛应用于采购过程中，许多公司制定了非常规范的公开招标管理制度、实施流程。公司通过实施招标一般可以很好地找到降本的机会。其优势在于能够最大限度地选择投标供应商，竞争性更强、择优率更高。同时，由于流程较多，一般耗时较长，成本也较高，在招标采购中很多企业忽略了供应商绩效管理，招标采购过分关注过程的公开、公平、公正，而忽略了采购绩效的评估和对供应商的有效管理。因此，对于采购标的较小、专业性较强的项目，由于有资格承接的潜在投标人较少，或者需要在较短时间内完成采购任务等，可以采用邀请招标或谈判的方式达到成本最优。

四、招标采购的流程

招标采购是一个比较大的项目管理活动，需要对招标全过程进行科学梳理，分步骤，抓关键。招标采购整体流程分为 5 个关键环节，即招标、投标、开标、评标和定标。招标采购流程如图 4-1 所示。

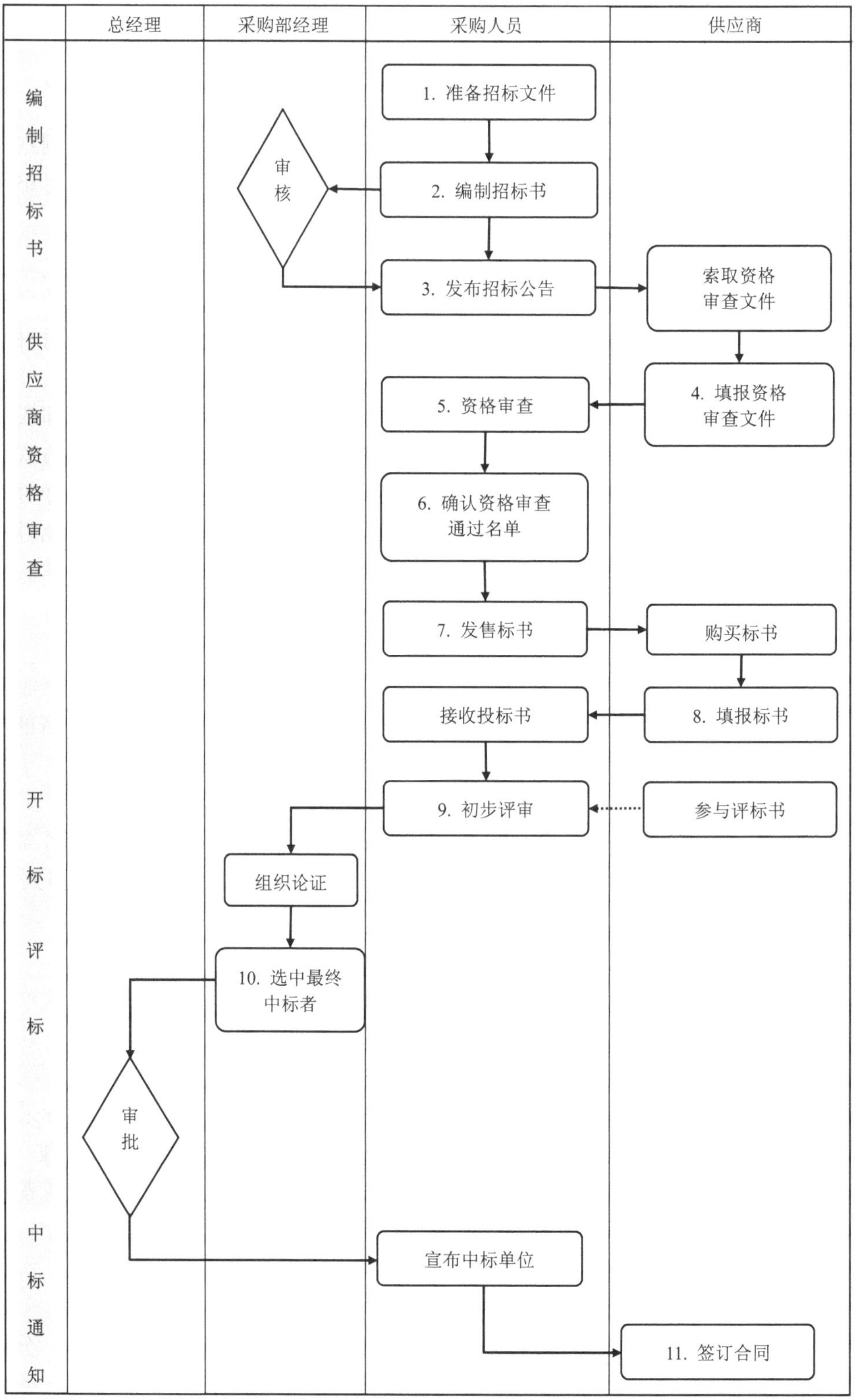
总经理
采购部经理
采购人员
供应商
编制招标书
供应商资格审查
开标评标
中标通知
1. 准备招标文件
审核
2. 编制招标书
3. 发布招标公告
索取资格审查文件
4. 填报资格审查文件
5. 资格审查
6. 确认资格审查通过名单
7. 发售标书
购买标书
接收投标书
8. 填报标书
9. 初步评审
参与评标书
组织论证
10. 选中最终中标者
审批
宣布中标单位
11. 签订合同

图 4-1 招标采购流程

1．招标

广义的招标是指由招标人发出招标公告或通知，邀请潜在的投标商进行投标，最后由招标人通过对各投标人所提出的价格、质量、交货期限和其技术水平、财务状况水平等因素进行综合比较，从而确定最佳的投标人为中标人，并与之签订合同的过程。狭义的招标是指招标人根据自我需要，提出一定的标准或条件，向潜在的投标商发出投标邀请的行为。招标阶段的主要工作包括：

（1）招标文件编制

标书文件一般包括商务部分和技术部分。商务部分，企业一般是模板化重复利用，着重介绍标书的内容、招标目的、回复标书装订顺序等；技术部分，着重介绍招标产品或服务的技术要求、售后服务、注意事项等。企业要明确文件中的相关技术细节，避免理解不一致而导致后续一系列成本的产生。

（2）招标项目审批

招标项目审批包括采购方式的合理性、预算的合理性、评议标准等。有效的审批，可以在预算环节进行有效的成本控制，并降低任意性风险发生的可能。

（3）公开招标公告

在相关网站或其他传播媒介渠道上公开招标公告并预留足够的公示期，让投标人有充分的时间了解招标要求、准备投标文件。在民营企业的招标采购实践中，企业一般预留5～10天的投标文件准备期，这与政府招标采购时间规定有一定的差异。

2．投标

（1）供应商报名

对于公开招标的项目，供应商可以在公示期内参与报名，按照要求提交资格审查文件。对于邀请招标，供应商一般反馈“招标参与确认函”，自行按要求直接进行后续的投标工作。

（2）资格审核

公开招标项目，报名时间截止后，应进行资格审查，根据提交的资料，判断供应商参与项目的资格，保证招标质量。

（3）竞争性检查

参与投标的供应商的选择是影响企业招标效果的关键因素。差异过大的供应商同台竞争，招标结果可想而知。企业的竞争性检查，要保障同档次的供应商参与竞争，要保障3家及以上供应商参与投标。如果供方不满足竞争要求，则建议延期开标或修改招标要求。

（4）投标费及保证金收取

为了规避招标风险，企业在投标之前一般会收取投标保证金，长期合作的供应商一般可交纳年度保证金。另外，企业委托第三方招标代理机构负责项目时，第三方机构会收取标书费。

（5）供应商投标

供应商按照招标文件指示与相关要求，将投标文件密封送到指定地点。

3．开标

（1）组建评标委员会

开标之前，可通过手工选择或随机抽取的方式选择评标专家，组建评标委员会。组建过程及结果应注意保密，避免泄露专家信息，以提高评议的公平和公正性。

（2）组织开标

很多企业组织开标时会邀请多人到场，拆分标书、唱标、开标需花费的时间比较长。随着信息技术的发展，采用电子招投标系统则可通过技术手段保障开标前报价密封、开标后统一公示，可以便捷高效地完成开标，节省采供双方的成本。

4. 评标

（1）议标

招标法定义的是一次报价，即所有的投标企业只有一次报价机会。如果开标前进行了充分沟通，供应商非常清楚服务标准和内容，设置一次报价方式，供应商可以充分考虑成本和竞争关系，选择自己合理的报价，这样不仅程序简化，也可避免出现串标现象。有些时候，招标说明不能充分表明企业需求，双方需要在招投标过程中不断协商、调整，确定技术或商务内容，在这种情况下就会发生多次澄清和确认。

（2）评标

评标专家是影响评标质量的关键因素。企业可以在需求部门、专业技术部门内部挑选对业务比较熟悉、责任心强的人建立企业评标专家库。评标环节的要点是保障参与的评标专家具备良好的专业性，选择的评标方法要具备足够的科学性。

5. 定标

招标采购结果一般为专家评议的结果，会按照综合评分结果排名确定中标的供应商及供货比例。有些企业在定标环节经常是领导做主，极端情况下还可能在投标单位之外另行选定供应商，这些是非常不可取的。评标定标的关系是对供应商选择推荐权与决策权的分离。定标应严格按专家推荐排序，如推荐排名第一不符合，需要说明理由，然后依次定标。如果全部投标人不合格，则可以重新进行招标。

企业招标最后的结果一般会以中标通知书的方式告知中标方，并要求中标方按照招标文件和投标文件的约定签订合同，执行供货或服务。

五、企业搭建招标系统的关键因素

（1）组织机构建设

“立其身必先正其名”，企业进行招标采购，首先要开展招标组织的构建，组建实施主体，如招标中心、招标办公室、招标委员会等，使招标采购有明确的责任主体。然后对招标采购组织各部门职责进行定位，对其职责做明确细化，以方便后期工作的开展。

（2）制度流程建设

“没有规矩，不成方圆”，企业在组织架构的基础上要制定招标采购的管理制度和流程，包括但不限于：招标立项的审批要求、项目发布范围、公告公示期、供应商的选择方式（公开、邀请）、投标文件的编制要求、投标各时间节点要求、标书费及保证金说明、评标规则、专家选择方式等，使实际操作者和参与者都有章可循、有章可依。另外，在执行整个流程时，我们还要有标准化的评审体系。评标规则是否科学，规则执行是否能严格按照标准，很大程度上决定评标结果的合理性。所以，企业要根据自身的需求和实际情况综合考虑，在提高招标效率的同时，更科学地利用这些流程制度。在实际操作中可以根据招标对象的差异，对采购物资进行分类，为不同类别物资设计招标管理流程，再通过实践持续改进。

（3）供应商资源建设

招标采购要做得好，企业必须有好的供应商资源来支持。企业建立合格供应商资源库和完善的供应商评价制度将使招标采购事半功倍。有了好的供应商资源库会免去很多前期考察、资格审查等管理工作，帮助企业用节省的精力和时间去关注更有价值的工作。

（4）人才队伍建设

好的制度离不开专业的人去执行，招标采购也是一样的。专家团队作为招标采购的评议人在很大程度上决定了招标结果。尤其在一些专业化程度高、技术复杂的项目中，好的专家能利用自身的专业知识，根据企业自身的需求在技术部分给企业遴选出最优方案，所以如何发现、储备自己的专家人才，培育专业人才队伍，发挥专家人才的作用，是我们在搭建招标采购系统时需要考虑的关键问题。

六、供应链管理理念下招标采购的不足之处

（1）供应链安全稳定问题

在供应链管理理念下，企业希望得到安全稳定的资源供给以及高质量的产品，但是公开招标“一次性”的特点，使中标供应商具有较大偶然性，不可避免地带来供应链关系动荡，增加了企业后续维护成本、协调管理成本，更难以与供应商建立长期合作的伙伴关系、共同推动企业成本下降与技术进步、提升企业可持续发展竞争力。特别是在卖方市场情况下，动荡的供应链关系给企业供给安全带来较大风险。

（2）高效敏捷供应问题

企业要求供应链能快速响应需求，并能提供个性化解决方案，提高企业市场响应能力，招标采购周期较长，程序刚性，对企业市场响应带来较大影响，如中国石化这样的炼化一体化特大型生产企业，原材料市场价格变动频繁，生产装置设备材料缺货成本较高，需要快速供应，敏捷供应，但招标周期普遍要一个多月，无法适应生产建设需要。

（3）采购性价比问题

企业希望能够采购到物有所值的产品，实现性价比最优、全生命周期总成本最低。采购的产品能够为企业创造价值，包括直接成本节约、间接成本节约以及推动企业生产优化、技术进步、创造效益。当前招标采购是“一锤子买卖”，遵循“低价优先”原则，难免会出现“低价中标”现象，导致劣质低价，或者合格不好用，甚至出现“天价中标”现象，给企业利益带来损害。

（4）推进创新发展问题

招标采购一般倾向于低价优先，新技术、新产品、新材料由于成本问题，参与投标时往往处于劣势，不利于中标。一些科研攻关产品，合作开发产品采购，没有相应法律支持流程，也需要实行招标，难以达到理想效果。

（5）诚信体系建设问题

目前招标采购中围标串标，弄虚作假骗取中标，以及恶意异议投诉等现象仍然存在，严重干扰了正常采购秩序，导致招标人利益受损。如果当前异议投诉成本较低，则导致招标人处于被动地位，一些投标人只要不中标就提出异议或投诉，迫使招标项目暂停，招标人要付出高昂处理成本，影响企业生产建设进度，特别是引发舆情问题，影响企业声誉。

（6）监督体系建设问题

招标采购是各类审计、巡视等必查项目，因此企业具体操作人员往往更加注重采购程序的合规性，不太重视采购结果的科学性。一些企业为了做到“程序合规”，不断扩大招标范围，即使不具备招标条件的也“逢采必招”，过度招标，导致“低价中标”“高价中标”“合格不好用”等问题的出现。因此，招标采购既要注重程序合规，又要关注采购结果的科学合理。

任务四　订货点采购

一、订货点采购的相关概念

订货点采购是在需求相对稳定的环境下，独立需求物资的库存控制策略，即设定一个库存量水平作为再订货点（reorder point，ROP），当库存量下降至再订货点时就开始进行补货的一种采购方式。一般情况下，当库存量低于再订货点时，若不发出补货订单，则会出现缺货现象，从而产生缺货成本。因此，再订货点就是补货的启动控制点，是企业采购订单下达和库存控制的重要决策点。另外，还需要确定的另一个决策点则是订购数量。这样就明确地解答了采购部门应该什么时候下达采购订单，一次采购订单的订货量是多少的问题，使库存持有量在满足用户需求的情况下实现最小化。几种相关的补货策略和库存控制模型如下：

1．连续检查和周期检查

库存控制的前提是库存检查，通过库存检查能准确掌握各项库存产品的数量，库存检查策略包括连续检查和周期检查两种。连续检查是指随时检查库存量，当库存降至再订货点时即发出订购指令，这是典型的订货点采购法采用的库存检查策略。这种库存检查策略工作量较大，适用于价值量高、允许缺货率低、需求量波动较大的产品。周期检查是按设定的时间间隔对库存进行盘点，发现库存量低于再订货点便随即发出订货指令，这时订货点不再是某个预设的库存量水平，而是某个时间点。这种策略工作量不大，适用于价值量不高、允许适度缺货、需求规律稳定的产品。

2．单周期补货和多周期补货

产品需求是单周期还是多周期会影响补货策略的选择。单周期补货针对一次性需求产品，它们的有效期短，库存风险成本高，一般一段时间内仅订购一次，消耗完也不再补货，不适用于订货点采购法。多周期补货针对重复性需求产品，它们的需求持续时间长，需要多次补货，如多数工业品都属于这种产品，适用于订货点采购法，可以重复执行订货点采购策略。

3．确定型库存模型和随机型库存模型

产品的供给和需求的确定性是影响企业是否持有安全库存的重要因素，同时也会影响再订货点的库存水平或订购量。确定型库存模型适用于产品供需确定的情况，需求的确定性主要表现在需求预测准确无波动，供应的确定性主要表现在订货提前期（lead time，LT），即从采购订单下达到产品送达指定接收地点所需的时间周期，明确无波动。这时，再订货点的库存量水平只要满足订货提前期的确定需求消耗即可避免发生缺货。

随机型库存模型适用于产品供需不确定的情况，这时需求和订货提前期都可能发生随机波动，需要基于可接受的缺货概率确定安全库存量，并在设置再订货点时考虑安全库存。随机型库存模型更符合现实情况，也更为复杂。

二、连续性检查的订货策略

1. （Q，R）策略

该策略的基本思想是对库存进行连续性检查，当库存降低到再订货点 R 时，即发出一个订货，每次的订货量保持不变，都为固定值 Q，其运行原理如图 4-2 和图 4-3 所示。

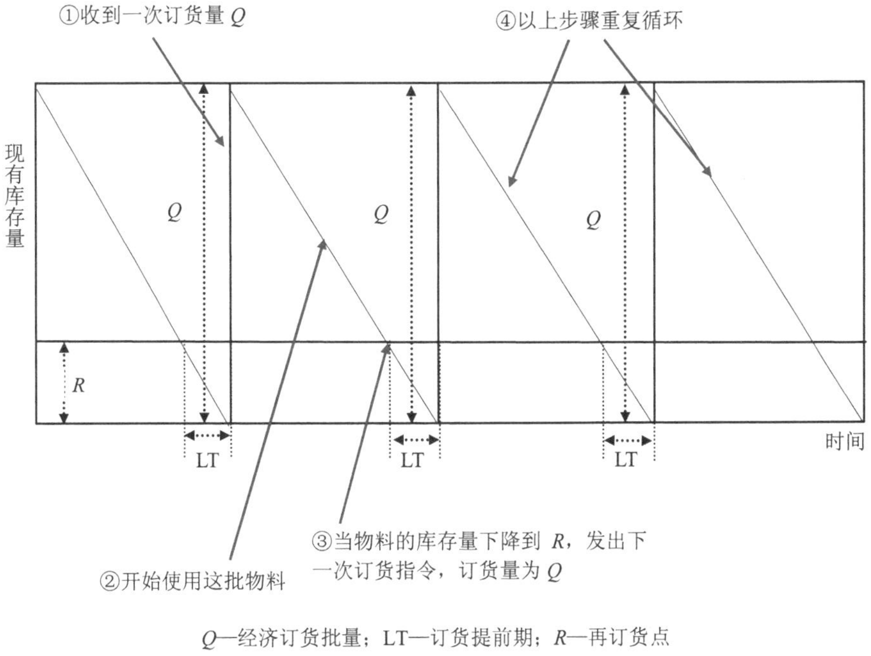

图 4-2　定量订货模型原理（需求确定且均匀）

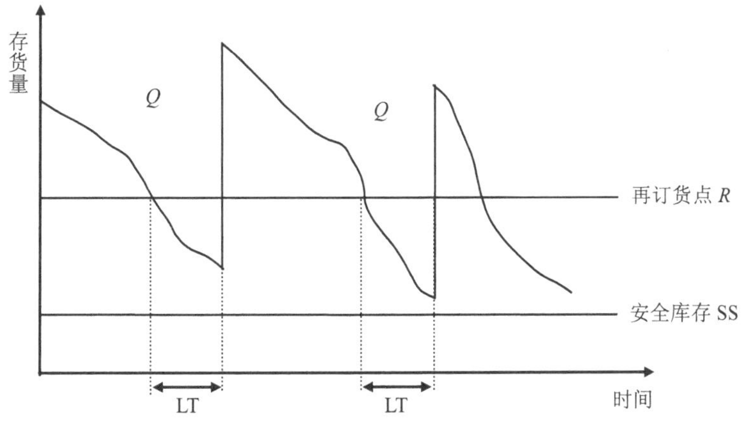

图 4-3　定量订货模型原理（需求不确定）

2．（*R*，*S*）策略

该策略是随时检查库存，当库存量降低到再订货点 *R* 时，按照设定的最大库存量 *S* 与现有库存余量 I_1 的差值进行订货，订货量为（$S-I_1$）。经过 LT，库存补充（$S-I_1$），库存到达 *A* 点。再经过一个固定的检查时期 *T*，又发出一次订货，订货量为（$S-I_2$），经过 LT，库存水平又达到新的高度 *B*。如此周期性检查库存，不断补给。该策略不设订货点，只设固定检查周期和最大库存量。

3．定量订货模型的经济订货批量

经济订货批量（economic order quantity，EOQ）基于对相互悖反的库存相关成本的平衡，是能使总采购成本最低的订货量。基本 EOQ 模型设置一系列假设条件：

1）需求是确定且稳定的，已知市场对库存的需求量及其速率，均为常量。

2）每次订货批量无最大或最小的限制。

3）采购价格及其包含的运输费用均无批量折扣，且为常量。

4）供应是确定的，订货提前期已知，且为常量。

5）单次订购成本是一个已知常量，且与订货批量无关。

6）库存持有成本是库存量的线性函数。

7）没有缺货，不考虑缺货成本。

8）订货一次性交付。

在年采购量一定的情况下，因采购价格是常量，单次订购批量的大小不影响年采购成本，却会影响库存持有成本和订购成本。单次采购批量越大，年订购次数越少，平均库存保有量越多，订购成本越低且库存持有成本越高。存在理想的订货数量使库存持有成本与订购成本的总值最低，如图 4-4 所示。

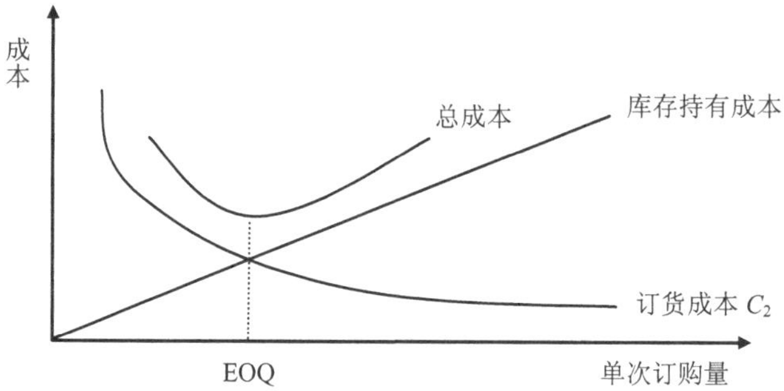

图 4-4　EOQ 模型原理

库存持有成本用 C_1 表示，与单次订货量成正比；订货成本以 C_2 表示，与单次订购量成反比。目标函数是最小化总成本（*C*），经济订货批量公式如下：

$$\text{EOQ}=\sqrt{2SD/H}=\sqrt{2SD/ph}$$

式中，*S* 为单次订货成本；*D* 为年需求量；*H* 为年单位库存持有成本。当 *H* 未知时，可以通过 $H=ph$ 计算，其中 *p* 为单价；*h* 为年库存持有成本率（通常在企业中，*h* 参照资金回报率设定）。

【例题 4-1】某公司销售某型号的加工机械，每年销售量 2000 台，公司向上游供应商订货时每次产生订货费 25 元，年单位库存持有成本约为 50 元/台，请问该公司每次的经济订购批量是多少？

解答：$\text{EOQ}=\sqrt{2SD/H}=\sqrt{2\times25\times2000/50}\approx45$ 台

4．定量订货模型的再订货点

再订货点取决于两个因素，即年需求量（或需求速率）与订货提前期。根据假设条件的不同，再订货点的计算有所差异。

（1）假设需求确定且需求速率不变、订货提前期固定不变

此时，再订货点为

$$\text{ROP}=\text{LT}\times R$$

式中，ROP 为再订货点的库存量；LT 为订货提前期；R 为需求速率（或单位时间的需求量）。

【例题 4-2】某公司销售某型号的加工机械，每年销售量 2000 台，一年按照 365 天计算，公司每次按照经济订货批量向上游供应商订货，一般采购订单下达后 7 天内货物送达，假设年需求量稳定且均匀，请计算再订货点的库存量。

解答：

已知订货提前期 LT=7 天

需求速率 $R=2000/365\approx5.5$ 台/天

$\text{ROP}=\text{LT}\times R=7\times5.5=38.5\approx39$ 台

注：需求稳定的前提下，为避免缺货，此数一般向上取整。

结合例题 4-1 的 EOQ 计算结果，就可以作出定量订货的决策，即当库存量下降到 39 台时下达采购订单，每次的采购量为 45 台。

（2）假设需求或订货提前期存在不确定性

当需求或订货提前期有波动时，需要设置安全库存（safety stock，SS），再订货点为

$$\text{ROP}=\text{LT}\times R+\text{SS}$$

SS 的计算分以下三种情况：

1）需求波动，订货提前期确定的情况，这是最常见的；

2）需求确定，订货提前期有波动的情况；

3）需求和订货提前期都有波动的情况。

这里重点学习第一种情况，SS 计算公式如下：

$$\text{SS}=Z\sigma_{\text{d}}\sqrt{\text{LT}}$$

式中，Z 为给定现货供应水平下的安全系数，使用 Excel 函数功能计算时 Z=normsinv（现货供应比率）；σ_{d} 为订货提前期内的需求量的标准差；LT 为订货提前期。

【例题 4-3】某公司销售某型号的加工机械，公司每次按照经济订货批量向上游供应商订货，一般采购订单下达后 7 天内货物送达，假设需求有随机性，每日销售的均值为 20 台，符合标准差为 5 的正态分布，希望满足的补货周期现货服务水平（CSL）为 95%。其他条件不变，请确定再订货点的库存量。

解答:

已知订货提前期 LT=7 天,

需求速率 R 此时为日需求均值 20 台,

安全系数 Z=normsinv(0.95)=1.65。

需求波动的标准差 $\sigma=5$,

在需求波动但订货提前期确定的情况下,

$SS=1.65\times5\times\sqrt{7}=21.83$ 台。

为满足现货服务水平,向上取整为 22 台。

$ROP=LT\times R+SS=7\times20+22=162$ 台。

三、周期检查的订货模型

1. 定期订货模型运行原理

周期检查的定期订货模型是按照预先确定的订货周期(T)检查库存量,并下达订货指令,将库存补充到设定的目标水平(最大库存量 S),也称(T,S)策略。其运行原理如图 4-5 所示,可见这种模型并不设置再订货点库存量,而是以固定的订货周期作为订货点。

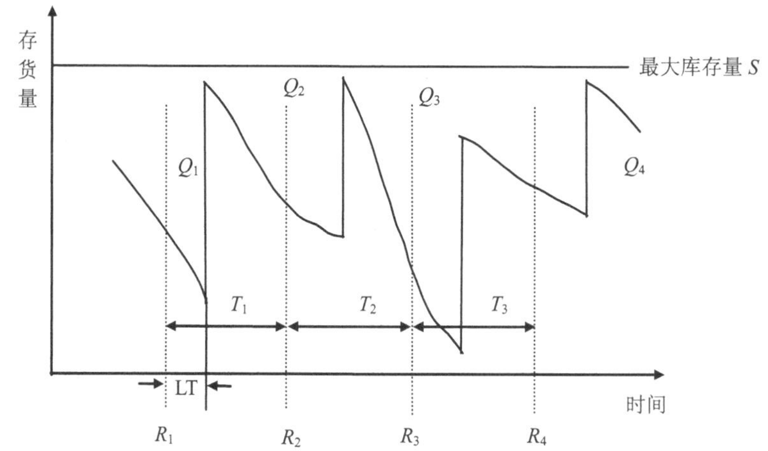

图 4-5 定期订货模型运行原理

2. 定期订货模型的最大库存量

在定期订货模型中,

$$最大库存量(S)=订货数量(Q)+库存余量(I)$$

式中,库存余量即定期检查库存时的实际库存量,应能满足订货提前期(LT)内的需求,而订货数量(Q)则应满足订货周期(T)内的需求。

因此,最大库存量:

$$S=Q+I=LT\times R+T\times R$$

式中,R 为订货提前期和订货周期内的需求速率,即单位时间的需求量。

当需求或供应存在不确定性时,还需考虑安全库存量(SS),则

$$最大库存量\ S=(LT+T)\times R+SS$$

式中，SS 的确定与前文介绍的方法相同。

3．定期订货模型的订货周期

订货周期的确定有定性和定量两种方法，定量方法可以参照定性方法加以微调。

（1）定性方法

企业可以根据自身的情况，灵活确定具体的订货周期，如根据存货 ABC 分类，对 A 类货物每天检查，B 类货物每周检查，C 类货物每月检查。这时确定订货周期主要考虑一些定性的因素，如管理的方便性、可投入资源的衡量及历史经验的判断等。

（2）定量方法

若采用定量方法，可根据经济订货批量确定一段时间的订货次数，进而确定订货周期，也称经济订货周期。

$$\text{经济订货周期 } T=365\text{ 天}/（\text{年需求量 } D/\text{EOQ}）$$

【例题 4-4】某零食销售企业的某种商品计划采用定期采购的方式，该商品的市场需求随机波动性符合正态分布，由历史销售数据和库存数据计算得出该商品日均消耗量为 400 箱，标准差为 6 箱。该商品每次的订购成本为 150 元，商品单价为 60 元，每年库存持有成本率为商品单价的 5%，订货提前期为 4 天，希望保证 95%现货供应比率（对应安全系数为 1.645），试确定合适的订货周期和最大库存量（每年按照 365 天计算）。

解答:

1）计算 EOQ，确定订货周期:

$$\text{EOQ}=\sqrt{2\times SD/H}=\sqrt{2\times150\times400\times365/（60\times5\%）}\approx3821\text{ 箱}$$

订货周期 T=365/（年需求量 D/EOQ）=365/（365×400/3821）≈10 天

2）这属于需求波动而订货提前期确定的情况，则安全库存为

$$\text{SS}=Z\sigma_{\text{d}}\sqrt{\text{LT}}=1.645\times6\times\sqrt{4}\approx20\text{ 箱}$$

3）最大库存量为

S=（LT+T）×R+SS=（4+10）×400+20=5620 箱

任务五　JIT 采购和 VMI 采购

【企业实践案例 4-5：关于 JIT 采购相关问题的研讨】

唯品会的采购模式

在互联网产业高速发展的今天，唯品会作为大众所熟知的国内互联网电商平台，其以高性价比的商品销售而著称。相比国内其他电商平台，唯品会的采购模式有所不同，下面我们对唯品会的采购模式进行分析。

一、创业摸索阶段：唯品会外采自营

唯品会通过档期进行特卖销售，因此在运营的档期计划排好后，会在档期开售一周前向采购人员进行请货，采购人员将需要采购的商品通知品牌供应商备货，并运送到指定的唯品会自营仓库，仓库收货，也就意味着货权的交换。收货后，仓库的业务人员将货品上

架，待档期产生销售订单后，由仓库进行打包，并由物流服务商完成订单的配送。整个销售环节，品牌供应商只负责将采购的货品交付到相应的仓库，不参与订单履约环节，很好地保证了会员资料不被品牌方获取。这种业务模式管理简单，但也存在诸多弊端：

1. 资金压力：由于平台是先买货，再卖货，当平台规模比较小时，资金尚且可以周转，但是当平台交易量爆发式增长时，备货量倍增，资金压力也倍增。

2. 积货压力：企业采购都是基于对销量的预测，但是预测始终是预测，采购的货品卖不出去时，对企业来说就增加了仓储的成本，即便可以退货，采购价和退货价之间的差额，对企业来说也是一笔不小的损失。

3. 仓储成本：平台规模越来越大，对库存的深度和 SKU 的种类要求越来越高，仓储的成本也就越来越高。SKU 的宽度和种类受到了非常大的限制。SKU 宽度：同一个 SPU 下，SKU 的个数，唯品会上的品类主要集中在鞋服，而鞋服是 SKU 宽度最广的类目，如一双特定的球鞋，其 SKU 由颜色和尺码决定，尺码可能横跨 26 ~ 45 码将近 20 个尺码，如果再与颜色款式进行组合，可能会多达几十个 SKU。

唯品会采用自采模式，就意味着，想要覆盖全面 SKU，就要扩大采购规模，增加成本，如果任由 SKU 的宽度小，对于消费者来说，不是一个很好的体验，辛辛苦苦挑选到的商品，尺码款式却选不到合适的，长此以往，平台就会流失这些会员。随着交易量的不断增长，自营的平台都会碰到上述问题，京东为了解决这些问题，给出的答案是商家入驻，京东提供流量和平台，由品牌商家在平台运营销售。而唯品会给出的答案是 JIT 业务模式。

二、成长阶段：唯品会 JIT-以销代采模式

档期开售前，品牌供应商会将其 SKU 以及库存情况提交给唯品会，唯品会根据品牌方的库存情况，开档销售，当用户下单后，唯品会根据订单的商品信息，通知品牌供应商进行配货，品牌供应商在时效要求的时间内，将商品运送到唯品会仓库，唯品会收货后，统一进行货品打包，并交付物流服务商派送。JIT 模式虽然很好解决了当前业务的问题，但是随着业务量越来越大，这种 JIT 模式也出现了一系列新问题。在这样的背景下，诞生了新的业务模式：JITX 模式。

三、成熟阶段，降本提效：JITX 模式

用户下单以后，唯品会订单会将与消费者相关的私人信息留下，并将订单的商品信息推送给供应商。供应商对订单包含的商品进行配货，并将分配的仓库回传给平台。平台将品牌供应方传到平台的发货信息以及订单上的收货人信息，传给物流服务商。物流服务商根据收发货信息，生成加密后的电子面单。品牌供应商通过开放接口，获取到这一部分电子面单，并对订单进行贴面单发货，打包好的订单等待快递收货并配送给消费者。

JITX 模式下的订单履约：

1. 省去了品牌方到唯品会仓库的配送过程，品牌供应商有充足的时间完成订单的履约，同时降低了物流成本，唯品会仓库不需要进行二次分拣打包，减轻了自营仓库的人力和周转压力。

2. 品牌供应商在整个订单履约过程中只能从平台获取到订单的商品信息，无法获取到会员资料，物流服务方只能从平台获取到收发货信息，无法获取到售卖商品信息，很好地保证了核心会员资产的安全。

资料来源：财慧团队微信公众号　时间：2022-11-21

请结合以上案例及下述关于 JIT 采购的相关知识点，对以下问题开展研讨与分析：

1）唯品会这种以销带采的 JIT 模式相较传统的外采自营有何优势？

2）JITX 模式与 JIT 采购模式相比，有何优势？

一、JIT 采购

1. JIT 理念的产生与发展

准时制（just in time，JIT）理念源于日本丰田公司在 20 世纪 60 年代实行的一种生产运作管理方式。1973 年爆发的全球石油危机及引起的日益严重的自然资源短缺，对当时靠进口原材料发展经济的日本冲击最大。生产企业为提高利润，增强公司竞争力，在原材料成本难以降低的情况下，只能从供应链其他环节寻找利润来源，降低采购、库存、运输等环节产生的额外费用。丰田的这种 JIT 生产理念通过石油危机的考验之后，已经大体实现。随后，其他许多日本公司也采用这一技术，为日本经济的发展做出了重要贡献。

日本企业的高速发展，引起了西方企业界的普遍关注。西方企业家追根溯源，认为日本企业在生产经营中采用 JIT 思想和管理理念，是其在国际市场上取胜的基础。因此，20 世纪 80 年代以来，西方经济发达国家开始重视对 JIT 的研究和应用，并将它用于生产管理、物流管理等方面。有关资料显示，1987 年已有 25%的美国企业应用 JIT 理念。JIT 理念已从最初的一种降低库存水平的方法，发展成一种内涵丰富，有特定知识、原则、技术和方法的管理哲学。

2. JIT 采购的原理和内涵

（1）JIT 采购的原理

JIT 采购的基本原理是以需定供，即供方按照需方对品种、规格、质量、数量、时间、地点等的要求，将物品配送到指定的地点。不多送，也不少送；不早送，也不晚送；所送品种要保证质量，不能出现废品。企业实施 JIT 采购要争取做到以下三个方面：

一是争取实现零库存：用户需要多少，就供应多少。不产生库存，也不占用流动资金。

二是争取实现零废品：最大限度地减少废品流动所造成的损失，废品只停留在供应方，不会配送给客户。

三是争取实现零浪费：不需求的商品，就不订购，这样既可避免商品积压、过时、质变等浪费，也可免去不必要的订货手续、装卸环节、检验手续，减少相应的费用支出。

（2）JIT 采购的内涵

JIT 采购是一种先进的采购模式，也是一种先进的管理思想。JIT 采购的基本思想是在恰当的时间、恰当的地点，以恰当的数量、恰当的质量提供恰当的物品。它是从准时制生产发展而来的，是为了消除库存和不必要的浪费而进行的持续性改进。要进行准时制生产，必须有准时制供应，因此 JIT 采购是准时制生产管理模式的必然要求。在质量控制、供需关系、供应商的数目、交货期的管理等方面，它和传统采购方法有许多不同，供应商的选择（数量与关系）、质量控制是其核心内容。

JIT 采购对贯彻实施供应链管理思想具有重要的意义。供应链采购模式和传统采购模式的不同之处在于采用订单驱动的方式。订单驱动使供应与需求双方都围绕订单运作，也就实现了准时制、同步化运作。要实现同步化运作，采购方式必须是并行的，当采购部门产生一个订单时，供应商即开始着手物品的准备工作。与此同时，采购部门要编制详细的采购计划，制造部门也要进行生产准备。这样，当采购部门把详细的采购单提供给供应商时，供应商就能很快地将物资在较短的时间内交给用户。当用户需求发生改变时，制造订单又驱动采购订单发生改变。如果没有这种准时的供应方式，供应链企业很难适应这种多变的市场需求，因此，JIT 采购增加了供应链的柔性和敏捷性。因此，JIT 采购策略体现了供应链管理的协调性、同步性和集成性，而供应链管理也需要 JIT 采购来保证其整体同步化运作。

3. JIT 采购的特点

（1）采用较少的供应商，甚至单源供应

传统的采购模式企业供应商的数量相对较多，供应商之间相互竞争和牵制，为企业获取较低的采购价格提供了便利。而 JIT 采购一般供应商数量较少，甚至是单源供应。这样做的优势在于：一方面，便于企业开展精准有效的供应商管理；另一方面，有利于供需之间建立长期稳定的合作关系。但是，采用单一的供应源也有风险，如供应商可能因意外原因而中断交货或者供应商缺乏竞争意识等，这就需要实施 JIT 采购的企业制定科学合理的供应商管理和绩效考评制度，防止此类问题的发生。

（2）供应商的选择标准更加多元化

在传统的采购模式中，价格是选择供应商的重要指标。但在 JIT 采购模式中，企业更关注供应商的合作能力，因此对供应商的要求就比较高。在选择供应商时，需要对供应商进行综合的评估。除了考虑价格指标，产品质量、交货的及时性、订单响应的柔性化水平也是很重要的选择标准之一。

（3）对交货准时性的要求更高

JIT 采购的一个最大的特点是要求交货准时，这是实施精益化生产的前提条件。交货准时取决于供应商的生产与物流条件。对于供应商而言，要提高交货的准时性，可从以下几个方面着手，一是不断改进企业的生产条件，提高生产的可靠性和稳定性，减少延迟交货或误点现象；二是高度重视物流管理，物流的效率、稳定性和柔性化程度决定供应商在产能足够的情况是否能够准时交货。

（4）对信息共享的程度要求更高

由于 JIT 采购对交货时间、地点、数量、品类有精确的要求，为适应 JIT 采购的要求，就需要供需双方之间的生产、物流等信息能够实现高度共享，以此来保证供应与需求信息的准确性和实时性。

（5）采取小批量订货策略

小批量采购是 JIT 采购的基本特征之一，准时制生产需要减少生产批量，因此物资的采购批量也随着生产批量的减少而减少，这对供应商的物流服务能力提出了较大的考验，目前很多供应商选择在离采购商较近的地理范围内建厂，以此来保证及时供应。

4. 实施 JIT 采购的前提条件

（1）采购商有足够的市场影响力

采购商在供应链上有足够的市场影响力，能够让供应商愿意配合其生产运作计划。这就决定了并非所有企业都可以用 JIT 采购模式。很多企业只能对部分竞争性物料采用 JIT 采购，这也是为什么现在成功实施 JIT 的企业都是大型企业。

（2）配送距离不能太远

JIT 采购要求供应商必须做到及时供应，这就需要供应商在需求单位附近有厂区或中转仓，这样才能满足采购方的动态物料需求。丰田将自己的供应商分为核心供应商、战略供应商、一级供应商、二级供应商，以丰田为圆心，核心供应商与战略供应商在丰田装配厂 50 km 的范围内，一级供应商和二级供应商分别围绕核心供应商与战略供应商进行 50～100 km 的布局，整体围绕丰田进行零配件供应商的供应圈在 500 km 范围内。

（3）采购额度大

JIT 采购对供应商的各方面要求都比较严格，因此供应商为此付出的成本也是巨大的，需求方的年采购额度占供应商 50%甚至以上的年销售额度，即采购方是供应商的大客户，供应商才有全方位的服务基础和动力。

（4）拥有畅通的信息化系统

JIT 采购对信息共享的程度要求更高，平台化、信息化看板系统是实现 JIT 采购的关键，因此供应商要注重信息系统的建设。

（5）供应商管理方法要科学、合理、有效

选择最佳的供应商并对其进行有效的管理是 JIT 采购顺利实施的基石；激励供应商提供准时有效的供应，是 JIT 采购成功的钥匙；卓有成效的采购过程监督与控制，严格监控质量是 JIT 采购成功的保证。

【企业实践案例 4-6：关于 VMI 采购相关问题的研讨】

京东物流与白象食品达成战略合作　携手打造食品行业一体化供应链新标杆

2022 年 9 月 21 日，京东物流与白象食品战略合作签约仪式在河南郑州举行。京东物流将通过优化供应链仓网布局、多级库存管理，为白象食品提供仓配运一体化服务，实现仓储前置，以最大限度匹配消费者需求，提升配送时效。

白象食品是一个老品牌，在全国 10 个省市有 11 个生产基地，全国都有销售网点，还出口到国外 66 个国家和地区。2022 年 3 月，白象食品订单激增，很多订单积压无法发货。当时京东物流用 2 天时间为其搭建了日均产能 8 万件的临时仓库，才保障数百万订单发往全国各地。临时仓库只是救急用，后来双方合作升级，从七大中心仓到仓，到线上渠道 B2C 同仓一体化，再到仓配运一体化，白象食品的整个供应链仓网布局都进行了优化。达到的效果是，白象食品线上线下不同渠道的货，可以统一到一个仓库备货，京东物流不仅能通过自身积累的大数据帮助预测每个渠道的销量，以及哪个口味在哪个地区更受欢迎，还能智能补货，这样就能让白象备货更精准，减少库存压力和跨区跨渠道来回调货的成本。全渠道一盘货分销，快速周转，快速配送，系统性减少供应链管理成本，这是一体化供应链物流服务带来的最直接效果。

资料来源：京东物流微信公众号　时间：2022-09-22

请结合以上案例及下述 VMI 采购的相关知识点，对以下问题开展研讨与分析：

1）京东物流是否属于白象食品的供应商？属于哪类供应商？

2）“京东物流的一体化供应链物流服务解决方案”是否能称为 VMI 模式？如果属于，应该属于哪一种 VMI 模式？

3）请分析京东物流与白象食品之间的这种合作模式，对于白象食品而言，有何好处？

二、VMI 采购

1．VMI 采购的内涵

供应商管理库存（vendor managed inventory，VMI）是一种采购商和供应商之间的合作性策略，是指需求方将库存数据共享给供应商，供应商根据需求方的当前库存和实际耗用数据，按照实际的消耗模型、消耗趋势进行科学补货的一种供货模式。其核心思想是供应商在用户允许的情况下设立并控制库存，确定库存水平和库存补给策略。供应商不再是被动地按照下游采购订单发货，而是根据对下游用户需求的整体把握而主动发货。所以，VMI 不是简单地将企业库存移至上游供应商，而是要通过这种主动的安排，加强上下游合作，以达到降低库存总体水平、减少双方成本、提升服务水平的目标。在这种模式中，供需双方都改变了传统的独立预测模式，尽最大可能减少独立预测的不确定性导致的商流、物流和信息流的浪费，降低了供应链的总成本。为缓解供需之间的问题，供需双方的交付逻辑由“对采购订单负责”转为“对采购方库存负责”。对供需双方来说都是以最低的成本优化产品的可获性，在一个相互同意的目标框架下由供方管理需方的库存。

在 VMI 模式下，采购商的原材料库存由供应商管理、负责，并承担由此产生的成本。因此，供应商就会利用各种方法降低这部分库存。如果供应链上的每个成员企业都这样做，整个供应链的成本就降低了，这是 VMI 模式的一个内在驱动力，同时能够降低因多重预测产生的“牛鞭效应”。

2．VMI 采购的原则

（1）合作原则

合作原则就是供需双方应拥有强烈的合作意识，重视合作的必要性，达成合作意愿，在彼此信任和信息共享的基础上，贯彻合作理念，提高管理水平，实现企业的良性、可持续发展。

（2）互利原则

互利原则指的是 VMI 涉及成本的分配方法、费用的承担比例以及成本的缩减等众多方面，VMI 的应用势必大幅减少供需双方的成本，增加利润，实现共赢。

（3）目标一致性原则

目标一致性原则的含义是供需双方通过谈判协定具体合作的框架协议，协议中规定供需双方的责任和义务，确立高度一致的合作愿景，界定具体相关责任人，加强企业各部门的联系，实现信息的及时沟通和传递。

（4）持续改善原则

持续改善原则是在传统库存管理模式下，供需双方只考虑各自利益，从自身的角度制定库存策略，无法共享信息和资源等问题，是实施 VMI 的瓶颈。只有进行连续改进的业务流程优化重组，才能实现信息的共享和资源的节约。

3．VMI 采购模式的优势

（1）降低供应链总体库存水平

采用 VMI 采购方式，供应商将直接面对下游用户的真实需求，这样能更好地安排生产和运输，降低作为缓冲的安全库存量。供应商能以更低的库存水平和更高的运输效率支持用户的运营，用户几乎消除了库存持有成本，实现双方共赢。

（2）提高服务水平和服务能力

采用 VMI 采购方式，供应商掌握用户的存货分布情况、能够主动平衡用户的各项采购需求或多个用户之间的需求，安排发货的先后顺序，从而提高现货供应这一衡量服务水平的指标。另外，供应商基于对用户需求更直接的感知，能快速调整补货策略，同步调整生产和运输，其产品的更新换代也会变得更快、更方便，从而提升服务能力。

（3）提升采购企业的核心竞争力

采用 VMI 采购模式的企业从常规的采购执行、库存管理、仓储管理等工作中解放出来，且大幅消除了库存资金占用，能够将更多资源投入其核心业务的研发、生产、营销中，从而提升核心竞争力。

4．VMI 模式分类

（1）“制造商-零售商”VMI 模式

“制造商-零售商”VMI 模式就是制造商向其客户提供供应商管理库存服务，通常是一家大型的制造商面向多个下游零售商供货，该制造商的管理水平高且处于主导地位，往往会按照零售商的地域划分服务区域，在同一服务区域内设立 VMI 仓库并向多个零售商供货。

（2）“供应商-制造商”VMI 模式

“供应商-制造商”VMI 模式一般是制造商主导，要求多个供应商按 VMI 方式向其供货。该制造商的话语权较大，希望通过 VMI 实现原材料、零配件的准时、高频供应，降低库存积压，各个供应商需要在制造商工厂附近建仓以提供服务。

（3）“供应商-第三方物流-制造商/零售商”VMI 模式

在上一种模式中，供应商各自建仓的高成本会转嫁到制造商的采购成本中，所以共用中转仓的方式更为经济，这时通常会引入第三方物流企业的统一管理，以统一的信息管理平台协调供应商和制造商之间的信息共享，执行对供应商库存的保管以及对制造商或零售商的补货配送。

JIT 和 VMI 都是通过对流程的优化改善和与供应商高度相关的信息共享程度，来降低不必要的周转库存和备货库存，简化了交付环节，提升了运营效率、降低了双方的运营成本，所以能够实现共赢。当然，JIT 和 VMI 的实施需要具备一定的客观基础，也需要供需双方的信任和共享共赢，所以并非任何企业和任何物料都可以用此方法，也不是单方面要求就可以落地实施。在实践中，很多企业将 JIT 和 VMI 作为接口，转嫁库存和风险给供应商。这与共赢的理念是背离的，相关企业也没有真正理解 JIT 和 VMI 的精髓和意义。

【课后习题】

一、多项选择题

1. 集中采购的类型包括（　）。

A. 需求集中　　　　B. 采购集中

C. 供应商资源集中　　　　D. 管理集中

2. 根据《中华人民共和国招标投标法》，招标分为（　）。

A. 公开招标　　B. 议标

C. 邀请招标　　D. 非竞争性招标

3. 以下适用于招标采购方式的有（　）。

A. 国家法律法规规定必须采用招标的项目

B. 标准化程度高、竞争性充分的物料采购项目

C. 比较重大的采购项目

D. 一次性（特别是工程类）项目的采购

4. 以下属于投标阶段工作的有（　）。

A. 招标文件编制　　B. 资格审核

C. 公开招标公告　　D. 投标费及保证金收取

5. 以下属于 VMI 采购原则的有（　）。

A. 合作原则　　B. 互利原则

C. 目标一致性原则　　D. 持续改善原则

二、判断题

1. 连续检查是指随时检查库存量，当售存降至再订货点时即发出订购指令，这是典型的订货点采购法的库存检查策略，工作量较大，适用于价值高、允许缺货率低、需求量波动较大的产品。（　）

2. 随机型库存控制模型适用于产品供需确定的情况，供应的确定性主要表现在订货提前期（LT）明确无波动，需求的确定性表现为产品消耗速率基本稳定。（　）

三、简答题

1. 实施集中采购的原因有哪些？

2. 联合采购的优势有哪些？

3. 实施 JIT 采购的前提条件有哪些？

四、案例分析题

中国电商巨头京东集团宣布，为了强化中国国内的生鲜食品事业，京东 7FRESH 将与永辉超市共赴泰国开启海外直采，计划在未来 3 年内联合采购价值约 50 亿元的榴莲和山竹。京东集团高级副总裁、7FRESH 总裁王笑松表示，很高兴看到 7FRESH 能与永辉超市联合直采，这是双方在生鲜供应链领域的首次深度合作，其行业意义远超采购规模带来的震撼感。请结合案例，分析以下问题：

1. 京东与永辉超市联合直采的合作基础是什么？这一行为能为双方带来哪些好处？

2. 京东与永辉超市联合直采中是否会出现上述的弊端？应如何规避？

【实战训练】

【实训目的】

通过本次实训，引导学生深入理解联合采购的内涵，同时能够分析出对于联盟企业而言开展联合采购有何优势。另外，对联合采购问题进行深入剖析，能够分析出联合采购实施过程中的困难，并提出有针对性的解决措施。

【实训内容】

请对全国首个“快递物流装备物资集中采购交易中心”及其线上平台“快采云”的发展历程及发展现状进行深入调研与分析，并形成调研报告。根据所学知识以及调研结果，在调研报告中对以下问题阐明自己的观点。

1. 请对快递行业开展联合采购的可行性和必要性进行分析。

2. 在快递企业开展联合采购过程中，“快递物流装备物资集中采购交易中心”应该发挥怎样的主体责任。

3. 在数字化采购和采购平台建设门槛不高的时代背景下，各大快递企业都建设了自己专属的招采平台，思考依托“快采云”推广快递行业联合采购有何难度？应该怎样破解？

【实训要求】

以学习小组为单位，组内分工协作，对“快递物流装备物资集中采购交易中心”相关问题进行广泛调研，深入剖析，并撰写调研报告，调研报告内容需剖析深入，内容齐备，格式规范。

【拓展学习任务】

关于企业招标采购的一些见解

1）谈谈你对“过程合规派”与“结果导向派”的看法。

2）在实际招标采购中，企业应如何在过程合规与结果导向之间找到平衡。

项目五　采购谈判与采购合同

【学习目标】

一、知识与能力目标

◆　能够辨析采购谈判与讨价还价之间的内在区别；

◆　能客观地剖析具体采购谈判案例是否符合采购谈判的基本原则；

◆　能结合给定案例，编写一份逻辑合理、内容全面的采购合同；

◆　可以识别出不同采购情景下采购合同的风险点，并给出规避合同风险的建议；

◆　能清楚地说出采购合同变更、终止和解除之间的区别；

◆　能分析出协商、调解、仲裁和诉讼四种合同纠纷解决方式的各自特点。

二、价值目标

◆　结合采购合同风险分析知识点，培养严谨的工作作风，养成风险控制和预警的行为习惯；

◆　培养供应链大局观与共赢意识。

【课前任务驱动】

医保谈判再现“灵魂砍价”，“天价救命”药纳入医保，张劲妮一语造福千万百姓

请结合该案例及本项目的相关知识点，对以下问题开展分析与研讨：

1）结合案例分析国家为什么要开展“天价救命药”的医保谈判工作？

2）利用网络开展调研，了解医保谈判中提到的“底价”是如何确定的？

3）医保谈判专家在开展谈判时，始终遵循的原则有哪些？

4）请分析，这是不是一场双赢谈判，为什么？

任务一　采购谈判

【企业实践案例 5-1：关于采购谈判相关问题的研讨】

中韩两公司出口丁苯橡胶采购谈判案例

中国某公司向韩国某公司出口丁苯橡胶已一年，第二年中方又向韩方报价，以继续供货。中方公司根据国际市场行情，将价格从前一年的每吨成交价下调了 120 美元（前一年为 1200 美元/t），韩方采购人员感到可以接受，建议中方供应商赴韩国签约。中方供应商一行两人到了在韩国首尔采购方的公司总部，双方谈了不到 20 min，韩方说："贵方价格仍太高，请贵方看看韩国市场的价，3 天以后再谈。"中方人员回到饭店感到被戏弄，很生气，但人已来首尔，谈判必须进行。中方人员通过有关协会收集到韩国海关丁苯橡胶进口统计，发现从哥伦比亚、比利时、南非等国进口量较大，中国进口也不少，中方公司是占份额较大的一家。价格水平南非最低但高于中国产品价。哥伦比亚、比利时价格均高于南非。在韩国市场的调查中，批发和零售价均高出中方公司的现报价 30%～40%，市场价虽呈降势，但中方公司的给价是目前世界市场最低的价。为什么韩国的谈判人员还这么说？中方人员分析，对手以为中方人员既然来了首尔，肯定急于拿合同回国，借此机会再压中方的价格。那么韩方会不会不急于订货而找理由呢？中方人员分析，若不急于订货，为什么邀请中方人员来首尔？再说韩方人员过去与中方人员打过交道，有过合同，且执行顺利，对中方工作很满意，这些人会突然变得不信任中方人员了吗？从态度看不像，他们来机场接中方人员，且招待过程中气氛友好，表现出对中方供应商的足够重视。从上述分析，中方人员共同认为：韩方意在利用中方人员出国心理，再压价。根据这个分析，经过商量中方人员决定在价格上做文章。总体战略是态度应坚定，不怕空手而归。其次，价格要涨回市场水平（1200 美元/t）。再者不必用 3 天给韩方通知，仅一天半就将新的价格条款通知韩方。

在一天半后的中午前，中方人员电话告诉韩方人员："调查已结束，得到的结论是我方来首尔前的报价低了，应涨回去年成交的价位，但为了老朋友的交情，可以下调 20 美元，而不再是 120 美元。请贵方研究，有结果请通知我们，若我们不在饭店，则请留言。"韩方人员接到电话后 1 小时，即回电话约中方人员到其公司会谈。韩方认为，中方不应把过去的价再往上调。中方认为，这是韩方给的权利，我们按韩方要求进行了市场调查，结果应该涨价。韩方希望中方多少降些价，中方认为原报价已降到底。经过几个回合的谈判，双方同意按中方来首尔前的报价，即以 1080 美元/t 的价格成交。这样，中方成功地使韩方放弃了压价的要求，按计划拿回了合同。

资料来源：企赢咨询微信公众号　时间：2020-07-22

请结合以上案例及下述采购谈判的相关知识点，对以下问题开展研讨与分析：

1）中方供应商在谈判中的决策是否正确？为什么？

2）中方供应商谈判中遵循了怎样的原则，这些原则是如何体现的？

3）本谈判案例中是如何体现"信息"重要性的？

一、采购谈判的内涵

谈判是有关方面就共同关心的问题互相磋商，交换意见，寻求解决的途径和达成协议的过程。采购谈判是指企业为采购商品，作为买方与卖方，双方对购销业务有关事项，如商品的品种、规格、技术标准、质量保障、订购数量、包装要求、售后服务、价格、交货日期与地点、运输方式、付款条件等问题进行反复磋商，谋求达成协议，建立双方都满意的供销关系。

很多人分不清采购谈判和讨价还价，将两者混淆，"谈判"的英文是"negotiate"，采购谈判的最终目的是降低总的采购成本。“讨价还价”的英文是“bargain”，最终的目的是降低采购价格。价格和成本并不能画等号，谈判不只是砍价，除了就价格而谈价格，还可以结合其他条件来影响成本，比如，双方可以通过协作，调整商品包装、优化交付流程、支付方式、物流服务、采购时长。有时企业压价过低，供应商为保证适度的利益空间，会在产品质量和物流交付方面做文章，出现价格下降，但是成本不降的现象。而真正的谈判是采供双方商讨一致，致力于降低采购总成本。讨价还价是零和游戏，问题并没有被真正的解决，其目的是把自己的问题变成对方的问题。真正的采购谈判则更多地涉及共同解决问题，寻找双赢的解决方案。真正的谈判更多依靠真诚的合作态度、寻求双赢的心态与解决问题的能力。

（1）采购谈判是采购方和供应方之间的心理战

因为采购谈判往往要持续很长时间，从谈判的准备到谈判，再到签订协议，长则几年几个月，短则几个星期几天。在如此漫长的谈判过程中，尤其是在谈判席上，是双方心理的互相试探和较量。谈判不应是压倒一切的强势，弱势一方也有表达诉求、维护己方利益的权利，一旦弱势方利益得不到保障，要么谈判不成功，要么隐患无穷；谈判不全是斗争，还可以协作，火药味太重会让双方冲动，会失去寻找协作控本的动力。谈判席上谈判者的语气既要自信又不能强势压制对方，要营造礼貌尊重、自然轻松、友好合作的氛围。采购谈判就应该本着求同存异、合作共赢的原则，防止谈判陷入僵局或破裂，争取达成共赢的合作状态。

（2）采购谈判是采购方和供应方之间的力量战

采购谈判更是采供双方力量的博弈，这里所说的力量，就是“bargaining power”，可以翻译成“谈判权力”，更准确的应该是“谈判筹码”。在力量上胜过对方并不是一件容易的事情，但它却往往能够直接影响一场谈判的结果。如果知道哪些因素能影响你的对手，并知道如何使用一些具体的方法来形成这种影响力，你就可以将形势控制在自己手中。在谈判中可以利用合法的商业信誉、资质、专业能力等力量为企业的信誉加分赋能，还可以利用奖赏的力量提高对方的预期。

（3）采购谈判是采购方和供应方之间的信息战

古人云：“知己知彼，百战不殆。”知己知彼就是一个信息收集的过程。那怎么利用信息呢？首先，谈判之前要尽量多地去收集对方的信息，尽量少地暴露自己的信息。当然，有时候也可以故意暴露一些对自己有利的信息。谈判，也是一个信息交换的过程，谈判时不仅仅要讨论对方需要什么，还要弄清他们的动机是什么，从而针对对方的动机提出对双方都有利的方案，要把对方的要求视作自己的机会。

二、采购谈判的分类

1. 从谈判的形式角度划分

（1）横向式采购谈判

横向式采购谈判是在确定谈判所涉及的主要问题后，开始逐个讨论预先确定的问题，当该问题出现矛盾或分歧时，把这个问题先搁置，讨论其他问题，周而复始，直至问题全部谈妥为止。这种谈判，议程灵活、多项议题可同时进行。但是会加剧双方讨价还价的局势，容易使谈判纠缠在枝节问题，而忽略了主要问题。

（2）纵向式采购谈判

纵向式采购谈判是在确定谈判所涉及的主要问题后，开始逐个讨论预先确定的问题，讨论完一个问题解决一个问题，直至问题全部谈妥为止。这种谈判方式程序明确、讨论详尽、解决彻底、避免多头牵制，但是过程过于死板，不利于双方沟通交流、容易陷入僵局。

2．从谈判立场角度划分

（1）硬式采购谈判

硬式采购谈判也称立场型谈判，是谈判者以意志力的较量为手段，很少顾及或根本不顾及对方的利益，以取得己方胜利为目的，立场坚定、主张强硬的谈判方法。这种谈判，视对方为劲敌，强调谈判立场的坚定性，认为谈判是一场意志力的竞赛，只有按照己方的立场达成的协议才是谈判的胜利。硬式谈判适用于一次性合作，这种谈判很多情况下会是“一锤子买卖”或者谈判双方实力相差悬殊的情况。硬式采购谈判的特点如下：

1）把谈判对手视为竞争对手；

2）对人对事均采取强硬态度；

3）其目标是满足自身需要，以取得对方让步，自身受益，作为达成协议和建立关系条件。

（2）软式采购谈判

软式采购谈判也称关系型谈判，是一种为了保持同对方的合作关系，尽可能多地采取退让与妥协的谈判类型。这种采购谈判常见于一些中小型企业在和大型的、重要的战略合作伙伴谈判中，迫于对方的技术牵制、订单份额等问题，不得已选择此种谈判策略，争取与对方建立和维持良好的合作关系。软式采购谈判的特点如下：

1）把对方当作亲密的合作伙伴，而非竞争对手；

2）谈判目标是与对方达成合作关系，为了达成合作，宁愿放弃部分利益或者作出一定的牺牲。

（3）价值式采购谈判

价值式采购谈判是指基于双方合作的谈判，这种谈判是基于价值而不是价格的谈判。在谈判中双方在追求达成合作的过程中，除了价格这一核心要素，还有品质、数量、付款、交付、售后服务等其他交易条件；除了产品价值，还有人员、服务、形象价值；除了眼前的价值，还有将来的价值；除了显现的价值，还有潜在的价值。只有建立价值谈判的理念，才能发现双方的最大价值和真正利益，才能构建起最佳的谈判方案，才能打开谈判成功的通道。如果将谈判的眼光只局限在价格上，不仅容易使谈判陷入困境，而且容易造成双输型的谈判，降低谈判成功的概率。价值式采购谈判的特点如下：

1）谈判中对人温和，对事态度坚定，把人与事分开；

2）主张按照双方都能够接受的、客观公正的原则来取得合作协议，而不简单依靠讨价还价；

3）谈判中开诚布公，不施诡计；

4）努力寻找共同的利益诉求点，妥善解决分歧点，价值式谈判是一种既理性，又富有人情味的谈判态度与方法。

3. 从谈判目的角度划分

（1）双赢型采购谈判

双赢型采购谈判是每一位谈判者追求的终极目标，也是谈判中最理想的状态。双赢型谈判中，双方谈判的目的是通过商讨，来共同解决各自的问题，而不是单纯地挤压对方的谈判空间，一方获得的预期利益不需要以对方放弃其预期利益作为代价。谈判中涉及的议题较多，其范围不仅仅局限于价格，如货款账期、交货日期、售后服务等其他附加条件。双赢的合作意味着谈判双方都能够削减成本，共同降低风险，提高收益。双赢型谈判需要双方都争取合作的心态和合作意识，双赢型谈判强调的是，通过谈判，解决双方责任和任务的分配，如成本、风险和利润的分配问题。双赢谈判的结果是，你赢了，但我也没有输。双方共同创造价值，而不是互相索取。双赢型采购谈判的特点如下：

1）采购谈判是采供双方原则性和可调整性的统一。原则性是指谈判双方在谈判中最后退让的界限，即谈判的底线。谈判双方对重大原则问题通常是不会轻易让步的，即便退让也有一定的限度。可调整性是指谈判双方在坚持彼此基本原则的基础上可以向对方作出一定让步和妥协。对于采购谈判，如果双方在所有的谈判条件上都不肯作出让步，谈判是难以成功的。因此，原则性和可调整性是同时存在的。

2）不是“合作”与“冲突”的单一选择，而是“合作”与“冲突”的对立统一。合作性表明双方的利益有共同的一面，冲突性表明双方利益又有分歧的一面。谈判人员要尽可能地加强双方的合作性，减少双方的冲突性。合作性和冲突性可以相互转化，如果合作性的比例加大，冲突性的比例将减少，那么谈判成功的可能性就大；如果冲突的一面通过洽谈没有得到解决或减少，那么谈判就有可能失败。采购人员可以在事前将双方意见的共同点和分歧点分别列出，并按照其在谈判中的重要性分别给予不同的权重和分数，通过比较共同点方面的分数和分歧点方面的分数来预测谈判成功的概率，决定以何种方式消除彼此的分歧。

3）不是无限制地满足自己的利益，而是有一定的利益界限。

4）判定谈判是否成功，不是以实现某一方的预定目标为唯一标准，而是有一系列具体综合的价值评判标准。

5）谈判不能单纯地强调“科学性”，而要体现科学性与艺术性的有机结合。

6）双方的经济利益都能得到一定程度的满足。

采购活动归根结底是一种经济行为，以追求经济利益为最终落脚点，因此采购谈判是围绕各自的经济利益开展的，价格在谈判中作为调节和分配经济利益的主要杠杆，是采购谈判的核心焦点。但是，采购谈判以经济利益为中心并不意味着采供双方不考虑其他利益，而是指相对其他利益来说，经济利益是首要的，是起到主要支配作用的。

（2）单方有利型采购谈判

单方有利型采购谈判中，双方都会全力谋求谈判中各自利益的最大化，谈判结果会出现一赢一输的局面。在现实情况中，谈判双方均会努力避免单赢谈判的发生，但很多时候随着谈判的深入，在不经意间谈判就会逐渐向单赢谈判演变。此类谈判中讨论点比较单一，如价格，双方的主要精力和时间都放在价格的层面上，买方希望以最低的价格成交，而卖方则希望以最高的价格达成交易，双方谈判的目的是获得最大的利益，都期望最终交易价格接近或超越自己的预期价格。谈判的结果通常是一方所得即是另一方所失，也就是说一方多得到100元，另一方就会损失100元。谈判双方没有或者不考虑长期的合作关系，也许只会发生一次交易，双方都不会刻意地维系对方的关系。单赢谈判的谈判空间始终是固定的，双方在有限的空间内谈判，以压低对方的谈判空间为主要目的。

（3）双输型采购谈判

双输型采购谈判，顾名思义双方都没有获取想要达到的利益水平或者未达到应得的发展或状态，按照企业逐利的本质，具备正常思维的采购专业人员不会将双方谈判的局面拼得鱼死网破，伤痕累累。事实上，不少采购人员在采购谈判中，为了追求自己的利益最大化，将自己的利益建立在牺牲对方利益基础之上，最终成了双输的局面。

三、采购谈判的原则

（1）合作性原则

采购谈判应遵循的首要原则是合作原则。谈判是一个沟通协调的过程，是取得共识的过程，是实现互惠互利的过程。不论采购谈判中使用什么技巧和策略，谈判双方共同的最终目的是促成合作。采购谈判的合作原则就是要求谈判双方以最精练的语言表达最充分、最真实的利益诉求，对价格、质量、型号、装配、物流、包装、维保、交付等所有涉及双方利益的条款进行一一商讨和确认，为后续开展合作做充分的准备，尽可能减少后续不必要的纠纷。同时，合作原则也要求企业在谈判过程中要做到客观、诚信，以免为后续合作埋下隐患。现实情况中，采供双方会由于各种因素的制约，谈判并不能按照各方预料的那样发展下去，这就要求双方遵循合作原则，善于把谈判问题的原则性与灵活性有机结合起来，以便促进双方达成合作。如果谈判双方的需要和诉求都得到了较大程度地满足，就说明整个谈判是高效的、成功的。

（2）诚信原则

采购谈判是商业活动中必不可少的一环，它是企业进行合作、交易的重要手段。在采购谈判中，除了谈判技巧和策略等方面的考虑，保持诚信也是非常重要的。因为诚信是商业活动中最基本的原则，它直接关系企业的形象、信誉和长远发展。在采购谈判中，言行一致是维持诚信的基础。谈判中无论是采购方表达对供应商调研结果，还是供应商对其产品的陈述，都要秉着客观和实事求是的原则，不能说谎，说谎话不仅会破坏信任，而且会给自己带来损失，给未来的合作埋下隐患的种子。因此，谈判中要保持真实、客观、准确的表述。谈判中要真正地尊重对方，不管对方在行业中的地位如何、企业规模大小，既然双方到了谈判这一步，就说明双方是有合作需求的，尊重对方是采购谈判中维持诚信的重要方面，尊重对方意味着认真倾听对方的意见，理解对方的需求，并在谈判中尊重对方的权利。如果不尊重对方，就会破坏谈判的气氛，导致谈判失败。另外，采购谈判要遵守规则，这些规则包括法律法规、商业道德和谈判规则等。如果不遵守规则，就会破坏商业秩序，损害自己的信誉和形象，因此要确保自己的行为合法、公正、诚信。

（3）信息原则

采购谈判的信息原则主要体现在采购谈判前要对对方的产品、价格、现有市场等信息进行全方位的调研，这样才能够拥有较多的谈判砝码。在采购谈判进入正式谈判阶段之前，要花较多的时间和精力去收集同类产品、有可比性的其他供应商的产品信息，以及供应商谈判产品的历史报价，以剖析所采购产品的相关技术参数、质量控点以及产品的成本构造，从而能作出较为准确的价格涨跌推算，推动价格向己方的心理价位靠拢。除了要熟悉本公司历史采购价格，还要了解供应商的之前的销售价格，另外，还可以让供应商自行提供一份价格构成表，通过专业的技术人员和采购人员的综合分析，确定谈判的最终价格。

（4）求同存异原则

采购谈判双方的利益诉求点不总是完全一致的，但是最终的目的都是想通过谈判，达成合作，这就要求采供双方本着求同存异的原则，尽力促成合作。采购方和供应商都想通过谈判尽可能地实现自己的利益诉求，会对所谓的利益诉求点进行争取。谈判不是为了谈崩，最终一拍两散，而是要在争取自己利益诉求点的同时，尽量让对方的利益诉求也得到一定程度的满足，最终达成彼此间的共识。之所以在谈判中彼此之间有利益争斗，其本质是双方不足够信任，也不充分了解，所以谈判中的争斗都是为了防止未来可能潜在的威胁发生。当彼此有了信任和了解，在求同存异的大背景下，换位思考，可能都会瞬间达成共识，签署合约。在采购谈判中要守住自己的底线，适当的进攻，适度的退让，达到彼此双方都能接受的结果，是谈判的精髓心法。

（5）心理学原则

采购谈判在某种程度上讲就是采供双方的一场心理博弈。在谈判中合理运用心理学知识，会有助于谈判的成功。在谈判中要具备良好的心态，就需要谈判者不断培养自己的信念、耐心和谈判的诚意。一个谈判者必须坚持必胜的信念，为企业争取更多的利益。对于谈判者来说，耐心是在心理上战胜谈判对手的一种战术与谋略，也是成功谈判的心理基础。在谈判中，有耐心的谈判者表现得不急不躁，能够很好地控制自己的情绪，掌握谈判的主动权。耐心还可以帮助谈判者更多地倾听对方的声音，了解掌握更多的信息；也可以使谈判者更好地克服自身的弱点，增强自控能力，有效地控制谈判局面。耐心使谈判者正确区分人与问题，学会采取对人软、对事硬的态度；耐心也是对付脾气急躁、性格鲁莽、咄咄逼人的谈判对手的有效方法，是实施以软制硬、以柔克刚的最为理想的策略方法。另外，采购谈判的最终目的是促成采供双方的合作，而合作能否进行，能否取得成功，还要取决于双方合作的诚意。也就是说，诚意贯穿谈判的全过程，而谈判需要诚意。受诚意支配的谈判心理是保证实现谈判目标的必要条件。诚意是谈判必备的心理准备，只有谈判双方都报以诚意才能达到最佳的合作。

四、采购谈判的目的

在企业经营过程中，采购谈判是整个供应链中非常重要的一环，而关于采购产品的质量好坏、价格高低及供应商的选择等关键问题都可以通过商务谈判得到一一落实，并直接影响企业利润。采购谈判作为商务谈判的一种，在遵循商务谈判规则的同时，又与普通商务谈判有所区别。采购谈判主要是针对物料、商品和服务的谈判，其谈判内容主要包括产品的品种、规格、质量、数量、价格、包装、交货、保险条件、付款方式、后续服务等，是一种采供双方经过筹划、分析、磋商及辩论后，达成包含所有交易条件的某项共识或折中方案的过程。采购谈判的最终目的在于以下几个方面。

（1）希望获得质量好、价格低的产品

供应商产品的质量直接决定了采购商生产出的产品质量，在同等价位下，通过谈判，争取技术更先进，功能更齐全，质量更优秀的产品。同时，采购谈判最重要的焦点之一无疑是价格，在同等的品质下，通过对供应商历史售价、成本结构的分析，以及对己方市场的预期，通过谈判引导供应商的报价不断接近采购方的心理预期。

（2）希望获得供应商较好的服务

在采购谈判中，除了对价格的谈判，还要对合同的其他条款或者涉及对方利益的其他方面进行谈判，通过谈判，引导供应商为企业提供更优质的服务，这种服务往往包括：更快的订单响应速度，更及时的物流交付，以及更便捷的维修、保养与售后服务等。

（3）当发生纠纷时，希望能够妥善解决

在发生事故和损失时能够获得适当的赔偿。采购双方都希望合作能够顺利开展，但是往往现实情况与预期都会有偏差，物资质量问题，延期交付，以及物流事故等问题时有发生，在采购谈判中，将最坏的情况做好预案，能够减少后续不必要的纠纷，谈判中对这类问题加以明确，能够避免在后续合作中影响双方的合作关系。

任务二 采购合同

【企业实践案例 5-2：关于采购合同相关问题的研讨】

北京京东世纪贸易有限公司与山东鲁达包装有限公司合同纠纷案

2018 年 3 月 28 日，京东公司（甲方）与鲁达公司（乙方）签订《采购合同》。本合同为长期采购框架合同，合作期限自 2018 年 4 月 1 日至 2019 年 3 月 31 日。

第 6.2 条约定，乙方应在双方签署本合同后 15 日内向甲方提交 200000 元履约保证金。当本合同终止，同时乙方已按本合同及采购单约定履行全部权利义务后，甲方于接到乙方退款申请及正式财务收据后的 15 个工作日内无息退还履约保证金（余额）。

第 7.3 条约定，乙方保证其所出售的产品是适合销售的，能满足甲方的使用目的。除非乙方在本合同正文中明确写明设备的缺陷和（或）瑕疵，乙方须保证其所出售的产品在材料、设计和生产工艺方面无任何缺陷和瑕疵。如设备在使用年限内在正常使用情况下造成人身和财产损害的，乙方须承担损害赔偿责任，且甲方有权从质量保证金中扣除。

第 12.5 条约定，本合同必须包括《反商业贿赂协议》等附件。《采购合同》附件三《反商业贿赂协议》第四条约定，若乙方违反约定的义务，甲方有权单方部分或全部终止与乙方的合同，同时乙方应向甲方支付 100000 元违约金或者支付合作期间订单（合同）金额的 50%作为违约金，两者以高者为准。乙方应于甲方发现违约行为之日起 5 个工作日内支付违约金，如未及时支付，甲方有权从合同款项中直接扣除。

诉讼中，鲁达公司、京东公司均认可，鲁达公司员工李海霞向京东公司员工李浩然微信转账 1000 元。鲁达公司主张，该转账系误发，本来要发送给鲁达公司工厂。京东公司提出，李海霞和李浩然是共同处理质量问题的员工，李海霞为解决质量纠纷而向李浩然微信转账。鲁达公司提出，京东公司出面参与质量问题的人员有三位，其他两位为防损部人员，李浩然是行政部人员，无权作出处理方案，鲁达公司没有必要向李浩然转账。

诉讼中，鲁达公司主张其在 2018 年 8 月 20 日向京东公司发函解除《采购合同》，京东公司主张未收到该解除函，并提出鲁达公司作为违约方无权解除合同。根据鲁达公司提交的快递单证，该函件的收件人为刘强东（北京京东世纪贸易有限公司），收件地址为北京市通州区科创十一街18号院京东总部大楼A座2层。物流显示该邮件于2018年8月21日由收发室代签收。另查明，在《采购合同》期间共发生四次采购订单，总金额为1156740元。

诉讼中，京东公司不同意退还履约保证金，理由是鲁达公司违反《反商业贿赂协议》，但是尚未向京东公司支付违约金。京东公司提出，只有鲁达公司支付了反诉中主张的违约金，京东公司才同意退还履约保证金。

鲁达公司上诉请求：

1. 撤销一审判决第一项，依法改判京东公司向鲁达公司返还保证金200000元；

2. 一、二审诉讼费用由京东公司承担。

京东公司辩称，京东公司与鲁达公司之间签订的《反商业贿赂协议》合法有效，对鲁达公司具有约束力。鲁达公司工作人员李海霞负责核验产品质量问题，在配合京东公司核验产品质量的过程中，向京东公司工作人员李浩然微信转账1000元，结合该事件发生的背景以及相关人员的身份，可以认定该行为属于《反商业贿赂协议》约定的商业贿赂行为。根据《反商业贿赂协议》第四条的约定，如果鲁达公司发生商业贿赂行为，鲁达公司应当向京东公司支付100000元或者订单金额50%的金额作为违约金，两者以高者为准。本案中，因鲁达公司发生商业贿赂行为，根据上述约定，鲁达公司应当向京东公司支付578370元违约金，一审判决对违约金金额进行调整，属于适用法律错误。《反商业贿赂协议》约定的违约金属于惩罚性违约金，不应适用《中华人民共和国合同法》第一百一十四条的规定。而且，《反商业贿赂协议》中约定的违约金符合自愿原则，随意调整违约金金额将导致不诚信商家的违约成本降低。关于鲁达公司主张返还200000元履约保证金的问题，因鲁达公司向京东公司提供的产品存在质量问题，且鲁达公司存在商业贿赂行为，故鲁达公司无权单方解除合同，在合同期限尚未届满且鲁达公司未依约向京东公司承担违约责任的情况下，京东公司不同意向鲁达公司返还履行保证金。

京东公司向一审法院反诉请求：

1. 判令鲁达公司按照反商业贿赂协议的约定支付违约金578370元（框架合同下订单金额1156740元的50%）；

2. 一审反诉费用由鲁达公司承担。

法院判裁结果（二审维持原判）：

1. 北京京东世纪贸易有限公司于判决生效后十日内向山东鲁达包装有限公司退还保证金100000元；

2. 驳回山东鲁达包装有限公司的其他诉讼请求；

3. 驳回北京京东世纪贸易有限公司的其他反诉请求。

如果未按本判决指定的期间履行给付金钱义务，应当依照《中华人民共和国民事诉讼法》第二百五十三条之规定，加倍支付迟延履行期间的债务利息。

注：《中华人民共和国合同法》现已废止，现为《中华人民共和国民法典》合同编。

资料来源：爱企查　时间：2019-05-07

请结合以上案例及下述采购合同的相关知识点，对以下问题开展研讨与分析：

1）本案例中采购合同纠纷产生的原因是什么？

2）本案例采用的合同纠纷解决方式是什么？

3）结合本案例谈谈在签订采购合同的过程中，应该如何避免此类合同纠纷的发生？

一、采购合同概述

采购合同是采购企业和供应商在采购谈判达成一致的基础上，双方就交易条件、权利义务关系等内容签订的具有法律效力的契约文件。采购合同有以下特征：

1．采购合同是转移标的物所有权或经营权的合同

采购合同规范的是采购方与供应商的行为，采购方采购的可以是有实物形态的实物产品，也可以是没有实物形态的劳务产品或服务产品。广义的采购除了以购买的方式获取企业生产所需资源，还可以用租赁、借贷和交换等方式获取资源。如果用购买的方式获取企业生产所需的外部资源，此时采购合同转移的是标的物的所有权。如果是以租赁、借贷、交换、抵押等其他形式获取企业生产所需的外部资源，此时，采购合同转移的就是标的物的使用权或经营权。

2．采购合同是一种典型的双方有偿合同

采购合同对采购方和供应商的权利与义务作出了明确的规定，是对双方经济行为进行规范的一种契约文件。双方有偿合同指的是当事人一方在享有合同规定的权益时，必须向对方当事人偿付相应代价的合同。采购、租赁、保险等合同都是典型双方有偿合同。例如，供应商有按时、足量收取货款的权利，也有保质、保量、按时交付货物的义务。

3．采购合同是诺成合同

采购合同是典型的诺成合同，诺成合同又称不要物合同，是指仅以当事人意思表示一致为成立要件的合同。诺成合同自当事人双方意思表示一致时即可成立，不以一方交付标的物为合同的成立要件，当事人交付标的物属于履行合同，而与合同的成立无关。与诺成合同相反的是实践合同，又称要物合同，是指除双方当事人意思表示一致外，尚须交付标的物或完成其他给付才能成立的合同。诺成合同和实践合同的区别如下：

1）成立的要件不同。诺成合同仅以合意为成立要件，而实践合同以合意和交付标的物或完成其他给付为成立要件。

2）当事人义务的不同。诺成合同中交付标的物或完成其他给付是当事人的给付义务，违反该义务便产生违约责任；而在实践合同中，交付标的物或完成其他给付，不是当事人的给付义务，只是先合同义务，违反它不产生违约责任，但可构成缔约过失责任。

4．采购合同保护当事人之间的合法行为

采购合同作为采供之间关系最直接、最有利的证据，它是有法律效力的，但是合同的法律效力保护的是采供双方的合法行为。

有效的采购合同是指采购方和供应商订立的合同符合国家的法律规定和要求，具有法律效力，受到国家法律保护的采购合同。采购合同的有效条件包括当事人符合国家相关法律要求的资格、合同内容合法。

效力待定的采购合同是指合同已经成立，但因其不完全符合合同生效的条件，其效力能否发生尚未确定的合同。效力待定合同成立的条件一般有以下三点：

1）限制行为能力人订立的采购合同；

2）无代理权人以他人的名义订立的采购合同；

3）无处分权人处分他人财产的采购合同。

无效采购合同是指当事人虽然协商订立合同，但因当事人资格或合同内容违反国家相关法律规定，国家不承认其法律效力的合同，无效采购合同一般有以下五种情况：

1）一方以欺诈、胁迫手段订立的，损害国家利益的合同；

2）恶意串通、损害国家、集体或第三人利益的合同；

3）以合法形式掩盖非法目的的合同；

4）损害社会公共利益的合同；

5）违反法律和行政法规强制规定的合同。

可撤销的采购合同是指在订立合同时候，当事人的意愿表示不真实，或一方当事人使对方在违背真实意愿的情况下签订的合同。可撤销的采购合同是一种相对无效的合同。可撤销的采购合同一般有以下三种情况：

1）因重大误解订立的采购合同；

2）显失公平的采购合同；

3）因欺诈、胁迫订立的采购合同。

【企业实践案例 5-3：关于采购合同效力问题的研讨】

未经政府采购程序所订立的合同是否无效?

2022 年湖北某重工科技有限公司起诉某市公安局不按时支付采购合同款。2020 年 4 月 12 日，原告与被告签订了一份《采购合同》，合同约定：被告向原告采购一套人行通道彩虹道闸全自动预警、拦截系统，工程价款为 43 万元。合同签订后，原告严格依据合同约定向被告履行了供货与安装义务，被告采购的人行通道彩虹道闸全自动预警、拦截系统已于安装当日投入使用，且运行正常。原告的合同义务履行完毕后，被告迟迟不按合同约定支付工程款，原告多次催讨无果。原告认为，原、被告签订的《采购合同》系双方真实意思表示，合法有效。且原告已依约向被告履行了供货安装义务，其合同义务已履行完毕。而被告拒不支付工程款的行为严重损害了原告的合法权益，构成违约，现原告为维护其合法权益特诉至湖北省铁山区人民法院。该公安局以该项目未经政府采购程序，违反了法律强制性规定为由，要求确认合同无效。

判决结果：判决被告某市公安局自本判决生效后十日内向原告湖北某重工科技有限公司支付工程款 43 万元及以 43 万元为基数，按年利率 3.85%的标准支付自 2020 年 12 月 20 日起至欠款付清之日止的逾期付款利息。

法官后语：虽然《中华人民共和国招标投标法》《中华人民共和国政府采购法》等法律法规对政府采购程序均作出了明确规定，但在实际操作中，仍存在政府采购人没有经过政府采购程序，与合同相对人签订采购合同。在合同履行中出现争议，政府机关以该项目未经政府采购程序，违反了法律强制性规定为由，要求确认合同无效。对该类合同效力的认定，应当识别《中华人民共和国政府采购法》第二条、第七条的规定是否属于“效力性强制性规定”。从立法目的上看，该规定是规范国家机关、事业单位和团体组织规范地使用财政资金进行采购的行为，属于为实现管理而设置的规定。且双方就此订立的合同并不损害国家利益和社会公共利益，故该规定不属于效力性强制性规定，而属于管理性规定。

资料来源：潇湘晨报 时间：2022-06-22

结合以上案例思考：

1）湖北某重工科技有限公司与某市公安局的采购合同是否有效？为什么？

2）企业参与政府采购，如何防范采购合同风险？

5．采购合同的主体比较广泛

采购合同的主体包括采购方和供应方，从国家对流通市场的管理和采购的实践来看，除生产企业外，流通企业也是采购合同的重要主体，其他社会组织和具有法律资格的自然人也可以是采购合同的主体。

6．采购合同与流通过程密切相关

采购合同签订的前提是有经济行为或者是采购与供应行为的延伸，因此，采购合同伴随着流通过程，是对流通主体行为的规范，采购合同对流通过程中可能发生的物流、资金流、信息流的相关问题作了明确的规定，流通过程需要采购合同规范，采购合同规范流通行为，二者是密不可分的。

二、采购合同内容

1．采购合同首部

合同首部主要包括名称、编号、签约日期、签约地点、买卖双方的名称、合同序言等。

2．采购合同正文

合同正文是采供双方议定的主要内容，是采购合同的必备条款，是购销双方履行合同的基本依据。合同的正文应包括但不限于以下内容：

1）采购商品的名称。

2）品质要求。品质是指商品所具有的内在质量与外观形态的结合，包括各种性能指标和外观造型，该条款的主要内容有技术规则、质量标准、品牌等。合同对品质的控制方法有两种：使用实物或样品和使用设计图纸或说明书。在使用样品确定品质时，供应商提供物品的品质要与样品的品质完全一致。使用图纸或说明书确定品质时，供应商提供物品的品质要符合设计图纸或说明书的要求，有些合同还会对质检合格率、报废率等问题作出明确的规定。

3）价格条款。该条款的主要内容包括计量单位的价格金额、货币类型、交货地点。若是国际贸易合同，要清晰标明国际贸易术语、物品定价方式（固定价格、滑动价格、后定价格等）。

4）采购与供应数量。数量是采用一定的度量制度来确定买卖商品的重量、个数、长度、面积、容积等。它包括的主要内容有交货数量、单位、计量方式等。必要时，还应清楚地说明误差范围。

5）包装。包装是为了有效地保护商品在运输存放过程中的质量和数量要求，它有利于分拣和环保，并把货物装进适当容器。该条款的主要内容是陈述清楚采购方对包装的要求，或者供应商能够提供的包装类型，标注清晰包装方法、包装材料要求、包装质量、环保要求、规格等。

6）运输方式。装运是把货物装上运载工具并运送到交货地点。该条款要陈述清楚运输方式、装运时间、装运地与目的地、装运方式（分批、转运）和装运通知。

7）到货期限。到货期限是指约定的最晚到货时间，要以不延误企业生产经营为标准。

8）交货地点。供应商将用户采购的物品最终交付给用户的地点。一般要求供应商提供“门到门”服务，即把物品送到用户的仓库或商店的门口。

9）检验。采购方对购入的货物进行检验，要根据货物的生产类型、产品性能、技术条件的不同，采取感官检验、理化检验、破坏性检验等方法。双方应在合同中约定检验的标准、方法、期限及索赔的条件。

10）支付条款。该条款包括支付手段、付款方式、支付时间等。

11）保险。该条款的主要内容包括确定保险类别及其保险金额，指明投保人并支付保险费。

12）违约责任。违约责任是采购合同的当事人由于自己的过错，没有履行或没有全部履行应承担的义务，按照法律规定和合同约定应承担的法律责任。对于违约责任条款，当事人应根据《中华人民共和国合同法》，在合同中作具体约定。

13）纠纷的解决方式。选择协商、诉讼或者仲裁的方式解决合同执行中的纠纷，若当事人在合同中约定仲裁条款或者在纠纷时达成仲裁协议，那么这将是仲裁机构受理合同纠纷的法律依据，要说明包括仲裁机构、适用的仲裁程序、仲裁地点、解决效力等。

14）不可抗力。遭遇不可抗力的一方可因此免除合同责任。该条款包括不可抗力的含义，适用范围，法律后果，以及双方的权利、义务等。

3．采购合同尾部

合同尾部包括的内容有合同的份数、使用语言及效力、附件、合同的生效日期、双方的签字盖章。

三、采购合同的订立

采购合同确认了供需双方之间的采购与供应关系，并规范了双方的权利与义务。依法订立合同后，双方必须严格执行。因此，采购人员在签订采购合同前，必须审查供应商的合同资格、资信及履约能力，按照《中华人民共和国合同法》的要求，逐条订立购货合同的各项必备条款。

1．审查供应商的合同资格

为了避免和减少采购合同执行过程中的纠纷，在正式签订合同之前，采购人员首先应审查供应商作为合同主体的资格，它直接关系到所签订合同是否具有法律效力。

（1）法人资格审查

审查供应商是否属于经国家规定的审批程序成立的法人组织。在审查供应商法人资格时应注意：没有取得法人资格的社会组织、已被吊销营业执照取消法人资格的企业或组织，无权签订购货合同。要特别警惕一些根本没有依法办理工商登记手续或未经批准的所谓“公司”，它们或私刻公章，冒充法人；或假借他人名义订立合同，旨在骗取购货方的货款或定金。同时，要注意识别那些没有设备、技术、资金和组织机构的“四无”企业，它们往往在申请营业执照时弄虚作假，以假验资、假机构骗取营业执照，虽签订供货合同并收取货款或定金，但根本不具备供货资格。

（2）法人能力审查

法人能力审查主要是审查供应商的经营活动是否超出营业执照批准的范围。超越其业务范围以外的经济合同，属无效合同。法人能力审查还包括对签约的具体经办人的审查，购货合同必须由法人的法定代表人或法定代表人授权的承办人签订。法人的法定代表人就是法人的主要负责人，如厂长、总经理等，他们对外代表法人签订合同。法定代表人也可授权业务人员，如销售员、采购员作为承办人，以法人的名义订立购货合同，承办人必须有正式授权证明书，方可对外签订购货合同。法人的代表人在签订购货合同时，应出示本人的身份证明、法人的委托书、营业执照或副本。

2．供应商的资信和履约能力审查

资信，即资金和信用。审查供应商当事人的资信情况，了解供应商对采购合同的履约能力，对于在采购合同中确定权利和义务条款，具有非常重要的作用。

（1）资信审查

具有固定的生产经营场所、生产设备和与生产经营规模相适应的资金，特别是拥有一定比例的自有资金，是一个法人对外签订购货合同的起码物质基础。在准备签订采购合同时，采购人员在向卖方当事人提供自己的资信情况说明的同时，要认真审查卖方的资信情况，从而建立互相信赖的关系。

（2）履约能力审查

履约能力是指当事人除资信外的技术和生产能力、原材料与能源供应、工艺流程、加工能力、产品质量、信誉高低等方面的综合情况。总之，就是要了解对方有没有履行采购合同所必需的人力、物力、财力和信誉保证。

四、采购合同的履行与跟踪

1．采购合同的履行

订立采购合同的目的是让买卖双方的行为都受到一定的约束，以保护双方的利益不受侵害。一份好的采购合同对双方都是平等、公正的。

（1）采购合同履行的一般规则

采购合同生效后，当事人对质量、价款、履行期限和地点等内容没有约定或者约定不明确的，可以协议补充；不能达成补充协议的，按照合同有关条款或者交易习惯确定。如果按照合同有关条款或交易习惯仍不能确定的，适用下列规定：

1）质量要求不明确的，按照国家标准、行业标准履行；没有国家标准、行业标准的，按照通常标准或者符合合同目的的特定标准履行。

2）价款或者报酬不明确的，按照订立合同时的市场价格履行；依法应当执行政府定价或者政府指导价的，按规定履行。

3）履行地点不明确的，在履行义务一方所在地履行。

4）履行期限不明确的，债务人可以随时履行，债权人也可以随时要求履行，但应当给对方必要的准备时间。

5）履行方式不明确的，按照有利于实现合同目的的方式履行。

6）履行费用负担不明确的，由履行义务一方负担。

（2）采购合同标的物的权属转移

1）标的物的交付时间依据《中华人民共和国合同法》第一百三十三条规定，应按照下列规定处理：

①送货标的物的交付时间。卖方负责标的物送货的，应以卖方将标的物送到指定地点交买方接收的时间为标的物的交付时间，此时标的物所有权也随之转移。

②代运代邮标的物的交付时间。卖方代办运输或代邮的，卖方办理完托运或邮寄手续时为标的物的交付时间。

③提货标的物的交付时间。买方自己提货的，应以买方提货的实际日期为标的物的交付时间。

④事先占有标的物的交付时间。标的物在订立合同之前已为买方占有的，双方在合同中约定的交付时间为标的物的交付时间，如合同没有约定的，合同生效视为标的物交付完成。

⑤必须履行特定手续的标的物的交付时间。法律要求必须履行特定手续的，以履行完特定手续时为标的物的交付时间。

2）确定标的物的交付地点依据《中华人民共和国合同法》第一百四十一条规定，应按照下列步骤进行：

①当事人在合同中有约定的，依其约定。

②当事人未约定或约定不明确的，可以协议补充。

③达不成补充协议的，当事人可以根据合同的有关条款或交易习惯确定交付地点。

④按照以上方法均不能确定交付地点的，如标的物需要运输的，以卖方将标的物交给第一承运人的地点为交付地点。

按照以上方法均不能确定交付地点且合同标的物不需要运输的，如果当事人在订立合同时知道标的物在某一地点，则该地点为交易地点；如果当事人不知道标的物在某一地点，则以订立合同时卖方营业地为交付地点。

（3）标的物质量、数量、包装条款的履行

1）标的物质量条款的履行。关于标的物的质量履行，应首先以当事人在合同中的约定为准，如没有明确约定，但卖方提供了质量说明的，该说明可作为质量要求。另外，卖方的产品介绍、产品说明书等，均构成对标的物质量的明示担保，如果实际交付的标的物与这些说明不符，即构成违约。如果当事人对标的物质量要求未约定或约定不明确的，应按照采购合同履行的一般规则履行。

2）标的物数量条款的履行。在采购合同的履行中，卖方多交付标的物的，买方有两种处理办法：第一种办法是接受卖方多交付的标的物，此时买方应当按照合同约定的价格支付多交付标的物的货款；第二种办法是拒绝接受卖方多交付的标的物，此时买方应及时通知卖方。

3）标的物包装条款的履行。当事人应在合同中对标的物的包装要求作出明确规定，没有约定或约定不明确的，可以协议补充，达不成补充协议的，按照交易习惯来确定。仍不能确定的，卖方有义务提供通用的包装方式。没有通用包装方式的，卖方有义务提供足以保护标的物的包装方式。如卖方提供的包装不符合要求而导致标的物受到损坏的，卖方应承担责任。

2．采购合同的跟踪

采购合同的跟踪是对采购合同的执行、采购订单的状态、接收货物的数量及退货情况的动态跟踪。采购合同的跟踪目的在于促使合同正常执行，协调企业和供应商的合作，在满足企业货物需求的同时，又保持最低的库存水平。

1）跟踪供应商的货物准备情况。采购方应该严密跟踪供应商准备货物的过程，以保证订单按时、按量完成。

2）跟踪进货过程。货物准备完毕后，要进行包装、运输。无论是供应商负责送货，还是采购方自提货物，都要对进货过程进行跟踪。运输过程是很容易发生风险的过程，要注意运输工具的选择是否得当，货物是否有特殊要求，避免在运输过程中发生货损。尤其对于远洋或长途运输，跟踪进货的过程显得更重要。

3）控制好货物的检验与接收。采购人员对货物的检验与接收进行跟踪，可以在发生缺货、货损、存在不合格品等问题的情况下，及时与供应商进行协商解决，进行补货、退还等。

4）控制好库存水平。货物检验完毕之后就要入库，库存是采购物流中的重要环节，它是企业正常运转的调节器。库存量过小不能满足生产、销售要求，而库存过大又会占用资金，造成浪费，两种结果都会影响企业的正常周转。因此，控制一个合理的库存水平十分重要。采购部门应该以订单为导向，兼顾生产水平和供应商对订单的反应速度，来确定最优的订货周期和订货量，从而维持最低的库存水平。节约资金，防止浪费。

5）督促付款。货物入库之后，财务部门要凭一系列单据办理对供应商的付款。采购方有义务及时提交单据，并督促财务部门按照流程规定按期付款，以维护企业的声誉。

五、采购合同的变更、解除和终止

1．采购合同的变更

（1）采购合同变更的内涵

采购合同的变更包括采购合同主体和内容的变更。合同主体的变更是采购合同债权债务的转让，即由新的债权人和债务人代替原债权人和债务人，而内容并无变化，又称为采购合同转让。合同内容的变更，是采购合同当事人权利和义务的变化。

（2）采购合同变更的原因及范围

1）增加或减少合同标的物的项目和数量；

2）合同货物的规格型号、质量或其他性能要求变动；

3）供货周期长的合同，在合同有效期内因经济形势变化导致原材料价格发生的不同于原合同价的不可预期变化；

4）在合同履行中，因采购商行为导致变更；

5）交货进度或交货地点的改变；

6）合同其他条款发生改变。

（3）采购合同变更的条件

1）原已存在有效的采购合同关系；

2）采购合同内容发生变化；

3）经当事人协商一致或依法律规定；

4）法律、行政法规规定。

2．采购合同的解除和终止

采购合同解除是指采购合同生效后，在一定条件下通过当事人的单方行为或双方同意终止合同效力或者解除合同关系的行为。合同解除通常被视为对违约的一种补救措施，是对违约方的制裁。采购合同终止是指由于某种法律事实的出现，而使采购合同当事人之间已经存在的权利、义务关系不复存在。为维护买卖双方的权益，可在采购合同内定有终止合同条款，以便在必要时终止合同的全部或者部分。

合同在执行过程中，买卖方双方难免会发生分歧，进而产生解除合同的想法。对于解除合同，《中华人民共和国合同法》有明确规定：

1）协议解除：是指合同成立后，在未履行和未完全履行之前，当事人双方通过协商解除合同。该种方式是在合同成立后，通过双方协商解除合同，而不是在合同订立时约定解除，又称“事后协商解除”。

2）约定解除：是当事人通过行使约定的解除权或者双方约定而进行的合同解除。这是指在合同中约定，如果合同约定的某种情形出现，双方即应当解除合同。

3）法定解除：是指合同生效后，没有履行或没有完全履行前，当事人在法律规定的解除条件出现时，行使解除权从而使合同关系消灭。该种方式是法律直接规定的合同解除的方式。

《中华人民共和国合同法》中关于合同终止和解除规定的第九十三条，当事人协商一致，可以解除合同。当事人可以约定一方解除合同的条件。解除合同的条件成立时，解除权人可以解除合同。根据《中华人民共和国合同法》第九十四条的规定，有下列情形之一的，当事人可以解除合同：

1）因不可抗力致使不能实现合同目的的。不可抗力是指不能预见，不能避免、不能克服的客观现象。不可抗力事件的发生，只有其致使合同目的完全不能实现时，则任何一方当事人均享有合同解除权。

2）因拒绝履行主要债务不能实现合同目的的。这是指在履行期限届满之前，当事人一方明确表示或者以自己的行为表明不履行主要债务。对于这种情况，另一方可不履行催告，径直行使解除权。

3）因延迟履行主要债务致使不能实现合同目的的。债务人无正当理由，若对于未约定履行期限，在债权人催告后仍未履行的，债权人便可享有合同解除权：若在合同履行期间届满，仍未履行合同主要债务，则债权人可不进行催告即享有解除权。

4）因延迟履行或有其他违约情形不能实现合同目的的。致使合同目的无法实现的违约形态有多种，包括延迟履行、不完全履行，以及履行地点不符合合同约定等。在此情况下，债权人可不经催告而直接解除合同。

5）法律规定的其他解除情形。这是一个概括性的规定，当以上情形都没有出现，而法律规定其他情形合同也应该解除时，合同就解除。这实际为将来法律的发展留足了空间，同时也防止法律出现漏洞。

合同解除是合同终止的一种形式，合同终止还有其他形式，如合同已经履行结束，采购合同自然就终止了。《中华人民共和国合同法》中关于合同终止和解除第九十一条，有下列情形之一的，合同的权利义务终止：

1）债务已经按照约定履行；

2）合同解除；

3）债务相互抵销；

4）债务人依法将标的物提存；

5）债权人免除债务；

6）债权债务同归于一人；

7）法律规定或者当事人约定终止的其他情形。

第九十二条，合同的权利义务终止后，当事人应当遵循诚实信用原则，根据交易习惯履行通知、协助、保密等义务。

六、采购合同争议及解决

【企业实践案例 5-4：关于采购合同争议及解决相关问题的研讨】

青岛德音包装有限公司与河北顺丰速运有限公司廊坊分公司、河北顺丰速运有限公司买卖合同纠纷一审民事裁定书

原告青岛德音包装有限公司与顺丰廊坊分公司于 2017 年 7 月 1 日签订《冀北区个性化纸箱采购框架合同》，2018 年 7 月 2 日签订《河北顺丰速运 2018 年度纸箱采购框架合同》，就纸箱承揽加工事宜达成协议。协议签订后，原告依约履行了该框架合同内的一系列纸箱采购订单，多次向顺丰廊坊分公司交付纸箱，但顺丰廊坊分公司确认收货并使用纸箱后有多笔采购订单一直未向原告给付纸箱款，共拖欠纸箱款 318867.89 元、利息 73588.53 元、违约惩罚金 15943.39 元。另顺丰廊坊分公司多笔采购订单下单后，原告按承诺交付数量备置原材料，但顺丰廊坊分公司不支付纸箱款，致使原告备置的原材料无法用于再生产，造成原告经济损失 16542.97 元。顺丰廊坊分公司作为顺丰公司的分公司不具有法人资格，其民事责任依法应与顺丰公司共同承担。故诉至法院，请求判令：

1. 二被告共同给付原告纸箱款 318867.89 元并承担至付清纸箱款之日止的利息；

2. 二被告共同承担违约惩罚金 15943.39 元；

3. 二被告共同承担给原告造成的经济损失 16542.97 元；

4. 本案诉讼费用由二被告共同承担。

被告顺丰公司在提交答辩状期间，对管辖权提出异议认为：根据《中华人民共和国民事诉讼法》第二十二条规定“对法人或者其他组织提起的民事诉讼，由被告住所地人民法院管辖”，且顺丰廊坊分公司作为申请人的分公司，不具法人资格。本案与申请人的关系更密切，应由申请人所在地法院管辖，故申请将本案移送至石家庄桥西区人民法院审理。

法院观点：

经审查，本院认为，被告顺丰廊坊分公司是被告顺丰公司的分公司，依法设立并领取营业执照，符合诉讼主体关于其他组织的条件，同时原告（乙方）与被告顺丰廊坊分公司（甲方）在签订的《冀北区个性化纸箱采购框架合同》中明确约定“本协议受中国法律管辖并按照中国的法律进行解释。由于本协议的履行或解释而产生的或与之有关的任何争议，如双方无法协商解决，应提交甲方（顺丰廊坊分公司）所在地有管辖权的人民法院裁

决”。顺丰廊坊分公司的住所地为河北省廊坊经济技术开发区。综上所述，依照双方当事人约定，本院作为被告顺丰廊坊分公司住所地辖区法院，受理本案并无不当。依据《中华人民共和国民事诉讼法》第一百二十七条第一款之规定，裁定如下:

驳回被告河北顺丰速运有限公司对本案管辖权提出的异议。

如不服本裁定，可以在裁定书送达之日起十日内，向本院递交上诉状，并按对方当事人或者代表人的人数提出副本，上诉河北省廊坊市中级人民法院。

资料来源：中国裁判文书网　时间：2020-03-27

请结合以上案例及下述采购合同争议及解决的相关知识点，对以下问题开展研讨与分析：

1）本案例中为何将顺丰廊坊分公司和顺丰公司作为共同被告？

2）诉讼解决采购合同纠纷是否有地域管辖权的限制？

3）请分析仲裁和诉讼解决合同纠纷有何区别？

1. 采购合同争议

在企业采购过程中，买卖双方往往因彼此之间的责任和权利问题引起争议，并由此引发索赔、理赔、仲裁及诉讼等。为了防止争议的产生，并在争议发生后能获得妥善的处理和解决，买卖双方通常在签订合同时，对违约后的索赔、理赔事项等内容作出明确约定。这些内容反映在合同中，就是违约责任条款。采购合同争议是指买卖的一方认为另一方未能全部或部分履行合同约定的责任与义务所引起的争议。引起采购活动中的争议主要有以下三种原因：

1）卖方违约，如拒不交货，未按照合同约定的时间、品质、数量、包装交货，货物与单证不符等；

2）买方违约，如未按合同约定时间付清货款，或未按合同约定的时间、地点提货、验收等；

3）合同约定不明确、不具体，以致买卖双方对合同条款的理解或解释不一致。

2. 采购合同争议的解决

（1）协商解决

在遵守法律、不损害国家和社会公共利益的情况下，不需第三方参与，自行协商解决纠纷。

（2）调解解决

调解是指在第三方的参与下，查清事实，分清是非，明确责任的基础上，使纠纷双方当事人以互谅互让的精神，依法处理纠纷的一种方式。调解的类型包括：人民调解、行政调解、仲裁调解和法院调解。

（3）仲裁解决

仲裁是指经济合同当事人双方发生争议时，如果通过协商不能解决，当事人双方自愿将有关争议提交给双方所同意的仲裁机构，依照专门的裁决规则进行裁决，裁决的结果对双方都有约束力，双方必须依照执行。当采购方与供应商发生纠纷需要仲裁时，可按照一般的仲裁程序到相应的受理机构提出仲裁申请。仲裁机构受理后，经调查取证，先行调解，如调解不成，再进行仲裁裁决。依据《中华人民共和国仲裁法》第十六条第二款的规定，在仲裁协议中必须约定以下三项内容：

1）要有明确的请求仲裁的意思表示。这部分内容在合同的仲裁条款中，通常是提出双方当事人有权在纠纷发生后，向某一仲裁机构申请仲裁解决纠纷。不能在条款中既约定向仲裁机构申请仲裁，又约定向某一法院提起诉讼，这样的仲裁条款是无效条款。

2）要有仲裁事项，即对什么内容申请仲裁。一般要明确对合同履行过程中所发生什么纠纷申请仲裁。如合同当事人属长期合作关系，双方在前一合同尚未履行完毕时又签订了含有仲裁条款的新合同，且两合同的履行具有一定的交叉性，这样会导致合同当事人之间的纠纷一部分在仲裁管辖范围内，另一部分在诉讼管辖范围内。所以一旦发生合同争议，就会出现合同当事人既要进行仲裁，又要到法院诉讼的情况。因此，为防止类似问题的产生，合同当事人在约定仲裁协议时，应将对前期没有约定仲裁方式的前合同一并写入新合同争议条款中。

3）要有选定的仲裁委员会。双方必须选定某一个仲裁委员会，就是说所选的仲裁委员会必须有明确的名称，并在仲裁条款中写明所选定的是哪一个仲裁委员会。

（4）诉讼解决

诉讼解决是指人民法院根据纠纷当事人的请求，运用审判权确认争议各方权利义务关系，解决合同纠纷的一种行为。采购合同作为民事法律关系的一种，诉讼时效适用于民法通则中一般的时效规定，即诉讼时效期间为二年，但是法律另有规定的除外。另外，诉讼程序要符合法律关于诉讼管辖权的要求，因合同纠纷提起诉讼，由合同履行地或者合同签订地人民法院管辖。根据这一规定，当事人应当向有管辖权的人民法院提起诉讼。法院受理一方当事人的起诉后，首先要进行调解，如果经过调解双方达成了协议，调解协议即具有法律效力，双方要认真执行，否则，法院将强制执行。如果法院调解不成，则要作出判决或裁定，当事人对判决或裁定不服的，可以在收到判决书之日起 15 日内或接到裁定书之日起 10 日内向上一级法院提起上诉，如果超过了上诉期当事人没有上诉的，那么一审判决或裁定即发生法律效力，当事人必须执行。二审法院作出的判决、裁定，是终审的判决、裁定，当事人必须执行。当然，如果当事人认为已生效的判决、裁定确有错误，在不停止判决、裁定执行的情况下，还可以通过审判监督程序，向原审人民法院或上级人民法院申请再审。

七、采购合同的风险

1. 合同主体的主要风险

1）合同相对人不具备相应资信和能力。

2）合同相对人为法人的职能部门、未办理营业执照的分支机构或直属机构，缺乏履约能力。

3）合同相对人无代理权、超越代理权或代理权过期。

4）代理人未经授权或授权终止后仍进行签约。

2. 合同标的的主要风险

1）合同标的不合法。

2）合同标的不可能给付。

3）合同标的不确定。

4）实际交付的标的与合同约定的标的不符。

3. 合同权利义务的主要风险

1）合同权利义务约定不清，对标的物数量、质量、包装、运输、风险、检验标准或是检验期间等缺乏明确约定。

2）对法律规定的义务认识不清。

3）对自身的权利没有充分认识，无法充分保护自身利益。

4. 合同履行的主要风险

1）没有按照约定全面履行义务，或是履行合同义务没有坚持诚实信用原则。

2）没有充分利用合同履行中的抗辩权。

3）合同变更、转让或解除时没有履行相关法律程序。

5. 合同违约风险

1）未按合同约定的时间、金额支付价款。

2）逾期交付、提取标的物。

3）未按约定的方式、地点、数量、质量等履行合同。

4）未尽到通知、保密、协助等附随义务。

5）对方违约时，未采取合理措施防止损失扩大。

6）我方未充分行使违约救济权利。

【课后习题】

一、多项选择题

1. 从谈判的形式角度划分，可以将采购谈判划分为（　）。

A. 横向式采购谈判　　B. 纵向式采购谈判

C. 硬式采购谈判　　D. 软式采购谈判

2. 从谈判立场角度划分，可以将采购谈判划分为（　）。

A. 横向式采购谈判　　B. 价值式谈判

C. 硬式采购谈判　　D. 软式采购谈判

3. 采购谈判的原则包括（　）。

A. 合作性原则　　B. 诚信原则

C. 求同存异原则　　D. 信息原则

4. 在签订采购合同时，要对供应商的相关信息进行审查，审查内容主要包括（　）。

A. 法人资格审查　　B. 法人能力审查

C. 资信审查　　D. 履约能力审查

5. 采购合同争议调解的类型包括（　）。

A. 人民调解　　B. 行政调解

C. 仲裁调解　　D. 法院调解

6. 采购合同如选择仲裁的方式解决合同争议，要对仲裁协议哪些内容予以规定（　）。

A. 要有明确的请求仲裁的意思表示

B. 可以同时选择仲裁和诉讼

C. 要有仲裁事项，即对什么内容申请仲裁

D. 要有选定的仲裁委员会

二、填空题

1. 采购合同的变更包括__________和__________的变更。

2. 关于采购合同的解除，解除方法主要有：________、_________和_________。

3. 采购合同争议的解决方式通常有：________、________、________、________。

三、简答题

1. 简述双赢型采购谈判的特点。

2. 简述采购合同的特征。

3. 简述采购合同的风险。

【实战训练】

【实训目的】

通过本次实训，深化对采购合同相关知识点的认知，练习编制简单的采购合同。

【实训内容】

请结合以下信息，草拟一份采购合同：

某高校为了推进物流管理专业建设，积极探索产教融合新路径，经物流管理教研室的广泛调研，该校作为采购方（甲方）拟采购浙江菜鸟供应链管理有限公司（乙方）的“物流数据中心协同创新设备”一套，用于物流管理专业教学，设备价款 270000 元。其他要求如下：

1. 设备供应需由浙江菜鸟供应链管理有限公司负责，不允许转包和分包。

2. 质保期 1 年。

3. 履约保证金为合同总价款的 1%，验收合格之日起 5 个工作日内无息退还。

4. 签订合同 20 个工作日后，由浙江菜鸟供应链管理有限公司负责送货至学校指定地点，并完成安装和调试。

5. 甲方已收到履约保证金，银行出具预付款保函 7 个工作日内，甲方向乙方支付合同金额 40%的预付款。货物（服务期满）验收、安装、调试完成并验收合格后，支付合同金额的 60%；所有款项的支付须在乙方向甲方提供发票并在甲方履行财政相关资金审批手续后方可进行。

6. 安装、调试和验收费用由乙方负责。

7. 合同纠纷处理方式秉承先协商的原则，协商不成，利用法院诉讼的方式解决。

8. 产品信息如下：

货物（服务）名称	品牌	规格型号	单位及数量	性能及指标
物流行业产业数据展示系统	浙江菜鸟供应链管理有限公司	NA	1套	“物流行业产业数据展示系统”功能如下： 1. 系统能力范围 1）基于电商物流上下游相关数据，通过大数据分析，打造杭州市内电商物流产业可视化物流产业大屏； 2）可视化物流产业大屏融合主流电商平台（如淘宝、天猫等）的商流数。 2. 主题展现功能 1）产业经济：通过杭州市产业规模、结构、商家集中度等大数据分析，挖掘产业尖子，洞察潜力爆品，数据分析维度包括以下内容。 ①核心指标：电商交易成交额指数、电商交易成交额指数环比上月增长率、电商交易成交额指数全市排名、活跃商家数指数、活跃商家数指数环比上月增长率、活跃商家数指数全市排名； ②重点产业：重点产业电商交易成交额指数、重点产业电商交易成交额指数环比上月增长率、重点产业物流单量指数； ③商家/商品：重点商家电商交易成交额指数、重点商家电商交易成交额指数环比上月增长率、重点商家物流单量指数、重点商品电商交易成交额指数。 2）区域发展：通过杭州市各个区的产业分布大数据分析，挖掘区域产业特征，数据分析维度包括以下指标。 ①街道电商交易成交额指数； ②街道电商交易成交额指数环比上月增长率； ③街道物流单量指数； ④街道活跃商家数指数； ⑤街道特色产业。 3）物流效能：展示杭州市物流基础设施建设程度、快递员就业状况，快递运行效率等大数据分析结果，数据分析维度包括以下内容。 ①核心指标：物流单量指数、物流单量指数环比上月增长率、物流单量指数全市排名、24 小时及时揽收率、24 小时及时揽收率环比上月增长率、包裹配送时效、包裹配送时效环比上月增长率、包裹配送时效全市排名； ②物流基础设施：快递网点数、快递网点数全市排名、物流末端个数、物流末端个数全市排名、小件员数、小件员数全市排名； ③快递运力：重点快递公司物流单量指数、重点快递公司物流单量占比、重点快递公司 24 小时及时揽收率、重点快递公司包裹配送时效； ④街道效能：街道物流单量指数、街道物流单量占比、街道 24 小时及时揽收率、街道包裹配送时效

【实训要求】

以学习小组为单位，组内分工协作，编制一份内容齐备、格式规范的采购合同，并注意以下问题：

1. 思考本次采购还有哪些未尽事宜需要与供应商沟通确认，补充在采购合同中。

2. 在合同中，明确合同纠纷的解决方式，并合理规避合同风险。

【拓展学习任务】

基于“结构化+数字化”的合同管理新模式探索

项目六　供应商管理

【学习目标】

一、知识与能力目标

◆ 能够清晰且全面地表述供应商管理的内涵以及供应商管理的内容;

◆ 可以概括出供应商管理的意义和目标;

◆ 能够准确描述供应商开发的程序;

◆ 知晓基本的供应商开发的渠道和方法;

◆ 能够结合企业实际，独立开展供应商分类工作;

◆ 运用供应商选择的原则和方法，设计供应商调查表以及供应商选择与评价指标体系;

◆ 能够分析出供应商早期参与和供应商帮扶对企业的意义;

◆ 能客观分析某企业供应商关系管理中存在的问题，并结合所学知识提出可行的、合理的改进措施。

二、价值目标

◆ 从供应商管理相关知识点当中领悟并践行“和合共赢”理念。

【课前任务驱动】

“土坑酸菜”事件后，康师傅元气大伤，方便面净利暴跌

请结合该案例及本项目的相关知识点，对以下问题开展分析与研讨：

1）请分析康师傅公司在“土坑酸菜”事件中会受到哪些影响？

2）请分析康师傅所在供应链中，其他供应链节点企业在“土坑酸菜”事件中是否会受到影响？会受到怎样的影响？

3）请结合案例分析，企业应该如何管理供应商，才能避免此类事件的发生？

任务一　供应商管理概述

【企业实践案例 6-1：关于供应商管理相关问题的研讨】

顺丰合格供应商认证流程

1. 供应商信息注册：完成供应商相关信息的注册登记;

2. 认证准备：成立认证小组及制定认证方案；

3. 准入条件审核：根据准入方案，进行供应商准入条件的审核；

4. 现场审核：根据不同业务情形，进行供应商现场审核；

5. 财务审核：对供应商的财务能力进行审核，包含但不限于资产负债表、利润表、现金流量表等；

6. 样品审核：旨在确定供应商是否能供应符合质量要求的产品；

7. 实名认证：是对用户资料真实性进行的一种验证审核，包含银行卡认证和身份证认证两种方式；

8. 综合评估与审批：审核工作完成后，需对认证结果进行综合评估，决定供应商是否合格；

9. 签署相关协议：审批合格后，供应商需签署包括《保密协议》《廉洁协议》在内的相关协议。

按照顺丰集团供应商注册流程，在顺丰数智化采购平台完成注册，并如实完成相关信息的填写，进入顺丰供应商注册资源库；顺丰集团对应采购组织将结合本组织的供应商寻源项目需求，以及建设本组织供应商资源库需求，对进入顺丰供应商注册资源库的供应商进行认证评估；认证通过后成为顺丰集团合格供应商，具备参与顺丰集团对应采购组织认证品类的采购寻源项目参与资质。

资料来源：顺丰采购管理系统 时间：2023-06

请结合以上案例及下述供应商管理的相关知识点，对以下问题开展研讨与分析：

1）请思考顺丰为什么要开展合格供应商认证工作？这项工作有什么意义？

2）在“顺丰合格供应商认证流程”中，需要成立认证小组，请思考认证小组应该由哪些成员组成，为什么？

3）案例中所谓的“进入顺丰供应商注册资源库”的供应商和“合格供应商”有何区别？

4）你认为以上案例中的工作是否属于供应商管理的内容，为什么？

一、供应商管理的内涵

供应链是由供应商的供应商到客户的客户组成的一条价值链，供应链管理是对贯穿其中的物流、信息流和资金流的集成管理，以把速度和质量做上去、把成本降下来，给客户的价值最大为最终目标。供应链上的物流、资金流和信息流都是在采购商与供应商之间发生的，因此，管好供应商是管好供应链的内在要求。同时，在制造业企业中，企业 70%左右的成本来自供应商。从表面上看，供应商在赚采购商 70%的钱，实际上，供应商也承担着企业 70%的增值活动的责任，因此，从一定程度上讲，供应商的绩效直接影响或决定供应链的绩效。

供应商是有偿向企业提供其生产所需产品或服务的组织，是企业外部环境的组成部分，是影响企业生产运作系统最直接的因素，也是保证企业产品的质量、价格、交期和服务的最关键因素之一。供应商包括潜在供应商、签约供应商与合格供应商。潜在供应商指正在进行认证但尚未进入合格供应商名录的供应商。签约供应商指生产或研发过程中对其产品进行验证认可过程中的供应商。合格供应商指经过供应商资质审核、物料认证以及批量试用并通过相关评审，有能力正常供货的供应商。

供应商管理是企业保证物资供应、确保采购质量和节约采购资金的重要环节。供应商管理是企业的供应部门以经济效益为目的对企业的供应商进行选择、考核、评比、优化的动态管理过程，其目的在于为企业建立一个稳定、可靠的供应商队伍，为企业生产提供稳定可靠的物资供应。没有供应商就没有供应链，没有供应商管理就没有供应链管理。

现在我们经常说，企业与企业之间的竞争已经转变成供应链之间的竞争。作为未来的采购管理从业者，我们一定要知道并深刻理解这句话的内涵。在竞争如此激烈的市场上，企业要想获得优势地位，一定要比竞争对手做得好。质量要比竞争对手好一点，价格要比竞争对手便宜一点，交货要比竞争对手及时一点。那么要想做到比竞争对手质量好、价格便宜、交货及时，就需要供应商的服务和配合，所以，供应商应该是我们并肩作战的战友，只有相互配合与合作才能赢得客户和市场。因此，我们说当下的市场竞争环境中，企业间的竞争已经上升为供应链间的竞争。企业应该把供应商当作最重要外部资源，当作供应链管理中最重要的一环。

如何利用好供应商这个重要的外部资源呢？如果是简单的，认为供应商不好就换，这是“竞争”关系，很难与供应商发展成长期的战略合作伙伴关系，供应商也很难将其最好的产品和服务提供给我们。如果我们把供应商当成竞争对手，双方就有很多地方彼此设防，信息沟通不充分，就会导致合作中的不协调，那么，此时的供应链就会变得很虚弱。企业要想真正地利用和发挥供应商这一优质外部资源的优势，就需要与供应商达成长期的战略合作伙伴关系，这就需要对供应商进行科学的、有效的管理。科学有效的供应商管理，能让供应商的价值最大化。很多供应商在技术、质量甚至物流方面有很强的优势，我们要通过科学有效的管理手段，将其价值充分发挥出来。

二、供应商管理的内容

【企业实践案例 6-2：关于供应商管理内容相关问题的研讨】

顺丰供应商全生命周期管理

环节一：引入认证

从供应商的引入渠道、准入条件、认证审核流程以及风险评估等维度，明确供应商引入认证的规范要求。

环节二：分类分级

根据供应商的合作资格、合作深度、绩效表现等情况，对供应商采取分级分类管理，建立差异化、动态化的分级发展规范。

环节三：绩效管理

建立科学、合理、及时的绩效管理评估机制，实施可量化的绩效评估标准，并联合多部门进行评价，促进供应商良性竞争。

环节四：日常管理

建立培训与辅导机制、日常审核考察机制、信息变更审批机制三种机制强化供应商日常管理。

环节五：处罚管理

对业务合作过程中存在违约违纪行为的供应商，参照《顺丰集团供应商处罚管理办法》给予警告、罚金、暂停、淘汰等处罚。

环节六：退出管理

设置处罚退出和非处罚退出两种供应商退出管理形式。

资料来源：顺丰 2022 年 EGS 报告 时间：2023-04

请结合以上案例及下述供应商管理内容的相关知识点，对以下问题开展研讨与分析：

1）请思考供应商“分类”和“分级”有何区别？“分类”和“分级”的目的分别是什么？

2）请分析供应商“绩效管理”与供应商“选择评价”有何区别？

3）供应商“处罚管理”和“退出管理”与“供应商关系管理”有何关系？

对供应商的管理既要有合作前的谨慎选择，也要有合作中和合作后的科学管理。对于采购企业而言，通过合适的渠道选择合适的供应商开展合作，这叫作战略寻源。在双方的合作中管理好供应商的绩效，并且通过管理与合作，督促、帮助供应商改进，使其在绩效、能力和技术等方面得到提升。通过将该流程细化，就得到供应商管理的内容。

1. 潜在供应商调查与开发

1）采购部根据生产、设计与研发的需要，收集内部需求信息，评估采购需求的合理性，然后收集相关的市场供应信息。

2）分析企业现有供应商是否能够满足此需求，如果目前没有或者现有供应商的供应能力不能满足当前需求，就需要开发新的供应商。

3）从供应风险和采购费用支出额度两个维度，分析此类产品的供应商属于瓶颈类、关键类、日常类还是杠杆类供应商，采取不同的开发策略（关于供应商分类的相关内容在后续章节中详细介绍）。

4）制订潜在供应商开发计划，寻找、搜索潜在供应商，并通过各种渠道调研潜在供应商各项资料。技术和品管等部门参与制订物料开发计划且负责物料认证方案的策划，以及认证过程的数据收集，最终出具物料认证报告；评审供应商产品质量保证能力，并向采购部传递相关信息；参与供应商现场审核、出具报告，样品质量问题处理。

2. 供应商分类

很多公司在供应商管理上是一笔糊涂账：只有订单管理，没有供应商管理，对所有供应商“一视同仁”，管理上简单粗暴。要知道，区别对待是精细化管理的体现，没有差异化管理，就不能将有限的资源投入回报率最高的供应商上。如果企业对所有供应商都用统一的标准来管理，就会导致对供应商的评价不合理，对供应商的管理没有重点，不同产品或服务的供应商行业差异性较大，会出现唯一的评价标准并不适用于所有供应商的情况。例如，用一套标准来做准入审核时，机电类产品供应商能通过审核，但办公用品等 MRO（maintenance，repair & operations）物料供应商就很难通过审核。所以，在供应商准入审核以及后续管理、供应商绩效评估等工作中，应对不同供应商区别对待，重点管理。供应商分类的方法很多，企业可结合企业实际和业务需要适当选择供应商分类的方法。常见的供应商分类方法有两种：

一种是从供应风险维度和采购资金支出占比维度两个方面进行供应商分类。另一种是品类管理，即把有共性的采购对象归并到一起，设置专门的采购、技术和质量团队来管理。比如纸箱、纸袋、包装盒等有共性，属于包材类；铝制件、不锈钢件、塑料切削件都离不开机械加工，所以划分为机械加工类。这两类采购项大不一样，所要求的商务条款和技术知识也不同。

供应商分类的目的包括以下内容：

1）了解不同采购业务有多大的采购额、有多少供应商、资金重点投向；

2）针对不同类别供应商，采取不同的管理方法，把管理资源投入回报率最高的地方；

3）了解不同产品供应商的整体状况，供应商数量过多的，就需要整合，供应商数量太少的，要利用合适的渠道和方法开发新的供应商。

3. 供应商选择与使用

首先，采购寻源人员接受并组织新物料采购任务，确定供应商选择策略，组织制定供应商选择标准，执行供应商选择过程，组织与供应商开展商务谈判。其次，采购负责人审批供应商选择结果，在权限范围内审批核价单，代表公司与供应商签订采购合同。最后，采购跟单人员执行具体的采购任务。供应商选择与使用的基本流程如下。

第一步：识别与选择潜在供应商。原则上尽可能将业务分给物料族的核心供应商，如果临时供应商和合格供应商足够多，则无须找更多的供应商。

第二步：检查潜在供应商数目。为保证采购有效性和公正性、避免唯一来源采购的不利情况，尽量保证要有两个或两个以上候选供应商。在执行采购流程之前，采购部门要检查潜在供应商的数目是否满足采购业务规则和政策的要求。如果潜在供应商的数目不够，则需提供一个合理解释或者用其他途径识别出足够多的潜在供应商。

第三步：询价。询价的问题尽可能详细，确保收集到的信息全面，在平等的基础上对供应商的报价进行详细比较。

第四步：选择供应商。

第五步：组织开展采购谈判。针对技术、商务、交货、服务等事项，由采购部门组织相关人员与入围的供应商进行商务谈判，并将谈判的意向结果草拟成合同草案。

第六步：签订采购合同。将采购合同提请相关负责人审批，再传递给供应商。

第七步：资料备档。采购部备齐前期认证资料后，进行供应商资料归档，并录入采购管理信息系统。

第八步：准备实施采购。采购部将供应商选择的结果及时通知相关部门和人员，准备实施采购。

4. 供应商绩效管理

供应商绩效管理的目的是指导供应商的供应行为，确保供应商供应行为满足企业一定程度上的要求，保持供应商队伍相对稳定的基础上，持续优化供应商绩效，从而使企业的采购与供应商管理工作更上一层楼。通过供应商的调查、评估与开发工作，并将新开发的供应商分类，签订采购合同之后，供应商就开始为企业提供货物或者服务。在供应商的供应过程中或阶段性供应结束之后，要对供应商一段时间内的表现进行评价，这就是供应商绩效管理，有的企业也将供应商绩效管理称为供应商合作后评估，目的是对供应商的供货表现给予评价，对未来供货行为给予指导，支撑供应商绩效持续改进，从而确保供应商达到采购商的绩效期望，满足企业采购管理工作要求。供应商绩效管理的前提是对供应商的供货行为和表现进行全方位统计，因为不统计就不知道供应商各方面表现如何，也就无法有效管理供应商，离开了绩效统计和绩效管理，供应商的绩效注定不好。

很多企业的供应商管理经常花费很大的精力去做供应商选择（寻源），但是没有后续供应商绩效管理工作，可以说是乏善可陈，因为选择代替不了管理，管理也代替不了选择。例如，很多行业特别是招投标盛行的行业，一个根本问题就是以选代管：有供应商选择，没有供应商管理，也是粗放管理的代表。没有绩效管理，采购战略寻源的成果就会大打折扣。因此，供应商绩效管理对于企业而言非常重要。

一般地，供应商绩效的统计和评价可以从七个方面开展：成本、质量、交货（交付）、服务、技术、资产管理、员工/流程，合称 QCDSTAP。Q 代表质量（quality）、C 代表成本（cost）、D 代表交货（delivery）、S 代表服务（service）、T 代表技术（technology）、A 代表资产管理（asset management）、P 代表员工/流程（people/process）。供应商所处行业不同，绩效评价的侧重点也会有不同，也可能在这个基础上进行一定程度的取舍。一般质量、成本和交货指标在各行各业中都是通用的，这三个指标相对而言易于统计，属硬性指标，是供应商绩效管理的直接体现。技术、资产、员工/流程指标相对难以量化，是柔性指标，但却是保证前三个指标的根本。服务指标介于中间，是供应商增加价值的重要表现，具体如图 6-1 所示。

图 6-1 供应商绩效管理指标体系

5. 供应商关系管理

20 世纪末开始，随着社会分工的细化，企业“外包”理念流行，越来越多的企业把自己的重点放在核心业务，把非核心业务剥离。企业间业务之间的联系更加密切，企业之间的关系变得越来越重要。当企业发现彼此的贡献可以融合成一种新竞争力并产生综合效益时，需要重新评估企业和供应商之间的关系，其最终的目的是与供应商共享合作与创新的成果。还有一种理念叫作“价值链”理念，这种理念认为，竞争不是发生在企业和企业之间，而是发生在企业各自的价值链之间，只有对价值链的各个环节或业务流程实行有效的管理，企业才有可能真正获得持续的竞争优势。同时，信息网络技术的发展，使企业和供应商之间的合作跨越了地域的制约，企业之间的联系越来越开放，合作方式也越来越多样化，供应商资源可以成为企业的核心竞争力之一。

供应商关系管理是用来改善采购企业与供应商关系的理论、方法和工具，也是一种致力于实现与供应商建立和维持长久、紧密伙伴关系的管理思想和解决方案。它摒弃了传统以价格为驱动的竞争性采供关系，是以共享信息、发展协作互助的伙伴关系、共同开拓和扩大市场份额、以双赢为导向，实现采供双方以合作为基础的共同发展。供应商关系管理理念认为，企业应该将重要的供应商发展成为合作伙伴供应商，这种供需关系要求将企业和供应商之间的“敌对”关系转变为“信任”关系，把简单的买卖关系上升到合作伙伴关系。合作伙伴供应商是供应商在一个特定的时间内与其客户就某些产品和服务达成一定的承诺和协议，包括信息共享，分享和分担由于伙伴关系带来的利益和风险，也就是说“伙伴”的概念必须建立在合作和信任之上。伙伴关系是指在没有共同所有权情况下达到横向系统集成和业务集成的效果，合作创造市场价值。很多供应链与物流管理方面的专家指出，日本丰田汽车之所以能够取得现在的发展成就，其核心管理方法之一就是建立了良好的供应商关系管理体系。丰田汽车和各级供应商是长期合作关系，风险共担、利益共享，因此，丰田公司的各级供应商愿意投入大量资源做研发，愿意持续不断地进行技术和工艺优化，反过来促进丰田公司所生产汽车的安全、质量和可靠性的提升，成本也更有竞争力。

三、供应商管理的意义

供应商作为企业重要的外部资源，是影响企业生产运作系统运行的最直接因素，供应商的交期与服务，直接影响企业生产运作的稳定性和订单的响应效率，供应商提供的产品直接影响企业所生产产品的质量、价格与市场竞争力。科学有效的供应商管理对企业缩短交货期、提高资源利用率、降低成本、改善服务和增加收益等方面起到巨大的推动作用，而且能提升企业在市场竞争中的竞争力。具体而言，供应商管理意义在于以下方面。

1. 科学有效的供应商管理，有利于企业降低采购成本

在制造企业当中，70%左右的产品成本来自供应商，因此，在企业所有降本任务中，采购部分的降本空间最大，因此，大部分企业对各级各类供应商都有明确的降本指标，通过科学有效的供应商管理办法，促进降本指标的达成。例如，很多美国车企在应对供应商降本指标问题当中，它们通过充分询价，引入公开竞标、低价中标等竞争机制，利用市场这只无形的“手”，在短期内实现显著的降本效果。日本车企，如丰田和本田，它们也有严格的目标成本和持续降本指标，但是与美国车企不同的是，它们更多的与长期合作的供应商协作，一起优化生产工艺和产品设计，来推动供应商更高层次的降本。另外，通过与供应商良好的沟通可以降低产品开发成本、质量成本、交易成本和售后服务成本等。

2. 科学有效的供应商管理，有利于提高供应商产品质量

供应商产品质量是企业生产质量和研发质量的组成部分，这是因为高质量的原材料是企业生产高质量产品的首要条件。原材料的质量直接影响企业所生产产品的质量。只有供应商提供优质的原材料，企业才能生产出高质量的产品；供应商提供质量低劣的原材料，则会降低企业最终产品的质量，给企业带来不可估量的损失。因此，企业通过对供应商有效的管理，并与供应商及时、有效地沟通，使供应商充分了解其产品在企业的使用情况和技术质量要求，并在其制造体系中加以贯彻执行，从而不仅可以降低供应中的质量异议，控制质量事故，还可以在合作研发新品中缩短周期、提高效率。

在供应链管理当中有一个经典的理论是“质量成本十倍放大效应”，该理论认为，供应商产品的品质问题给企业造成的损失，会沿着供应链不断被放大，有质量问题的产品每流经一个供应链节点，质量问题处理成本就会扩大十倍。例如，某电器产品的一个电容出现了质量问题，如果在供应商出厂前发现并将其挑选出来，只要 1 元成本就够了，这个成本无非就是产品的生产成本和质检成本。但是，如果将其运到工厂，并将其安装到线路板上才发现问题，那损失的成本就是 10 元。因为此时的损失成本包括电路板的制造成本、电路板的检测成本、退货成本以及问题电容的生产成本。如果这个存在电容质量问题的线路板被工厂装到整机里才发现，成本就会高达 100 元了，因为我们要处理这个质量问题，就需要将装好的整机进行检查、拆卸、更换配件、重新组装，这些都需要高昂的成本。如果这个存在电容质量问题的整机产品，销售到客户手中，客户在使用时发生了故障，处理成本可能就要更高，甚至变成 1000 元，因为客户要将产品退回到分销商，分销商将产品退回到整机厂，整机厂进行检测、拆卸、更换，另外可能会产生对客户的赔偿，以及商誉的损失。所以说，质量问题在供应链中越早发现，就会被越快处理，因为越在前面处理，质量成本就越低。通过科学有效的供应商管理，将质量问题控制在供应链的最前端，能够有效降低供应链中因为质量问题而产生的非必要成本。

3. 科学有效的供应商管理，有利于提高供应链的稳定性

在企业供应商绩效考评指标中，大部分企业都会设置“交付”指标，通过交付指标的设置，引导供应商确保交付的及时性和稳定性。因为供应的及时和稳定，决定了生产的稳定性和连续性，供应商如果交付环节时效不及时，供给量不稳定，就可能导致企业停工待料，增加紧急采购的频次，也无法保证供应链下游企业的销售计划顺利执行。因此，在供应商绩效考评当中，交付指标是确保供应链稳定的重要指标之一。

4. 科学有效的供应商管理，有利于提高供应商的服务水平

零库存、准时制生产、精益物流等供给方式逐渐占据生产、流通与管理领域，在这种环境下，提高对客户需求的反应速度尤为重要，而供应商的交货时间、订货提前期、生产柔性将直接影响企业的反应速度。如果供应商能够非常迅速地按照企业的要求为企业的生产提供所需的原材料，对于企业竞争优势的建立显然是非常有利的。例如，戴尔计算机公司的一个竞争优势就是对客户需求的快速反应。客户发出订单后，戴尔可以在接到订单的 36 小时内组装计算机并且发货出运。为了支持这一生产速度，戴尔要求其供应商在接到戴尔的需求指令以后，必须在 1 小时之内为其提供所需的零部件。

5. 科学有效的供应商管理，有利于供应商的持续改进

供应商管理的重要内容之一是供应商绩效考评，企业通过设置合理的评价指标体系及指标权重，对供应商开展全方位，有侧重的绩效考核，通过考评指标的设置，引导并激励供应商不断向企业期待的方向靠拢，促进供应商持续改进。

6. 科学有效的供应商管理，有利于提高供应链的竞争力

随着企业越来越注重核心能力的培养和核心业务的开拓，就需要充分利用供应商这个强大的外部资源，通过供应商早期介入的方式，充分利用供应商的专业能力，合作开展新产品设计与研发工作，从而从根源提高企业核心竞争力的情况也逐渐增多。当前，许多大公司都将产品开发与生产延伸到供应商，与供应商建立“伙伴关系”，充分利用供应商的技术能力与资产设施为自己开发新技术。这样，一方面可节省自己的投资，降低投资风险；

另一方面还可迅速形成生产能力，扩大产品生产规模，提高企业核心竞争力。同时，采购商与供应商之间这种紧密的战略合作伙伴关系，也会使整个供应链的竞争力不断增强。

四、供应商管理的目标

1. 以相对较低的成本获得符合企业质量和数量要求的产品

企业依赖供应商提供的各种产品和服务才能够完成生产任务，同时花费大量的资金采购供应商所提供的资源，企业的采购活动是重要的经济行为，企业的逐利性又决定企业在实施采购活动时，会通过各种管理手段和方法降低采购成本，其中，实施供应商管理是降低采购成本的重要方式。通过对供应商成本、质量、交付和服务各方面的要求和管理，达到降低成本，确保按时、按质、按量交付的目的。

2. 有效管理供应商资源，控制供应链风险

在传统经济时代，供应商主要都在本土，集中在同一个行业，供应链的可见度高、可控性强，随着行业分工日益精细化及技术的发展，供应链全球化程度越来越高，复杂程度也日益增加。全球化程度越高，企业供应链不可控风险越大，在这样的环境下，企业只有通过科学有效的供应商管理，才能够降低供应链风险。随着供应链全球化和技术发展，供应链的跨度、长度都在不断增加，可见度和可控性在逐渐下降，受自然灾害、政治因素、金融因素的影响也越来越大。此外，在技术相对成熟的行业，供应商经过一轮又一轮的整合，议价能力增加，管理难度上升。在技术驱动的行业，技术越发展，专业分工就越细，供应链也就越长，越难管控。所有这些，都让简单、直观的供应链变得更加复杂，客观上也要求公司加强供应商管理，以有效管理供应商资源，控制供应链的风险。

例如，我们所熟知的电子产品，产品的设计、加工、组装大多在中国大陆完成，而部分关键元器件主要可能来自我国台湾地区，也可能来自日韩和欧美国家。为元器件厂商提供生产设备的供应商集中在日本和欧美国家，给设备厂商生产零部件的供应商则遍布亚洲和北美，这是个典型的供应链全球化的案例。由于供应链上的节点企业分布于不同的国家和地区，而且供应链复杂程度高，全球供应链合作伙伴之间通过加强分工协作和高效协同，推动产业链上下游贯通，促进资源要素和基础设施互联互通、高效运行，才能保证供应链的顺畅和稳定。

在供应链全球化的大趋势下，应对供应链风险，确保供应链安全问题，一是要积极推动补链强链工作，形成产能备份和多元化供给方案。积极利用行业资源和生态链内企业资源，设置专项攻关计划，补齐核心技术、关键材料等领域短板。二是通过投资和技术合作等方式加快核心技术攻关，早日实现技术突破。发挥大企业引领支撑作用，与专精特新企业深度协作，构建新型研发机制和体系。三是推行核心技术攻关的长期主义，深耕基础学科研究，为核心技术攻关蓄积能量。

3. 供应商管理是保持和提高供应商绩效的关键

大部分企业都知道选择合适的供应商至关重要，所以把大量的时间用在战略寻源上。但是，供应商选来后，后续的管理手段和方法不同，供应商绩效表现就会大不相同。很多企业对供应商管理问题，只有合作前的选择，后续的绩效管理很薄弱，甚至没有绩效管理，结果是供应商绩效每况愈下，战略寻源阶段的成果迅速消失。那么，要想确保供应商的绩效在一定时间内满足企业的要求，就要设置合理的供应商评价指标体系和权重，定期统计

供应商绩效，及时采取改进措施，引导供应商行为，以此来维持和提高供应商的绩效。除此之外，企业还要在供应商协作和集成方面有所行动，供应商协作和集成是从供应链的角度出发，督促和帮助关键供应商，通过精益生产降低生产成本，通过电子商务降低交易成本，通过价值工程/价值分析降低设计决定的成本。战略寻源、绩效管理和供应商协作与集成“三管齐下”，选好供应商、用好供应商、引导好供应商，从而提高并维持供应商的绩效表现。

任务二　潜在供应商调查与开发

【企业实践案例 6-3：关于潜在供应商调查与开发相关问题的研讨】

菜鸟地网航空地服业务优选仓首公里仓安检解决方案集中采购公告

菜鸟网络现发布即将启动的菜鸟地网航空地服业务优选仓安检解决方案集中采购寻源公告。

一、项目概况

项目名称：菜鸟航空安检综合解决方案集中采购；

项目地址：全国范围；

项目规模：设备需求约 100 台；

招标期限：两年期，具体时间以招标文件为准。

二、采购内容

为菜鸟优选仓、首公里仓提供中低速、高速安检解决方案，包括不限于 X 光安检机和扫描测量等产品设备的供货、安装、调试及与相关系统集成等一系列服务。

三、报名基本资格

1. 具有独立承担民事责任能力的法人，持有合法有效的营业执照。

2. 报名企业需有注册资本 1000 万元及以上。

3. 报名人提供近 3 年内三份物流仓储项目案件解决方案（高速或低速）的业绩文件。

4. 近 3 年的财务审计报告（2020—2022 年），经审核财务数据无异常。

5. 可承诺在本项目涉及的相关行业无不良履约记录，如曾为招标人提供相关服务未被评估为不合格或存在不良履约记录。

6. 报名企业未被列为失信单位。

7. 如互为关联方的企业同时报名，由报名单位自行决定选出一家参与报名。

四、投标报名提交材料

1. 报名表（盖章版及 Excel 版），见表 6-1；

2. 营业执照；

3. 业绩文件（近 3 年内三份）；

4. 公司财报（近 3 年）。

表 6-1 菜鸟地网航空地服业务优选仓首公里仓安检解决方案集中报名表

序号	1
公司全称（投标主体）	
注册资金	
是否提供了近 3 年内三份物流仓储项目案件解决方案（高速或低速）的业绩文件	
是否提供了完整版近 3 年财务审计报告，且无保留意见	
是否提供了盖章版报名表及可编辑版报名表	
后续工作对接人	
职务	
联系电话	
邮箱	
备注	资料信息需盖章发扫描件

注：1. 投标主体为在集鸟供应商服务平台注册报名，且后续参与本项目段标，若中标后，可以履约合同的公司主体（我司不接受以母公司名义投标，以子公司名义履约合同的场景）。

2. 本 Excel 表格包含两张工作表。分别为：集中报名表、业绩信息表，所有内容都需填写完整，若资料填写不全或未按招标人要求填写，导致未能进入后续环节，由报名单位自行承担后果。

3. 本 Excel 表格需要提供盖章版扫描件及 Excel 版原件（原件用于招标人汇总资料）。

4. 业绩信息请严格参照“供应商业绩信息表”（表 6-2）要求填写，所有填写的业绩信息需要提供合同证明文件，无法提供证明文件的业绩视为无效。

表 6-2 供应商业绩信息表

<table>
<tr><th>序号</th><th>公司全称（投标主体）</th><th>项目序号</th><th>合同名称</th><th>甲方签约主体</th><th>乙方签约主体</th><th>项目地址</th><th>合同金额/万元</th><th>合同期限（开始时间—结束时间）</th></tr>
<tr><td rowspan="3"></td><td rowspan="3"></td><td>1</td><td></td><td></td><td></td><td></td><td></td><td></td></tr>
<tr><td>2</td><td></td><td></td><td></td><td></td><td></td><td></td></tr>
<tr><td>3</td><td></td><td></td><td></td><td></td><td></td><td></td></tr>
<tr><td></td><td colspan="8">1. 本表格所填写的业绩必须为近 3 年业绩文件。
2. 所有填写的业绩都需要提供合同关键页扫描件（合同关键页包含甲乙双方主体、合同服务内容、合同期、合同盖章页等）。
3. 所有提供的业绩签约主体必须为本次菜鸟供应商服务平台注册的公司，不接受其他关联公司业绩（关联公司业绩包含母公司业绩）。
4. 尽可能提供更多的有效业绩，我司将根据业绩情况择优选择入围单位。</td></tr>
</table>

资料来源：菜鸟供应商服务平台　时间：2024-05-16

请结合以上案例及下述供应商开发相关知识点，对以下问题开展研讨与分析：

1）思考采购为什么要开发新的“菜鸟航空安检综合解决方案”供应商？

2）此次采购菜鸟是通过什么渠道收集供应商信息的？

3）“报名表”和“供应商业绩信息表”在本次采购中有何作用？

一、供应商开发的一般程序

1. 提出供应商开发需求

1）技术/研发人员、生产部门人员、公司其他人员，根据新产品开发、生产和办公的需要，尽可能详细地说明对采购产品或服务的技术要求，并提供已知的潜在供应商信息，提供给采购部门。不是所有采购项目都需要开发新供应商，供应商开发的条件包括：

①现有供应商的价格、交付、产能、质量、服务状况不能满足需求，或某物料存在供货风险时，由采购部门申请开发新的供应商或开发合格供应商的新物料；

②在研发前期被项目负责人评审为重点项目的产品，为了降低产品量产期间采购物料供应风险和压力，可以开发新供应商以备不时之需；

③由技术/研发部门指定的独家供应物料，BOM 中的独家供货物料，以及重点物料及可能存在供货风险的物料需要开发潜在供应商，作为备选供应商。

2）采购部门依据需求对开发申请进行评审。若评审结果为不同意开发，则将评审结果反馈给需求部门，终止开发；若评审结果为同意开发，则每份评审表为一个项目，采购部门进行项目编号后，制订供应商开发计划。采购部门依据以下标准评审新供应商开发的必要性。

①此物料是否第一次采购且在合格供应商名录中无匹配可选，必须开发新供应商？

②此物料现有供应商的供应状况是否无法满足要求？

③是否在已有的合格供应商中无法选择替代？

④开发新供应商的时效性、成本是否小于原供应商整改的时效与成本？

3）项目跟踪。采购部门从项目启动时开始跟踪供应商（物料）开发进度信息，并且做好项目信息分类整理，详见表 6-3。

表 6-3 供应商开发申请样表

NO： 版本号： 表单编号：

<table>
<tr><td>申请部门</td><td></td><td>申请日期</td><td></td><td>适用类型</td><td></td></tr>
<tr><td>项目名称</td><td></td><td>产品名称</td><td></td><td colspan="2">项目性质：□ 新项目 □ 量产项目</td></tr>
<tr><td>物资名称</td><td></td><td colspan="4">物资类别：□ 原材料 □ 外购/外协件 □ 工序外包
□ 工装/模具/检具外包</td></tr>
<tr><td rowspan="7">申请
原因
描述</td><td colspan="5">□ 新品开发，产品质量先期策划需要；
□ 现有供方因质量、价格、交付、服务等无法满足公司要求；
□ 原供方停产或主动提出更换；
□ 实施一种材料两家以上供方供货战略；
□ 顾客提出更换要求；
□ 原供应商因业务并购或分离导致供应商属性发生变化时</td></tr>
<tr><td colspan="5">□其他原因 说明：</td></tr>
<tr><td colspan="5">附件说明：</td></tr>
<tr><td colspan="3">①</td><td colspan="2">②</td></tr>
<tr><td colspan="3">③</td><td colspan="2">④</td></tr>
<tr><td colspan="5">申请人：</td></tr>
</table>

意向供方	①	②	③	
	④	⑤	⑥	
审批栏	人员	意见	审批	日期
物控部	采购员：			
	物控主管：			
技术部	项目工程师：			
	技术主管：			
品管部	QE：			
	品管主管：			
总经办	总经理			
备注				

2．制订供应商开发计划

对于生产物料类供应商，依据供应商开发需求，采购部门负责组织拟订开发计划并组织相关部门参与供应商认证工作。

3．搜集供应商信息

1）通过互联网，如搜索引擎、专业网站、专业贸易网站来寻找潜在供应商；

2）查看专业杂志、书刊来寻找潜在供应商；

3）从市场上搜集和寻找潜在供应商；

4）参加专题展览会、展销会等大型活动寻找潜在供应商。

4．向潜在供应商询价

通过对供应商的寻找与比较，采购部门与有潜在合作能力的供应商取得联系，进行供应商调查及索要资质文件，并进行询价。

5．审查供应商资料

技术/研发部门对所需采购的定制物料提出技术规格或图纸，或对标准件的供应商提供的物料技术规格进行确认；采购部门依据对供应商的调查及资质证明，对供应商进行初步审查、评估对比，对初审合格并有合作意向的供应商进一步联系与沟通。

6．组织与供应商会谈

对基本符合要求的供应商，采购部门安排供应商面谈沟通，加深对其供应能力的了解。对于双方有合作意向并需要进行样品认证的，由采购部门安排样品验证。

7．组织现场考察

认证潜在供应商时，采购部门根据实际需求判断是否对潜在供应商进行现场考察，根据具体情况，由采购部门、品管部门、技术/研发部门、生产部门等联合开会决定是否进行现场考察。在现场考察结果令人满意的情况下，决定是否采取下列步骤。根据企业对潜在供应商管理、生产、研发、质量管理、环境和社会责任等的基本要求，由采购部门牵头其他部门制定供应商考察的内容。由采购部门、品管部门、技术部门及其他部门组成联合小组，根据确定的供应商审核的内容，对供应商进行现场考察。

8. 记录考察结果

记录考察结果，撰写考察报告。由采购部门汇总最终考察结论。

9. 将考察结果发放给供应商

采购部门与供应商沟通，要求供应商制订改进行动计划并实施。

10. 要求供应商提供样品

如果现场考察结果满意，采购部门要求供应商提供样品测试。供应商认证过程中样品测试的目的是通过对样品的测试/检测，了解供应商产品的质量/性能是否符合技术规格的要求。由技术部门和品管部门负责样品和新物料认证工作。

11. 样品测试

采购部门审视样品测试报告，根据报告将供应商的状态确定为“通过”或“失败”。

12. 建立供应商档案

采购部门将供应商资质文件、样品测试结果、会谈记录等文档汇总归档。注意，供应商分类中定义为潜在供应商。

13. 小批量试用商务谈判与核价

如需要对产品进行小批量试制或研发、小批量生产，针对技术、商务、交货、服务等事项，由采购部门组织相关人员与潜在供应商进行商务谈判，启动核价流程。

14. 启动试用件采购

由采购部门通知相关部门启动试用件采购，技术部门和品管部门监控试装、试用认证物料的情况。

15. 完善供应商开发记录

审视试装、试用、认证结果，并根据结果更新供应商开发状态记录。

供应商开发主要流程输入输出内容见表 6-4。

表 6-4　供应商开发主要流程输入输出内容

<table>
<tr><th>流程</th><th>主导部门</th><th>输入</th><th>输出</th></tr>
<tr><td rowspan="8">新供应商需求
↓
供应商信息收集与筛选
↓
供应商资料提供
↓
提供报价的样品
↓
成本/品质优势评审
↓
初步考核
↓
现场考察评审
↓
供应商注册</td><td>采购资源开发部</td><td>开发/物料供应的需求</td><td>备选供应商名单</td></tr>
<tr><td>采购资源开发部</td><td>备选供应商名单</td><td>意向供应商名单</td></tr>
<tr><td>采购资源开发部</td><td>供应商资料</td><td>—</td></tr>
<tr><td>采购资源开发部</td><td>样品/图纸</td><td>供应商报价单</td></tr>
<tr><td>采购资源开发部</td><td>报价单</td><td>新供应商成本/品质优势评审</td></tr>
<tr><td>采购资源开发部</td><td>供应商考察计划</td><td>供应商调查报告</td></tr>
<tr><td>资源部、工程部、品管部</td><td>供应商评分细则</td><td>供应商实地考察报告</td></tr>
<tr><td>采购资源开发部</td><td>供应商财务/环保资料/供应商考察报告/新增供应商申报表</td><td>初级供应商通知书</td></tr>
</table>

二、供应商开发渠道

【企业实践案例 6-4：关于供应商开发相关问题的研讨】

各类企业自建采购与供应商管理平台

京东招采供应商协同平台 https://proc-bidding.jd.com/home
菜鸟供应商服务平台 https://cp.cainiao.com/
顺丰采购管理平台 https://dipp.sf-express.com/#/Home
华为供应商网站 https://scs.huawei.com/supplier/
海尔全球采购平台海达源 http://l.ihaier.com/

请结合以上案例及下述供应商开发渠道的相关知识点，对以下问题开展研讨与分析：

1）以上这些平台对于企业开发供应商而言，起到了怎样的作用？

2）此类招募供应商的渠道有哪些优势？

在竞争激烈的市场环境下，各国公司正面临着更激烈的市场竞争和资源抢夺，那么如何在市场竞争中，通过更多的渠道搜集供应商信息，帮助企业快速找到更具优势的供应商资源，提升供应链的竞争力成了采购部门的重要使命。无论使用何种渠道搜集供应商信息，企业都应该有计划性的去建立信息库和渠道库，当企业有供应商开发需求时，能够快速找到合适供应商，减少寻源成本，提高战略寻源的效率。供应商资源搜索环节主要在于搜索渠道的拓展，狭窄的供应商搜索渠道不利于企业选择门当户对及具有竞争力的供应商，供应商信息搜集的渠道有很多，以下介绍几种常见的渠道。

1．互联网

在网络发展如此便捷的时代，利用互联网搜集供应商信息是最经济、最快捷、最简单，也是目前运用最广的途径，无论是搜索引擎、各类专业 B2B 网站、网络展销会，甚至当下各种新媒体，都可以用于供应商开发。互联网改变了传统供应商开发模式及合作模式，但由于网络虚拟性及互联网的逐利性，采购人员必须注意风险管理，同时通过其他手段补充认证，避免互联网虚假信息导致供应商渠道变得劣质，影响企业供应商开发。

2．使用竞争对手供应商

企业战略寻源人员要紧盯行业竞争对手的采购行为，从竞争对手产品中分析物料品牌和供应商资源也是目前常用的方法，主要针对各行业中市场占有率高的较强竞争对手，企业可以结合自身实际条件与供应商合作，提高竞争力。

3．国内外各类行业展会

展会是很多知名企业提升品牌力的一种方式，也是国际采购职业人开发供应商的标准模式。一般传统的企业采购人员也会参加很多展会，获得供应商开发渠道。相关产业链需求的用户，都可以参展，同时采购人员也可通过参观展会，现场了解供应商资源。

4．招标采购

通过招标平台或者其他公开渠道向社会公开发布采购需求，吸引潜在供应商参与，通过规定的招标程序进行评选，选择适合的供应商。这是一般上市企业、国企及大规模的企业与政府采购用得较多的一种供应商开发渠道。但招标采购不是所有物料都适用，比较适用于有清晰明确的标准并且潜在供应商较多的物料采购，以及对采购周期的时间要求不是非常紧迫的物料。通过招标采购开发供应商一定要有清晰明确的供应商资质评审要求，并且要求供应商提供相关的资质证明文件证明资质能够满足企业要求。如果开发的新供应商成为中标供应商也要注意后期管理和风险控制。

5. 企业网站及微信公众号等平台宣传

通过市场宣传的方式，企业将自身的采购需求在企业网站进行公布，授权相关方进入采购平台对接接口提供相关企业资质，以吸引潜在供应商报价，这也是目前常用的一种搜索渠道。

6. 供应商各种渠道自荐或现有供应商推荐

作为采购人员每天一定有大量供应商自荐电话或上门拜访的供应商，对这种方式也不要过于排斥，可以适当地对供应商进行初步了解，并做好相关记录，这也是采购人员最常见的供应商开发渠道之一，也许优质供应商就在你的面前。另外，当企业订单量较大，现有供应商的供给能力不足时，有些供应商会为企业推荐其在当地熟知的、优质的供应商，采购方也可向已合作的供应商寻求资源推荐，这也是一种效率较高的供应商开发渠道。

7. 国内外行业协会

随着市场竞争越来越大，其很多行业都会成立行业协会，整合资源，抱团共进，其行业协会掌握了大量同类企业的名录，并掌握了相关企业的经营状况，这也是企业可借助协会选择到优质供应商的渠道。

8. 国内外产品发布会

产品发布会虽然是供应商发布其新产品的仪式，采购人员也经常关注这种产品发布会，尤其是对品牌影响力大的企业，经常将此作为市场推广方式，也是开发供应商选择之一。例如，苹果公司、小米公司、华为公司等上市企业，都会有类似的新产品发布会。

三、供应商调查的方法和阶段

【企业实践案例 6-5：关于供应商调查的方法和阶段问题的研讨】

菜鸟集团托盘寻源公告

资料 1：“海南托盘寻源”公告

菜鸟物流现公开寻找海南当地的托盘供应商，托盘类型包括库内周转木托盘、一次性塑料托盘、胶合板托盘、二手托盘。

投标单位入围要求：有自己的工厂；不接受贸易商；注册资金≥50 万元、注册时间≥1 年。

联系人：×××，邮箱：×××。

供应商基础信息调查表内容如表 6-5 所示。

表 6-5 供应商基础信息调查表

公司名称	联系人	联系电话	联系邮箱	注册时间	注册资金	工厂地址（有几个写几个）
工厂面积	员工人数	工厂设备清单及数量	工厂磨具类型及数量	2021 年营业额/万元	排名前三的大客户和一年的合作金额	备注
	员工总数：______人， 其中： 管理人员________人； 销售______人； 工人______人					

资料 2：2023 年 5 月 15 日“菜鸟木托盘采购寻源公告”

菜鸟物流现在全国范围内公开寻找木托盘供应商，如贵司技术及产品符合我们的需求，且有合作意愿，可按照公告联系相关负责人。

项目位置：全国主要一、二线城市。

付款条件：月结 15 天。

本次招标范围：松木托盘&杂木托盘，共计 20 万片。

投标单位入围要求：在中华人民共和国境内依法注册、具有独立法人资格的企业，在北京市内有经营主体或分支机构优先；具有良好的财务经营状况，不存在被责令停业等状况；具备服务范围内的供货、售前售后服务保障等综合能力；产品满足国家及其当地政府的环保政策及使用要求；有快递物流行业合作经验优先。

需要提交的报名材料包括：供应商基础信息调查表（表 6-6，填写完整并上传）、原材料检查记录（原材料来料检查记录）、生产过程检查记录（生产过程对半成品等检查记录）、供应商出厂检查记录（对生产的成品在出厂时的检查记录）、生产设备清单（工厂里与木托盘生产相关的设备清单）、业绩证明材料（最好是电商物流行业相关的业绩，包括但不限于合同、发票、中标通知书等）。

联系人：×××，联系人邮箱：×××。

表 6-6 供应商基础信息调查表

基础信息						
公司名称	联系人	联系电话	联系邮箱	注册时间	注册资金	工厂地址（有几个填写几个）
工厂规模						
工厂面积	员工人数	木材库存占用资金/万元	打钉台数量/组	2020 年销售额/万元	2021 年销售额/万元	2022 年销售额/万元

<table>
<tr><td colspan="9">质量控制</td></tr>
<tr><td colspan="2">长期合作的木材供应商数量/家</td><td colspan="2">是否有原材料到货验收记录
如有请附检测记录</td><td colspan="3">是否有生产过程质量检测控制记录</td><td colspan="2">是否有出厂供应商检验记录</td></tr>
<tr><td colspan="9">请单独附件</td></tr>
<tr><td colspan="9">销售业绩（以 2022 年的为准）</td></tr>
<tr><td colspan="3">单个客户年销售额在 1000 万元以上的客户数量</td><td colspan="3">单个客户年销售额在 500 万元以上的客户数量</td><td colspan="3">单个客户年销售额在 200 万元以上的客户数量</td></tr>
<tr><td colspan="3"></td><td colspan="3"></td><td colspan="3"></td></tr>
<tr><td colspan="3">大客户 1
（请主要填写京东、顺丰、美团等电商物流客户）</td><td colspan="3">大客户 2
（请主要填写京东、顺丰、美团等电商物流客户）</td><td colspan="3">大客户 3
（请主要填写京东、顺丰、美团等电商物流客户）</td></tr>
<tr><td>客户名称</td><td>2022 年销售额</td><td>供货区域</td><td>客户名称</td><td>2022 年销售额</td><td>供货区域</td><td>客户名称</td><td>2022 年销售额</td><td>供货区域</td></tr>
<tr><td></td><td></td><td></td><td></td><td></td><td></td><td></td><td></td><td></td></tr>
<tr><td colspan="2">可供货范围</td><td colspan="3">松木托盘
（2 向川字）</td><td colspan="4">杂木托盘
（2 向川字）</td></tr>
<tr><td colspan="2">请填写：如华东、华南、华北</td><td>订货周期</td><td>收到订单后 15 天内可供货片数</td><td>收到订单后 30 天内可供货片数</td><td>订货周期</td><td>收到订单后 15 天内可供货片数</td><td colspan="2">收到订单后 30 天内可供货片数</td></tr>
<tr><td colspan="2"></td><td></td><td></td><td></td><td></td><td></td><td colspan="2"></td></tr>
</table>

资料来源：菜鸟集团供应商服务平台 时间：2022-10-18

结合案例思考以下问题：

1）菜鸟集团供应商服务平台在菜鸟供应商开发中的作用有哪些？

2）菜鸟在寻源中设计“供应商基础信息调查表”的目的是什么？

3）你认为案例中两个托盘“供应商基础信息调查表”哪个设计得更合理，为什么？

4）对案例中的“供应商基础信息调查表”你是否还有改进意见和建议？

对供应商调查的方法有很多，可以采用问卷调查法、网上调查法、访谈法、实地考察法等。其中，问卷调查法是实际操作中普遍使用的一种方式，可以使用调查表来对供应商基本情况进行调查。网上调查法和问卷调查法适用于供应商初步调查，这种方法能够在较短的时间内获取大量的供应商信息，调查效率高，但是企业需要对收集到的大量信息进行甄别和筛选。供应商调查最直观、最有效的方法就是对供应商进行现场实地考察，这种考察可以了解到供应商最真实的生产状况、工艺水平、管理状况、库存水平等。但是这种考察方式需要投入大量的时间、精力以及人力、物力资源，相对而言效率较低。对于企业重要程度不同的供应商，应选择不同的调查方式，以平衡供应商调查的成本和效率问题。

1. 供应商初步调查

供应商初步调查是对供应商基本情况的调查。主要是了解供应商的名称、地址、生产能力、能提供什么产品、能提供多少、价格如何、质量如何、市场份额有多大、运输进货条件如何。供应商初步调查的特点，一是调查内容多，调查程度浅，只了解一些简单的、基本的情况；二是调查面广，最好能够对资源市场中所有各个供应商都有所调查、有所了解，从而能够掌握资源市场的基本状况。

供应商初步调查在实际操作中，一般可以采用问卷调查法和访谈法，通过让潜在供应商填写调查问卷或者设计供应商调查表，访问潜在供应商企业相关工作人员而获得供应商相关信息。例如，可以访问供应商市场部有关人员，或者访问有关用户，或有关市场主管人员，或其他知情人士，并建立供应商调查档案资料。在初步供应商调查的基础上，要利用供应商初步调查的资料进行供应商分析，比较各个供应商的优劣，以便于企业选择适合企业实际情况的供应商。供应商分析通常应包括以下几项内容：

①产品的品种、规格、质量以及价格；

②企业的实力、规模、生产能力和技术水平；

③企业的信用度以及管理水平；

④产品是竞争性商品还是垄断性商品；

⑤供应商相对于本企业的地理位置、交通状况等。

（1）设计供应商调查表

设计供应商调查表时应注意采购部供应商管理人员必须依照本公司需要的内容和格式设计供应商调查表。设计供应商调查表时应注意尽可能掌握、了解供应商的信息，设计的表格应满足易于填写和便于整理的要求。

（2）供应商调查表的发放与回收

凡有意向为本公司提供物资且符合条件的供应商，均应填写供应商调查表。此表将作为公司选择和评估供应商的重要参考依据。另外，采购人员必须在规定的时间内回收供应商调查表。

（3）供应商资料的录入

供应商管理专员对供应商调查表进行检查核实，确定供应商填写信息的真实性，剔除填写虚假信息的供应商。供应商管理专员应及时将调查的资料输入数据库，进行统计汇总和分析，随时调查供应商及其所提供产品质量的动态情况。供应商调查表须每年复查，以便依照变动情况更新原有内容。

（4）资质审查内容

在筛选供应商的过程中，供应商管理专员除需通过对供应商进行产品分析、项目考察等外，还要对供应商的资质进行调查，供应商的资质主要体现在其自身的经营理念、服务意识、作业流程之中，具体审查内容应包括以下四个方面。

①持续经营能力：主要是检查供应商的工商注册文件、纳税证明文件以及生产企业的授权代理等文件资料，通过审查这些文件来判定供应商的资质。

②产品质量控制能力：主要考察供应商产品的性能、质量和功能设计，其他与资质判定有关的包括产品更新换代的速度、质量控制体系的建立时间及效果等。

③服务能力：主要考察供应商在服务方面的具体部署，如服务网点的情况、客户对服务的反映等。

④合同执行能力：供应商管理专员应当把供应商在政府采购项目中的合同执行情况加以总结、比较，考察其执行合同的效果以及提供服务的效果。

（5）初步选定潜在供应商范围

供应商管理专员根据供应商调查表所反映的情况，筛选出在产品价格、生产能力、技术、质量保证、财务等方面符合本公司要求的供应商，并且初步确定候选供应范围。初步选定的供应商名单需报采购经理进行审核，审核通过的供应商才有资格进入下一环节。

企业可以根据实际业务需求设计供应商调查表，表 6-7、表 6-8 为某企业供应商调查样表。

表 6-7 供应商调查样表 1

编号：________________

序号	调查项目	
1	单位名称、地址：	
2	联系人、电话：	
3	传真、邮编：	
4	企业性质、创立时间：	
5	工厂面积：_____；职工总数：_____人（其中管理人员____人，技术人员____人，工人____人）	
6	主要设备及生产线：	
7	正常生产能力：	
8	最大生产潜力：	
9	正常交货周期：	
10	最短交货期及叙述：	
11	设计开发能力：□产品 □自行开发设计 □来料加工	
12	技术工程部：生产工程师人数____人 □生产操作指导书 □靠经验保证生产	
13	产品销售区域：□内销 □欧洲市场 □美国市场	
14	产品遵守的标准：□国际标准 □国家标准 □行业标准 □企业标准	
15	产品简介：	
16	品管部人数_____人，管理人员_____人，工程技术人员______人，检验人员______人	
17	进料检验人员_____人，主要仪器_____，检验标准_____，检验记录___________	
18	制程检验人员_____人，主要仪器_____，检验标准_____，检验记录___________	
19	出货检验人员_____人，主要仪器_____，检验标准_____，检验记录___________	
20	检测仪器的校对：□有 □无 □在有效期内 □已过期	
21	已取得的产品认证：□UL □CE/GS □BSI	
22	质量体系情况：□ISO 9001 □QS 9000 □TQM	
23	关键工位人员的培训：□有 □无 □有资格	
24	价格与交货、付款方式：	
供应商代表认可：		
结论： □合格	□不合格	
调查者：		时间：
批准：		时间：

表 6-8 供应商调查样表 2

厂商编号：__________　　调查表编号：__________

调查日期：______________

	名称	地址	电话	负责人	经办人
总公司					
分公司					
工厂					

公司概况	资本额	万元	机器设备	名称	台数	厂牌规格	购入年/月	购入成本	性能
	成立时间	年 月							
	营业执照号								
	往来银行	分行							
		分行							
	开始往来	年 月							
	停止往来	年 月							
	所属团体								
	协力工厂数								
	协力工厂利用率	%							
	月平均营业额	万元							

材料来源	材料名称	供应厂商	备注	员工	职能	人数	管理人员	员工	大学以上学历	高中学历	平均月薪

主要产品	品名	比率	品名	比率	主要销售对象	公司名称	比率	公司名称	比率

经理	准	不准	技术部	可	不可	品管部	可	不可	生管部	可	不可	采购部	可	不可

2. 资源市场调查

当请购部门需要新类型的产品供应或者更换供应商时，应当由供应商管理专员对特定产品所处的资源市场进行竞争分析。

（1）资源市场调查的基本内容

1）资源市场的规模、容量、性质；

2）资源市场的环境如何，市场发展前景如何；

3）资源市场中各个供应商的情况如何。

（2）资源市场调查目的及要求

资源市场的调查目的，就是要进行资源分析，以帮助企业制定采购策略以及产品策略、生产策略等。在实际操作中，至少应落实以下问题：

1）确定资源市场是紧缺型市场、富余型市场、垄断性市场还是竞争性市场；

2）确定资源市场是成长型市场还是没落型市场；

3）确定资源市场总体水平，并根据整个市场水平选择合适的供应商。

3．供应商深入调查

供应商深入调查，是指对经过初步调查后，准备发展为合作供应商的企业进行的更加深入仔细的考察活动。这种考察，深入到供应商企业的生产线、各个生产工艺、质量检验环节甚至管理部门，对现有的设备工艺、生产技术、管理技术等进行考察，考察所采购的产品能不能满足本企业所应具备的生产工艺条件、质量保证体系和管理规范要求。有的甚至要根据所采购产品的生产要求，进行资源重组，并进行样品试制，试制成功以后，才算考察合格。只有通过这样深入的供应商调查，才能发现可靠的供应商，建立起比较稳定的物资采购与供需关系。进行供应商深入调查，需要花费较多的时间和精力，调查的成本非常高，因此，并不是所有的供应商都必须开展深入调查，只是在以下两种情况下才需要：

1）准备发展成为紧密关系的供应商；

2）寻找关键零部件的供应商。

供应商调查报告是对潜在供应商调查及资源市场调查结果的总结，调查报告的具体形式可根据企业的实际情况进行编写，供应商调查报告包括但不限于以下内容：

1）调查的时间；

2）参与调查人员（供方和需方）；

3）调查方式（问卷调查、访谈调查、实地调查等）；

4）参与调查公司的基本情况（材料供应状况、专业技术能力、生产能力、质量控制能力、管理人员水平、机械设备情况、财务及信用状况、管理制度等）；

5）调查对象对比分析（根据企业实际情况，可选择定性分析或定量分析）；

6）调查结论。

任务三　供应商分类

【企业实践案例 6-6：关于供应商分类相关问题的研讨】

你觉得应该让该供应商上台领奖吗？

某世界 500 强的日企要举办一期供应商大会，评选出一些优秀供应商上台表彰。优秀供应商要有一个评选标准，日企非常看重供应商的 QCDS（质量、成本、交期、服务 4 个指标）。企业按这 4 个指标列出了年度优秀供应商评选标准：

1. 质量：100% 来料合格（定量）。

2. 交期：100%交货准时（定量）。

3. 成本：同行业最低（定性）。

4. 服务：配合良好，协作及时（定性）。

按这个标准筛选，只有一家供应商符合要求。让人大跌眼镜的是，这家供应商居然是一家作坊式供应商，就是一个典型的夫妻店，整个工厂不到 20 人，设备陈旧，现场各种"脏、乱、差"。经过采购部门的调查得知，该供应商生产的是橡胶脚垫产品，那么，这家供应商为什么能在考核中表现得如此优异呢，分析原因如下：

在质量上，橡胶脚垫只要能塞到机器护脚里就合格，所以来料质量 100%合格；

在交期上，供应商提前生产好，一周送一次货，交期 100%准时；

在成本上，供应商厂房自家改造，无房租、无管理费、一人多用，成本比同行低很多；

在服务上，该供应商会提前备好大量现货，为了维护好与该采购商之间的关系，一般只要采购方下单，供应商就会第一时间送货上门，因此这类供应商有着天然服务优势。

资料来源：书籍《采购与供应管理——一个实践者的角度》

作者：刘宝红　时间：2019-02

请结合以上案例及下述供应商分类的相关知识点，对以下问题开展研讨与分析：

1）你认为是否应该让该供应商上台领奖，接受表彰？

2）你觉得这家供应商还能继续用吗？

3）你认为这类供应商按照供应风险来划分，它应该划分为哪一类供应商？

企业内部各部门之间协作性不强，部门间各自为政的现象在很多企业都存在，因为各个部门只关心自己部门的 KPI，采购部门只追求较低的采购成本，质量部门只追求较高的合格率，研发部门总要求大品牌供应商，并不过多地考虑成本和产品可得性问题，而财务部门总想延长付款期限。各部门忙着实现企业为部门下达的绩效考核指标。此时，谁来管理供应商的问题就变得很模糊，管好了会有什么奖励？管不好有什么惩罚措施？如果这些问题都没有办法明确的话，供应商管理就成了"公共草地"，由于缺乏统一而有效的供应商管理策略，供应商群体野蛮生长，供应商绩效每况愈下，采购工作越来越难做。

随着供应链管理理念的不断深入，越来越多的企业开始重视供应商管理的问题。对供应商进行管理，各部门必须就以下三个关键问题达成共识：

1）企业到底要与供应商结成什么关系？

2）选择供应商时，到底是质量重要还是成本重要抑或是交付更重要？

3）企业目前的供应商数量，到底是多了还是少了？

为了很好地回答上述问题，我们就需要对供应商进行分类，区别管理，而不能对所有供应商使用同样的管理方法和策略。重要的关键类产品供应商和普通的日常类产品供应商选择和管理的要点不能一样，对其成本和质量的权衡点也要各有侧重，对供应商数量的控制策略也应不尽相同。因此，要开展科学有效的供应商管理，首先要做的就是对供应商进行分类，针对不同类的供应商采取不同的管理方式。由于供应商的性质和所属行业差异性较大，我们可以从供应风险和采购金额占比两个维度来对供应商进行分类，区别管理。

一、从供应风险维度对供应商进行分类

从风险维度分类，可以根据采购物资对企业影响的程度（严重度×发生概率）为这个物料从1～10赋值，1为风险最低，10为风险最高。其中，1～3属低风险物资，定义为C类，要成本导向；3～6属中风险物资，定义为B类，B类既要成本导向也要质量导向；6～10属高风险物资，定义为A类，要质量导向。风险维度供应商ABC分类情况，见表6-9。

表6-9 风险维度供应商ABC分类情况

类别	供应风险值	供应风险分类	管理策略
C类	1≤X<3	低风险	成本导向
B类	3≤X≤6	中风险	成本导向+质量导向
A类	6<X≤10	高风险	质量导向

A类物资供应风险高，则应该使用质量导向策略，在供应商评选的时候应该使用严格的准入审核流程，对A类物资供应商要谨慎替代，并严格验证，因为A类物资一旦出现供应问题或者质量问题，对企业的影响会非常大。B类物资风险在A类与C类之间，使用质量与成本均衡导向策略，要求没有A类那么高，但比C类要严格。

供应商ABC分类可以通过一张表格，即“供应商ABC分类审核表”来进行，设计合理的表格可以客观合理的对各类供应商进行评审。这套表格的优点在于用一张表格可以审核A、B、C三类供方，评审结果易于企业进行对比分析，以生产和服务供应商为例，A类要求所有项目都要审核，C类只要求审核与产品有关的项目，B类介于两者之间。表格的第二个优点是其问题设计采用“Yes or No”的形式回答。评审项目符合要求，评审结果为“Yes”，记1分，附上记录；评审结果不符合要求，评审结果为“No”，记0分。这样的问题设计，客观易量化，操作简单，该表格还可以供供应商做自我评估。由于表格篇幅过大，全部表格内容请读者扫描二维码阅读。

供应商稽核表

因为采购产品所处行业不同，需要对供应商考核的项目也就不同，企业可以根据实际情况设计供应商评审表，但是在供应商评审表格设计中，有一种是直接打分型，前面是项目，后面是分数，如优秀5分，良好4分，普通3分，差2分，极差0～1分。这种评审表最大的缺点是主观性强，同一公司两位评审员，由于专业背景、情绪等会给同一供方打不同分数，甚至偏差很大，不建议使用。

二、从采购金额占比维度对供应商进行分类

该分类方式是按照上一年度物资采购支出金额及其占比对供应商进行分类，这个维度分类法，采购部门与财务部门都非常赞同，能解决采购降本与库存管理策略的问题。这种

方法按物料支出金额，将采购的物资分成 A、B、C 三类。A 类，数量占比 10%，金额占比 70%；B 类，数量占比 20%，金额占比 20%；C 类，数量占比 70%，金额占比 10%。ABC 分析法是 1879 年由意大利数理经济学家、社会学家维尔弗雷多·帕累托提出的，又称帕累托分析法、ABC 分类管理法、重点管理法等。ABC 分析法的关键在于把分析对象进行一定分类和排序，分清重点和一般；然后划分为 A、B、C 三类；有区别地针对不同的类别进行供应商管理和采购管理工作。企业一般在对往期采购数据进行收集、清洗与分析的基础上，做物料 A、B、C 分类，具体步骤如下：

1）年耗用量统计。

2）计算采购金额。

3）采购金额统计并排序。

4）计算每项材料总金额之占比并累计比率。

按金额累计比率将物料划分为 A、B、C 三类，金额累计比率占总金额 70%以下的物料，属 A 类；金额累计比率占总金额 70%～90%的物料，属 B 类；金额累计比率占总金额 90%～100%的物料，属 C 类。

5）绘制 ABC 分类图，如图 6-2 所示。

6）确定 A、B、C 物料，并确定 ABC 类管理规则。

对物料进行 A、B、C 归类后，我们对不同归类确定不同的库存管理策略与采购管理策略。

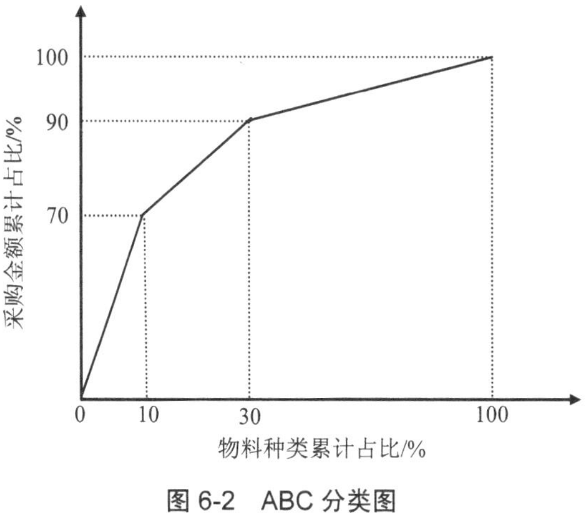

图 6-2 ABC 分类图

（1）A 类物料

A 类物料种类占比 10%左右，但金额占总采购金额的 70%，属重点管控对象，其产品供应商就是重点管控供应商。这类采购商企业应与其实现信息共享，尽量控制供应链上因“牛鞭效应”产生的高库存，并制定严格的库存管理策略。因为 A 类存货过高会占用大量的资金，所以企业现金流紧张，引发供应商应付款延迟，对于 A 类物料，在销量和供应相对稳定的情况下，库存管理原则是最好不备库存。A 类物料尽可能做到 JIT 采购，即仅在需要时，按需订货，且尽可能要求供应商多批次、小批量供货，对于 A 类物料供应商，管理的重点是采购降本。

（2）B 类物料

B 类物料介于 A 类物料、C 类物料之间，采购策略也居于中间，可适当少量备安全库存，多频次让供应商补货。对于经常重复使用的原材料建立拉式补料机制，即首先建立常用原料的期初库存，原材料消耗多少，采购立即下单采购多少；也可以与供应商之间建立供应商管理库存的 VMI 机制，把企业计划信息向供应商开放，供应商根据企业的生产计划与库存情况主动补货，供应商将物料直接供应到企业仓库指定区域，企业使用多少，供应商补货多少。注意 VMI 必须抱着双赢的心态，考虑双方库存成本的降低，如果想通过 VMI 把库存压力转移给供应商，最终会引起供应商的反感，导致供应商通过涨价等手段将 VMI 的效果最终抵消。

（3）C 类物料

C 类物料金额低（10%），但数量很多（占 70%左右），很多采购人员之所以每天都非常忙碌，是因为他将自己的精力都放在了 C 类物料的采购上。如果每种物料都频繁下单，既没有采购量上的优势，也没有库存降低的收益，更没有管理成本的优势，并且供应商的配合度也低。在采购方式上，尽可能将 C 类物料打包，使用综合服务类的代理供应商。在库存管理上可以根据年度、季度制订采购计划，参考历史数据做安全库存，在公司内部形成“库存超市”模式，内部客户可以在“超市”中直接选用，避免按单走采购申请流程，当低于一定库存量时，通知供应商补货。

采购资金支出占比维度的 ABC 分类及管理策略如表 6-10 所示。

表 6-10 采购资金支出占比维度的 ABC 分类及管理策略

物料类别	数量占比/%	采购金额占比/%	供应商管理策略
A 类	10	70	重点降本，尽可能降低库存
B 类	20	20	可以降本，设一定安全库存
C 类	70	10	整合需求，实施集中采购或使用综合外包服务商

三、供应商分类管理策略

对供应风险和采购支出两个维度进行组合，就产生了以下模型，如图 6-3 所示。

（1）关键供应商

这类物资对企业而言，采购支出占比大，采购风险高。提供关键类采购物资的供应商我们也称为战略供应商。供需双方互相依赖程度高，对这类供应商的评审要全面且严格，可以通过签订长期的战略合作伙伴协议，结成长期的战略合作伙伴关系，塑造一种利益共享、风险共担的合作机制。对于战略供应商，企业关注的焦点为价值创造，即如何利用供应商的专业能力把双方的“蛋糕”做大。

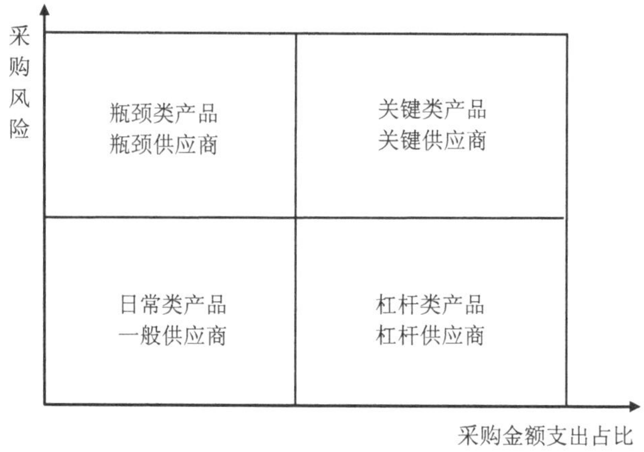

图 6-3 供应商分类

（2）瓶颈供应商

瓶颈供应商是供应商管理的重点，同时也是难点，企业对这类供应商的依赖程度较高，产品断供风险大，而供应商对企业的依赖程度相对较低，对瓶颈供应商的管理方向是通过维护与供应商之间的关系保持供应的稳定性，同时还要寻找替代供应商，防止断供事件发生。如果是外部原因形成的瓶颈供应商，如政策垄断或技术垄断，这类供方要建立良好的供应商关系，比如企业的高层要经常拜访供应商，以获得瓶颈供应商的支持。如果是企业内部造成的瓶颈供应商，如经常变更设计、提出不合理的要求，使供应商不愿意与其合作，这就需要从企业内部进行改善。

（3）一般供应商

日常类采购物资指的是花的钱少、风险也低的采购物资，这类物资供需双方依赖度都很低。日常类采购物资的管理方法是“整合”。对需求计划进行整合，包括在时间上整合与在空间上整合。时间上整合指的是按年度、季度或月度对需求进行整合；空间上整合指的是对各个部门、各分（子）公司的量进行整合。尽可能使用综合服务类供应商，这类供应商数量不宜过多，只要能形成适当的良性竞争即可，以免增加采购管理成本。

（4）杠杆供应商

杠杆类采购物资指的是采购资金占比高，但供应风险低的采购物资。资源市场上潜在供应商供应的产品，质量上没有太大区别。这类物资供应商对企业的依赖程度较高，企业对供应商的依赖度较小。这类供应商数量可以适当地开放，引发供方之间的充分竞争。杠杆类采购物资是我们降本的重点。可以使用招标、竞价等多种方式来保障公司利益最大化。

供应商分类及管理策略汇总如表 6-11 所示。

表 6-11 供应商分类及管理策略汇总

分类	关键类产品 关键供应商	瓶颈类产品 瓶颈供应商	日常类产品 一般供应商	杠杆类产品 杠杆供应商
目的	建立长期合作关系	保证供应 维持生产连续性	减少供应商 提高管理效率	优化采购方式 获取最低价格

途径	战略合作	确保供应	整合或外包	充分竞价
做法	◆ 谨慎选择供应商； ◆ 签订战略框架协议； ◆ 供应商早期参与； ◆ 数据和信息共享； ◆ 维护关系	◆ 保持良好关系； ◆ 保证供应； ◆ 适当储备库存； ◆ 准备应急方案； ◆ 寻找备用供应商	◆ 整合需求； ◆ 产品标通化； ◆ 集中采购； ◆ 简化采购流程	◆ 充分寻源； ◆ 集中采购； ◆ 招标竞价； ◆ 供应商管理

任务四　供应商评估与选择

【企业实践案例 6-7：关于供应商评估与选择问题的研讨】

2023 年比亚迪集团洁净度测试仪设备供应商招募公告（节选）

一、项目/产品说明

洁净度测试仪对产品金属塑料表面的清洁度进行测试，测量仪器以 RFU 值（relative fluorescence units）表示清洁度的高低。RFU 为相对荧光强度值，RFU 值越大，零件表面的残留污染物含量越高，可检污染物为油渍、油脂、冷却润滑剂、蜡等有机污染物。

二、供应商基本资质要求

1. 注册资金≥200 万元，实缴资金≥200 万元；若原注册&实缴资金不满足要求，增资后满足要求的，从增资之日起需年满 2 年。

2. 企业注册年限 2 年以上，有法人代表变更（属于公司转卖）、最终受益人变更时、从变更之日起需年满 2 年。

3. 需具有洁净度测试仪的生产资质，且具备此经营范围的时间需满足 2 年。

4. 具有良好的商业信誉，在“信用中国”官网（www.creditchina.gov.cn）未被列入失信被执行人、重大税收违法案件当事人等名单内。

5. 自身为上市公司优先，或具备近 3 年内为 2 家上市公司或行业主流企业提供配套产品的经验。

三、报名资料

1. 大陆公司：年检合格的营业执照正副本复印件（需盖公章）。

2. 港澳台及国外公司：商业登记证或类似注册证书。

3. 企业概况及履约能力说明：

公司愿景、使命、价值观、发展规划；

公司介绍：组织架构及人员配置、主营产品介绍、技术能力介绍；

生产基地/车间介绍（含厂房规模、设备、产能等），生产及检测设备清单；

公司近 3 年业绩说明、主要客户列举。

4. 配套证明：包括发票、合同、订单，涉及机密部分可隐去。

5. 社保证明：需不少于 30 人，需提供证明。

以上资料必须真实有效，禁止弄虚作假，一旦发现造假，将会丧失合作机会。

资料来源：比亚迪供应商门户　时间：2023-10

请结合以上案例及下述供应商评估与选择相关知识点，对以下问题开展研讨与分析：

1）比亚迪对洁净度测试仪设备供应商提出的相应资质要求，分别考查的是哪些指标？

2）为什么要求供应商提供不少于 30 人的员工设备证明？

3）你对比亚迪此份供应商招募公告对供应商需要提交的材料是否有补充，说明理由。

一般来说，企业采购部门为完成采购计划，会根据原有的合格供应商目录来选择。如果原有合格供应商不能满足企业的需求，企业则会根据采购物资的类别、数量、品质要求和交货期等要素，重新选择供应商。从供应链的角度来看，供应链主要由供应商、生产商、制造商和销售商构成，供应商是整个供应链的“龙头”，因此，选择优质供应商是供应链高效运行的基础。供应商在交货、产品质量、提前期、库存水平和产品设计等方面都影响制造商的盈利和成本。同时，供应商所供产品的价格和质量决定最终消费品的价格和质量，从而决定了最终产品的市场竞争力，并影响整个供应链的核心竞争力。因此，供应商评估与选择工作的好坏对企业至关重要。

一、供应商选择的原则

（1）目标定位原则

企业应根据生产、研发和销售目标，决定采购商品的品质、数量和技术目标，并据此选择供应商。

（2）优势互补原则

企业选择的供应商应在某领域具备比企业自身更强的优势，双方在合作中，企业能够充分利用供应商这种优势弥补自己的不足，实现优势互补，互利共赢。

（3）门当户对原则

供应商管理中的“门当户对”主要是指企业选择供应商时，应根据企业自身的特点，主动选择能匹配企业规模、层次、技术研发实力、管理规范程度、管理能力、生产能力、企业文化的供应商。在此基础上，还应进一步选择认同企业价值观和发展思路的供应商。不少企业在选择供应商时容易陷入两个误区：规模越大越好、价格越低越好。事实并非如此。一般来说，规模较大的供应商，其品质控制能力确实强于规模小的供应商，但规模较大的供应商通常有很多客户，如果企业不属于对方的核心客户或者订单份额很小，那么就很难被这些供应商重视，或者在品质及交货期各方面表现出较低配合度。这很容易给后续交易及管理带来困扰，导致供应链节点连接不顺畅。与此相反，规模小的供应商，客户相对较少，比较珍惜客户资源，在满足企业生产产能需要的同时，也会积极配合客户各方面的需求。

（4）综合对比，择优选择原则

企业在相同报价和交货条件下，应选择品牌形象好，为同行业标杆企业提供过产品和服务的供应商。

（5）共同发展原则

企业应选择可全力配合企业后期发展的供应商作为合作伙伴，建立利益共同体，实现稳固而互利的关系。

（6）评价标准客观可量化原则

供应商选择的前提条件是供应商评价，要想确保供应商评价结果客观、可对比，就要制定符合企业实际情况的、客观的、可量化的评价指标体系，只有这样才能保证对同类产品供应商的评价具有可比性。

二、供应商评估与选择的标准

1．供应商选择的短期指标

（1）产品质量指标

对于企业的采购管理部门而言，首先要确保产品质量没有问题，在产品质量没有问题的前提下，才考虑其他指标达成度的问题。

（2）采购成本指标

在产品质量能够达到企业要求的情况下，企业采购部门要考虑在相同质量的前提下，哪家供应商的成本更低，能够为企业实现采购环节的降本指标。

（3）交货及时性指标

交货及时是保障企业生产运作的重要前提，在产品质量和采购成本能够满足企业要求的同时，要能够保障交货的及时性和稳定性。保证供应商交货的及时性问题，主要通过签订采购合同的交付条款或惩罚性措施来约束供应商，同时可以将交货及时性指标作为供应商绩效考核的重要指标，督促供应商持续改进。

（4）履行合同能力指标

合同履行能力指标主要考察供应商能否按照合同约定的数量、质量、交货时间持续地响应企业的采购订单。

（5）服务水平指标

服务水平指标主要考察企业的物流与交付服务，要想确保物流与交付服务的及时和持续稳定，供应商的地理位置也是企业要考察的问题之一。除此之外，服务水平指标还包括安装、运维、售后、沟通与反馈的及时性等问题。

2．供应商选择的长期指标

（1）财务状况指标

供应商的财务状况直接影响其交货和履约的绩效。如果供应商的财务出现问题，就会导致供应中断，供应链断裂，对企业产生严重影响。

（2）管理能力指标

供应商内部组织与管理是关系到未来供应商服务质量的因素之一，供应商内部组织机构设置是否合理影响采购的效率和质量。

（3）员工状况指标

供应商企业成员是否稳定，是衡量企业管理水平的重要指标，供应商员工的平均年龄、流失率也是衡量企业管理水平的指标。

（4）技术与工艺水平指标

技术与工艺水平的先进性决定生产出来的产品是否有技术优势，能否在一段时间内的市场上获得持续的竞争力。

（5）可持续发展指标

ESG是一种新兴的关注企业环境、社会、治理绩效而非财务绩效的投资理念和企业评价标准。ESG是环境（environmental）、社会（social）和治理（governance）单词首字母的缩写，ESG指标分别从环境、社会以及治理角度，来衡量企业发展的可持续性。E（environment，环境）：指公司在环境方面的积极作为，符合现有的政策制度、关注未来影响等。主要涵盖能源、水等资源的投入以及温室气体的排放、资源消耗、废物污染、沙漠化率、生物多样性等。S（social，社会）：指企业在社会方面的表现，体现在对外领导力、员工、客户、股东和社区等方面，主要包括产业扶贫、乡村振兴、员工福利、客户满意度、性别平等等。企业履行社会责任是助推企业长久发展的关键一环。社会责任强调企业在追求利润最大化的同时也要对消费者、员工、股东和企业所在社区等利益相关者承担责任。G（governance，治理）：指公司在治理结构、透明度、独立性、董事会多样性、管理层薪酬和股东权利等方面的内容，主要因素有董事会的组成、高管的薪酬，以及是否存在腐败与财务欺诈、信息披露透明度及商业道德等方面。治理对企业至关重要，与环境和社会方面相比，治理绩效对企业的财务绩效影响最大。

三、供应商评估与选择的方法

1．定性评价法

（1）直观判断法

直观判断法是一种主观性较强的评价方法，采购方进行市场调查，并将调查获得的信息和资料做一些归类、整理，进行综合分析判断后，对供应商进行选择。主要是通过征求、倾听和采纳有经验的采购人员、专业技术人员的意见，或者直接由采购人员凭经验作出判断。其特点是运作方式简单、快速、方便，但是缺乏科学性，受掌握信息详尽程度的限制。直观判断法适用于处于供应商定位模型的“非关键物资”象限中的采购项目，采用这种方法选择供应商的优点是比较高效、简便。

（2）协商评价法

将采购商品使用者及其他与供应相关的专业人员，如涉及技术工艺、生产、质量、商务等领域的供应商召集在一起，展示各个供应商的资料，邀请专家充分讨论分析供应商在产品质量、产能、技术水平、交货期、设备能力、劳动力状况、响应性和供货的灵活性、供应商信誉、环保及社会责任、合作意愿和售后服务等方面的优劣势，采用头脑风暴等手段，对供应商进行综合评估即是协商后的结果。这种方法评选供应商效果的好坏，依赖于参与评估者的能力，缺乏规范化、标准化和长期的一致性，还有透明性不足造成日后面对审计的合规性、证明性资料不充足。当供应商数据不足、订购技术条件和物资规格复杂时，协商选择方法具有优势。

2．定性定量结合分析法

（1）简单评分法

简单评分法是依据对供应商评价的各项指标，按照供应商的优劣档次，分别对各供应商的各项评价指标进行评分，选择分数最高者为最优供应商，这也是一种主观性较强的供应商评价与选择的方法。

（2）综合评分法

综合评分法是指规定衡量供应商各个重要标准的加权分数，根据以往交易的统计资料，分别计算各供应商的得分，选择得分最高者为最终供应商。这是一种客观选择方法，基本操作步骤如下：

1）针对采购资源和内部客户要求，列出评价指标和相应权重。

2）列出所有的备选供应商。

3）由相关人员对各供应商的各项指标打分。

4）对各供应商的所有指标得分加权求和得到综合评分。

5）按照综合评分将供应商排序，选择得分最高，即综合评价结果最好的供应商。

（3）层次分析法

层次分析法（analytic hierarchy process，AHP）是一种能将定性分析与定量分析相结合的系统分析方法。AHP 是分析多目标、多准则复杂大系统的有力工具。它适用于解决那些难以完全用定量方法进行分析的决策问题。

运用层次分析法解决问题的思路如下：

1）把要解决的问题分层系列化。根据问题的性质和要达到的目标，将问题分解为不同的组成因素，按照因素之间的相互影响和隶属关系将其分层聚类组合，形成一个递阶的、有序的层次结构模型。

2）给出模型中每一层次因素的相对重要性。依据人们对客观现实的判断给予定量表示，再用数学方法确定每一层次全部因素相对重要性次序的权值并做一致性检验。

3）通过综合计算各层因素相对重要性的权值，得到最低层（方案层）相对最高层（总目标）的相对重要性次序的组合权值并做一致性检验，以此作为评价和选择决策方案的依据。

任务五　供应商关系管理

【企业实践案例 6-8：关于供应商关系管理问题的研讨】

供应商关系管理的“猎人模式”与“牧人模式”

美国有个著名的“汽车之城”底特律，美国本土三家最大的汽车生产商：通用、福特和克莱斯勒就从底特律诞生。长久以来，底特律的兴衰与汽车工业紧密相连，尤其是与三大汽车厂商的经营状况有关，因为这三大汽车厂商的总部位于底特律，吸纳了当地大量的人口就业。2009 年，克莱斯勒、通用汽车公司提交破产保护，面临清算重组，福特汽车公司虽未提出破产保护，但是在经营方面也遇到了重重阻力，福特汽车先是将捷豹、路虎品牌卖给印度塔塔集团获得 23 亿美元，又抛售马自达 26.8%的股份换取资金支持，接着又把旗下沃尔沃轿车业务和沃尔沃轿车品牌的拥有权卖给了中国吉利汽车公司。通用、福特和克莱斯勒这“底特律三巨头”在经营上的衰落，直接影响了底特律城市的繁荣，甚至在 2013 年年底特律申请破产保护，成为美国历史上最大的破产城市。就在美国本土汽车陷入经营困局之时，日本汽车却在美国如“秋风扫落叶之势”所向披靡，很快在美国占有超过

1/3 的市场份额。日本丰田汽车风头强劲，在 2008 年丰田销量就超越通用汽车，成为世界销量第一的车企。

我们从采购与供应链管理的角度，通过两者对供应商关系的处理来分析二者的得失。很长时间里，通用、克莱斯勒等美国车企对供应商奉行“猎人模式”。例如，通用汽车设计出一个零部件，要向多家供应商询价，从中找到合适的供应商合作；过去一年半载后，通用汽车会要求供应商降价，迫于通用汽车在汽车行业庞大的采购量，供应商只好同意；又过去一年半载，通用汽车又要求供应商降价，就在供应商一而再、再而三地面临这种“降价”压力后，供应商表示“不能再降了，再降要亏本了”，于是通用汽车就会找新的供应商采购，毕竟通用汽车品牌影响力大、很多中小供应商以能够与通用汽车这样的“明星企业”合作为荣。然而，原来的供应商就不得不重新找客户，甚至裁员或关闭厂房。在通用汽车看来，毕竟“优胜劣汰”是市场的“准则”，供应商被“淘汰”，只能怪供应商“竞争力弱”。这就好比打猎，见到猎物就开枪，先顾住眼前利益再说，至于猎物怎么生长，怎么养肥、养大，与自己无关。就在克莱斯勒和通用先后申请破产保护时，美国多家汽车零部件供应商也宣布破产保护。可见，这种“猎人模式”对整个供应链而言可能会带来比较大的灾难。

而日本车企，尤其是丰田公司，则奉行一种“牧人模式”，在这里，汽车整车厂好比“牧羊人”，供应商好比“羊群”。牧羊人是通过挤奶、剪羊毛的方式获取利润的，并不会把羊全宰掉，还会想办法让羊成长起来，这样才能挤更多的奶、剪更多的羊毛。以丰田和本田为例，虽然丰田也有严格的目标成本和持续降低成本的指标，但是他们更多的是与供应商协作，共同优化生产工艺和产品设计，从而推动更高层次的降低成本。这样一来，丰田和本田这些日本车企还在一定程度上帮助供应商提高工艺水平，实现了与供应商共同成长。据统计，丰田通过帮助供应商优化生产工艺，以及改善自身产品的设计，仅在一款车型上就降低成本 30%左右。

资料来源：书籍《采购与供应管理——一个实践者的角度》

作者：刘宝红　时间：2019-02

请结合以上案例及下述供应商关系管理相关知识点，对以下问题开展研讨与分析：

1）请分析这两种供应商关系管理模式哪种更好？应该如何选择？

2）请思考“猎人模式”有何优缺点？

3）请思考“牧人模式”有何优缺点？

一、供应商关系管理概述

1. 供应商关系认知的演变

（1）交易性竞争关系

传统的采购商与供应商之间的关系就是简单的买卖关系，这种关系的理念就是以最便宜的价钱买到企业认为最好的东西，其出发点是买卖双方围绕生意讨价还价，相互之间存在的是竞争关系，因此，采购商往往将供应商看成生意场上的对手或敌人。供应商和采购商之间的这种交易性竞争关系表现为：采购商常常同时向若干个供应商询价并采购，通过供应商之间的竞争获得价格上的好处，同时保证供应的连续性。采购商通常在供应商之间分配采购订单，以此对供应商加以牵制，采购商和供应商保持的是一种短期合作关系。

（2）合作性适应关系

这种观念萌芽于20世纪70年代后期的日本汽车业，发展于20世纪80年代中期，成熟于20世纪80年代后期。第二次世界大战后，日本企业在开展全面质量管理、实施准时生产的过程中意识到供应商的重要性，认为企业所面临的竞争不仅是企业与同行业之间的竞争，而且是整个供应链同另一个供应链的竞争。供应商合作关系最初的表现形式是除了价格以外，采购商开始注重供应商的产品质量与交货的及时性，因此，采购商为了得到供应商良好的品质和交货服务，开始尝试与供应商之间建立合作性适应的关系。

（3）战略性伙伴关系

供应商管理进入战略合作伙伴关系阶段的标志是，采购商主动帮助、督促供应商改进产品设计，促使供应商主动为采购商的产品开发提供设计支持。随着时代的发展，这种关系正逐渐转向以价值为基础，供应链成员之间将自己的核心竞争力充分融合，从而形成较强的供应链竞争力。

2. 供应商关系管理的内涵与发展阶段

供应商关系管理（SRM）是用来改善采购商与供应商关系的理论、方法和工具，也是一种致力于实现与供应商建立和维持长久、紧密伙伴关系的管理思想和解决方案。它摒弃了传统以价格为驱动的竞争性采供关系，是以共享信息，发展协作互助的伙伴关系，共同开拓和扩大市场份额、以双赢为导向，实现采购双方以合作为基础的共同发展。

供应商关系管理目前经历了三个阶段：第一阶段是手工管理时代，第二阶段是信息化管理时代，第三阶段是互联网管理时代。供应商关系管理1.0手工时代，主要依靠电话、短信、邮件与供应商进行沟通，并通过纸质文档进行信息的记录和传递。供应商关系管理2.0信息化时代，是传统的供应商关系管理，企业通过一套ERP软件或者传统的SRM系统实现内部供应商过程管理，安排多个业务员通过邮件、电话等方式与供应商进行沟通，并将过程数据手工录入系统中。供应商关系管理3.0互联网时代，是互联协同型SRM，采供双方基于一套互联互通的SRM平台进行实时在线跨组织的交互和协作，实现采供双方数据实时透明，消息传递及时，企业之间信息互通，流程高效协作，建立高度互信，实现从供应商到合作伙伴的转变。

3. 供应商关系管理的意义

（1）降低企业供应风险

企业及时、安全地获得关键性原材料，可以降低企业及供应链中的潜在供应风险和不确定性。企业通过维护与关键供应商之间的合作关系，提升产品供应的稳定性，降低供应风险。

（2）稳定和优化供应商队伍

供应商关系管理本质是通过评估供应商对企业发展影响的重要程度，按照供应风险和采购价值将企业的供应商划分为关键供应商、瓶颈供应商、一般供应商和杠杆供应商四类，针对不同类别的供应商使用不同的供应商管理措施，维护与优质供应商之间的合作关系。通过定期的供应商绩效考核，考查各类供应商绩效指标的达成度，根据绩效考核的结果不断优化供应商队伍。

（3）扩大供应链竞争优势

在供应链管理的实践中非常强调合作伙伴之间的合作，共同实现供应链的整体利益最大化。供应链管理的对象是一个企业群，在这个企业群当中，如果核心企业能够很好地处理与其他供应商之间的关系，就能够让供应链中的每一个企业专注自己的核心业务和核心能力，将这些企业的能力整合在一起，形成真正的合力，实现供应链整体目标。因此，供应链管理的核心企业（或主导企业）就要与自己的供应商之间建立战略性的合作伙伴关系，同时必须能够兼顾合作伙伴的利益和诉求，这样才能调动合作伙伴的积极性，从而形成整条供应链的竞争优势。

（4）使企业降本增效

首先，企业实施有效的供应商关系管理，与供应商建立合作伙伴关系，就可以通过与供应商之间良好的沟通，降低产品开发成本、质量成本、交易成本和售后服务成本。

其次，企业实施有效的供应商关系管理，可以避免频繁淘汰、更换和开发新供应商，能够降低因此产生的大量的时间成本和高昂的供应商转换成本。企业可以投入一定的时间和资源来维护现有的供应商关系，使供应商队伍在相对稳定的基础上持续优化，降低供应商转换成本。

再次，企业通过供应商管理，与数量较少的供应商签订长期采购合同，实施集中采购，这样可以整合采购订单，减少交易次数，能很好地降低采购成本和交易成本。

最后，采购谈判可以消耗高达采购专业人员 50%的时间，良好的供应商关系，能够有效减少采购前的谈判工作，同时能够减少订单跟踪的时间和精力，为企业释放资源。

4．SRM 系统的概念

我们一般将承载供应商关系管理过程和数据的信息系统称为 SRM 系统，SRM 系统围绕着采购环节展开，重点模块分为两部分：采购业务管理及供应商关系管理。SRM 系统的功能一般包括供应商寻源、审批、比价、投标管理、订单执行、流程管理、库存可视化对账、供应商绩效评价、质量协调控制和整个采购流程的协同支持，是采购成本控制和供应商管理的最佳手段。

5．SRM 系统的主要功能

（1）供应商管理

1）供应商生命周期管理：供应商管理是确保组织支付给供应商的资金获得最大价值的过程，而供应商生命周期管理是指涵盖整个供应商生命周期的供应商管理过程。供应商生命周期管理提供供应商自助注册、资质、分类、准入、持续管理和战略关系管理的自动化工作流程。

2）供应商门户管理：在供应商门户管理模块当中，供应商可以自助进行注册、信息更新、响应请求、订单确认、订单执行和结算功能，以提高采购工作效率。

（2）产品目录管理

产品目录定义了公司员工可以订购供内部使用的商品和服务。它提供有关供应商或服务提供商提供的产品的信息。产品目录中的主要元素包括产品名称、内部代码、描述、层次结构、分类、价格、库存和采购信息。设置产品目录后，公司员工可以创建采购申请以从中订购。该目录可用于执行采购政策，以便员工只能订购其采购法律实体允许的物品和服务。

（3）采购管理

1）采购需求管理：系统允许根据企业实际情况自定义组织架构及其每个部门的权限和职责。

2）采购预算管理：供应商关系管理系统可以根据企业实际情况自行设置和跟踪组织结构中的每个单位在一定时间内的可用预算额度，以采购所需的商品和服务。

3）采购需求计划管理：采购需求计划的编制是一个跨职能流程，设计合理的SRM系统可使各部门之间充分信息共享与协作，共同制订合理的采购需求计划，在帮助企业满足客户对产品需求的同时，最大限度地减少库存过剩并避免供应链中断风险的发生。

4）采购订单管理：采购订单管理工作流程包括类型和规则设置、采购订单创建、付款条款设置、审查和批准、电子签名、电子切割和电子发送给供应商、供应商电子确认、交货计划和确认、验收和退货、对账、发票批准和付款请求。

5）采购合同管理：采购合同用于在管理项目过程中在企业与其供应商/承包商之间建立具有法律约束力的协议，项目需要这些合同才能获得所需的材料、用品和服务。SRM系统帮助买卖双方就材料、商品和服务达成协议。该协议包括满足条款和条件以及支付发票。系统提供合同模板、审查和批准以及合同项目管理等功能。

6）采购寻源管理：SRM平台的采购寻源管理流程包括识别和评估潜在供应商以及选择提供最佳价值的合适供应商并与之合作的所有活动。

①询比价管理：询比价管理模块是一种在线报价工具，允许用户从选定的供应商列表中在线获取快速报价，企业可以在几分钟内完成所有工作。

②电子招标管理：电子招标提供最高的招标效率、公平性和控制力。可以预先设置控制规则，招标过程将严格遵守规则。计算机和网络安全通过安全令牌、一次性密码、双向通信加密、基于角色的访问控制和审计跟踪来实现。

③电子竞价管理：电子竞价在确保企业获得所采购商品和服务的当前市场价格，以及通过提高透明度改善供应商关系方面发挥着重要作用。

7）采购分析：采购分析功能可以对一段时间内的采购支出进行分析，为降低成本、提高效率或改善供应商关系提供重要依据，是采购组织用来主动识别节约机会、管理风险和优化组织购买力的关键工具。

（4）采购商城管理

采购商城是专门为组织进行内部采购的电商平台。采购商城提供电子目录、电子订单、内部采购工作流程以及供应商和销售管理。采集商城可以很好地集中各部门的采购需求，增强购买力和节省成本、培养牢固的供应商关系、提高可见性和控制力以及减少开销。

（5）库存管理

仓库和库存可以使企业有效地控制仓库操作中的物料移动。这些操作包括接收进货货物、跟踪、堆叠和通过仓库的库存移动。协调和控制企业运营所需的货物流动。仓库和库存提供订购和重新订购库存的功能，维护准确的库存记录，预测需求并确保有足够的安全库存用于生产或供应。同时可以很好地记录库存商品的数量和价值，并在此基础上记录和跟踪货物。

（6）物流管理

物流管理功能提供交货计划、交货单管理、条码管理、检验管理、验收管理、退货管理等功能。

（7）质量管理

质量管理功能用于对供应商交付产品和服务的质量控制，支持企业快速查询相关质检结果。质量管理功能还支持不合格产品的质量整改提议和索赔管理，由供应商及时反馈问题原因并提出解决措施。

（8）采购结算管理

采购结算功能包括对账及付款。对账功能为企业提供了一种简单且经济高效的方式来调查供应商提供的交易和发票。在向供应商付款之前，企业可以检查发票的正当性及完整性。对账功能提供有关发票状态的信息，并在应收账款有争议或货物未交付时发出警告。在企业的付款请求获得批准后，财务部门将收到通知发放付款。

（9）采购风险与合规管理

合规是指遵守特定行业的规则、法规和法律的行为。在采购中，合规性至关重要，因为它确保所有流程均按照法律要求和道德标准进行。采购合规性可以采取多种形式，如确保供应商满足与劳工实践、环境责任相关的某些标准。合规性还包括出于审计目的维护准确的交易记录，SRM 平台可以通过提前设置业务规则，进行合规管理与预警。

采购风险管理涉及识别、评估和降低采购过程中可能出现的潜在风险，有效的风险管理有助于确保采购活动的开展方式最大限度地减少对组织的负面影响，同时最大限度地提高资金的价值。

二、供应商帮扶及供应商早期参与

【企业实践案例 6-9：关于供应商帮扶问题的研讨】

安徽全柴集团供应商帮扶计划实施

为快速有效解决生产内部零部件质量问题，同时降低试机“三漏”故障率，安徽全柴集团 2022 年 2 月初提出对县内管件、铸件类等 15 家供应商进行质量提升，要求采购中心成立专项帮扶小组并制订帮扶计划。通过相关帮扶整改工作的开展，同时对比 2022 年质量数据得出结论：5 家零部件质量改进效果明显，2 家供应商需持续跟踪措施固化性，5 家供应商需进行持续帮扶和整改，3 家供应商整改效果不理想。全柴集团向 7 家供应商颁发“质量提升进步奖”荣誉证书，以表彰其在 2022 年质量改进过程中所做的努力。根据 2023 年帮扶计划，全柴集团梳理前期帮扶未改善项，并结合新增供应商质量问题，明确了各供应商质量帮扶提升重点和提升目标，并与各供应商签订 2023 年质量帮扶签约书。供应商代表表示全柴集团组织的帮扶活动，给他们带来了实实在在的质量水平提升与质量成本的降低，后续将巩固成果，紧抓产品质量，紧跟全柴集团高质量发展步伐。

资料来源：搜狐网　时间：2023-02-15

请结合以上案例及下述供应商帮扶这一知识点，对以下问题开展研讨与分析：

1）安徽全柴集团为什么要开展供应商帮扶计划？

2）安徽全柴集团的供应商帮扶计划，能够为采购企业和供应商带来哪些好处？

1．供应商帮扶的目的

首先，通过供应商帮扶让供应商更好地理解采购企业的需求，因为很多时候，供应商其实没有理解或者没有完全理解企业的真正需求。例如，在供应商评审时，企业要非常严格地评审，通过评审后没有供应商能够达到企业要求，此时，企业就应该专门派专业人士为供应商做培训、做辅导，甚至帮助他们改善，以满足采购企业的要求。

其次，供应商能够很好地理解企业的需求，但是能力有限，没有办法实现很好的供应，此时就需要对这类供应商开展帮扶。例如，可以派一位质量人员，或是技术人员到供应商单位开展培训，或者在管理上做一些改进，这些都属于供应商帮扶的具体行动，帮助供应商在能力上进行提升。供应商帮扶的最终目的是通过实施帮扶，让供应商更好地满足采购方的需要。

最后，通过供应商帮扶，使企业与供应商之间建立很好的信任关系，有助于后续合作中的供应商关系管理和供应链管理。

2．供应商早期参与

【企业实践案例 6-10：关于供应商早期参与问题的研讨】

菜鸟与雀巢全面合作打造绿色供应链

瑞士食品公司雀巢与阿里巴巴集团旗下物流子公司菜鸟网络达成一项新合作——在中国全面推进绿色供应链。菜鸟表示，该合作从商品在工厂的生产线上就开始介入，包括商品的存储、中转、分发环节，直至最终从消费者手上回收包装物，在行业内首次实现全流程的绿色供应链管理。同时，菜鸟绿色供应链部门负责人解释道，该公司将通过技术创新与物流业务相结合，努力培育一个更绿色、更可持续的物流生态系统，并成为全球领先消费品牌采用绿色供应链实践的首选合作伙伴。雀巢大中华区供应链和采购高级副总裁也表示，随着中国市场消费量的增长，采取具体、循序渐进的可持续发展行动向更绿色的供应链过渡，显得尤为重要。双方的这一合作符合菜鸟和雀巢双方缩小碳排放的目标。

事实上，早在 2016 年，雀巢和菜鸟就开始了他们的碳减排合作伙伴关系，试验可持续的包装替代品。6 月，这两家公司开始了新的合作，雀巢在菜鸟应用程序上推出回收服务，同时，“咖啡包装上门回收”已在菜鸟 App 上线，雀巢“感 CAFE”消费者可通过菜鸟裹裹免费预约快递员上门。此外，雀巢还在支付宝和微信上推出迷你程序。

雀巢旗下的其他品牌（如雀巢咖啡和星巴克）也扩大了对绿色包装的使用，包括菜鸟专有的无塑料包装盒和可生物降解包装袋。雀巢公司还利用菜鸟的智能算法预测，分配适当大小的产品包装，以减少不必要的浪费。截至 2021 年 9 月，近 500 个品牌与阿里巴巴合作，在仓库中部署可重复使用和无塑胶带封箱的包装。在去年的“双 11”购物节期间，这项工作帮助网购环节减少了 8600 多万 m 的塑料胶带使用量，这些胶带足够围绕地球 2 圈。两家公司计划探索更多包装设计，推广可重复使用的包装箱并开展宣传活动，以提高可持续发展意识。

资料来源：中国邮政报　时间：2021-08-30

请结合以上案例及下述供应商参与这一知识点，对以下问题开展研讨与分析：

1）菜鸟参与雀巢绿色供应链设计的行为是否属于供应商早期参与？为什么？

2）菜鸟参与雀巢绿色供应链的设计能为雀巢带来哪些好处？

3）菜鸟参与雀巢绿色供应链的设计有哪些优势？

4）菜鸟参与雀巢绿色供应链的设计属于供应商早期参与的哪个层次？

供应商早期参与（early supplier involvement，ESI）是指在产品设计和研发阶段，引进优质的供应商，充分利用供应商的专业技术和资源，优化产品的设计。因为，在制造行业内，产品成本往往有近 70%是在设计阶段就已经被确定了。设计研发已经确定了产品的主要生产工艺、原材料投入等主要费用，如果在设计前期采购人员不参与、不管控，单纯依靠后期工作去控制剩下的 30%成本，对整个产品线和项目的费用控制来说就于事无补了。所以在产品诞生之初，也就是设计阶段，采购人员就要调用一切资源来参与产品设计，实现更深层次的降本。

（1）实施供应商早期参与的原因

1）市场竞争加剧。面对激烈的市场竞争环境，许多企业被迫采用早期供应商参与策略。因为供应商掌握核心的材料和零配件的关键技术和资源，通过联合专业的、有实力的供应商参与到产品的研发过程中，企业就能够在供应链的竞争中凸显成本和上市时间的优势。

2）企业可用的产品研发和上市时间越来越短。时间是驱使产品开发的重要因素，随着技术进步的加速，产品开发周期日益缩短，企业要想比竞争对手更快满足顾客要求，尽早占领一定的市场份额，就需要供应商早期参与。

3）出于成本因素考虑。许多企业实施供应商早期参与是出于对成本和价格的考虑。在供应商早期参与下，在产品设计阶段介入，能够有效地控制产品生产成本，从而获取竞争优势。

4）技术的复杂性。由于技术进步，新产品运用多种工艺技术、复杂组合技术的程度日益增加，使产品开发过程中需要一定程度上依赖专业的供应商才能完成。

5）内部产能和设计研发能力的限制。许多企业由于内部产能和设计研发能力的限制，无法独立完成设计，此时就需要依靠供应商的协作，才能满足市场的需求。

6）企业专注于核心业务。当企业需要集中主要人力、物力和财力在核心业务时，其他的业务就可以采用供应商协作的方式共同完成。企业往往致力于关键产品设计和组装，许多零部件的设计需要供应商的早期参与。

（2）供应商早期参与的层次

根据供应商参与的程度和深度的不同，可以将早期供应商参与分为五个层次：

第一层：提供信息。这是早期供应商参与顾客产品开发的最低层次。通常只是根据企业的要求提供共享所必需的信息资料，如设备产能等信息供企业参考。

第二层：设计反馈。针对企业的产品设计和开发情况，供应商会提出有关成本、质量、规格或生产工艺方面的改进意见和建议。

第三层：零部件开发。供应商根据企业提出来的零部件要求，深入参与或独自承担相关零部件的设计和开发工作。

第四层：部件或组件整体开发。在这一层次，供应商承担企业产品中较重要的部件或组件设计和开发的全部工作。

第五层：系统开发。这是早期供应商参与顾客产品开发的最高层次。供应商必须根据企业产品的整体要求，完全承担整个系统的开发工作。早期供应商必须拥有产品开发的专业技巧或技能，允许顾客独家享有共用于产品开发，并对顾客产品设计和开发过程中所涉及的问题承担责任。

3．实施 ESI 的供应商范围

企业通过实施 ESI，既可以控制采购成本，提高产品综合价值，也可以缩短新品的上市时间，凸显敏捷供应链的优势，还可以稳定与参与供应商之间的关系。但供应商早期参与说起来容易，实施起来有很多需要注意的地方，如让哪些供应商参与进来，参与到什么程度，供应商参与完后会不会被供方锁定，都是采购从业者担心的问题。ESI 的供应商不能等到项目确定后，再去寻源，这样找到的供应商与采购企业之间缺乏合作磨合的经历和实践绩效输出，很容易出问题。供应商库里可以作为 ESI 候选供应商的有以下两种情况：

1）前期合作中绩效表现出色的供应商。供应商绩效评估结果为优秀级别的供应商作为优选，因为这类供应商的价格、质量、货期以及配套的服务和柔性化水平都有着比较好的平衡。特别是供应商的柔性化水平一定不要忽略，很多供应商各项指标都很出色，却单单缺乏柔性化水平。这类供应商往往都有顶级的质量表现，中级的价格与货期表现，但偏偏灵活性较差，对供应商关系的处理比较强势，从货期沟通到合同版本，都以己方为标准，灵活性较差。这种缺乏弹性的供应商，在供方早期参与中往往不能起到预期的作用，因为新品投入更适合敏捷性、弹性供应链来匹配。

2）与采购企业规模、实力和经营理念以及长期发展战略相匹配的供应商，就是我们平时所说的符合“门当户对”原则的供应商。试想一下，一个规模几十人，产值几千万元的公司，去“高攀”与中石化、中石油谈 ESI 合作；又如一家年产值过百亿元的上市公司，在核心件上却与当地的小微贸易商合作。这些合作都不会有太好的结果输出。采购企业应该在长期的合作中甄别出那些把己方列为关键客户的，又恰恰是己方核心供方的公司，这样采供双方才能够地位平等地商讨如何做好新品的研发和推广，要求供方全面做好供给以及技术、工艺上的全面支持，形成合力推出成本质量都有竞争力的新品。

4．实施 ESI 的供应商参与程度

企业实施 ESI 是需要根据产品特性来分层次，初级的合作仅是了解供方的生产仓储等能力，初步估算产能对接，这也是多数企业实施 ESI 的现有深度。中级的合作要求企业与供应商做有效的成本拆分，质量改善的对接。与初级合作不同的是，这个阶段需要研发、质量等部门也参与进来，而高级合作则是全方位、深层次的合作，从设计理念、工艺优化、质量改善到生产排产、物流运输等都需要企业内部所有部门，全覆盖无缝隙地参与进来。通常意义上我们所说的 ESI 还是推崇这种高级合作意义上的合作关系。

5．避免被供应商牵制的措施

由于供方的早期参与，企业新产品的设计理念甚至图纸资料都需要与供方公开，作为采购方，企业难免会有顾虑，担心产品设计成功，批量化生产后，会被供应商锁定，陷入非常被动局面。为了规避这种局面，以下几个方法可以在实践中加以应用：

1）配套的保密协定及合作细则，需要在合作之初签订，在法律层面先行做好公司利益的保护工作。

2）如果对合作产品市场和供方缺乏翔实和充分的理解，也可以合理地引入两家供应商。例如，在项目时间紧，采购方的技术实力薄弱，对供方提供的设计方案在初期还无法作出理性判断的情况下，可以分别引入两家供应商来合作出方案，当合作方案确认后，采购方再根据成型方案，综合评判选出最佳方案，以此确定合作供方，同时以信息咨询费的方式支付未能中标方的合理开支。但是这种方案只适用于在采购方对市场缺乏了解的新领域内应用，特殊情况下可以用来规避风险，但不能应用到所有产品当中，否则就说明采购方的体系出了问题，不能胜任当前的行业要求了。

3）最关键的还是要开诚布公，坦诚相对。采供双方只要开诚布公，坦诚相待，很多问题都可以在前期解决沟通。长期乃至战略性的合作对双方都是有益的，供方更期待、更看重的是双方长期合作后的源源不断的订单，短视地锁定客户，赚不合理的暴利，只会让供方的路越走越窄，所以规范化的供应商也少有这种问题发生，因为一旦出现，不仅会丢掉目前的客户，还非常容易因为行业的信息互通性而在行业内部传开，导致在行业内完全被拉黑淘汰。

4）采购方需要端正态度，合理的利润必须留给供应商，以此来确保产品供应和质量的稳定。把“蛋糕”做大，比多切一块更为重要。只有真正让供方早期参与到新产品设计中，与采购方的采购、设计、生产甚至客户真正地联动起来，打通供应链，实现信息流的自由流转，才能真正实现产品成本的有效控制。

三、加强供应商关系管理的策略

【企业实践案例 6-11：关于供应商关系管理策略问题的研讨】

伊利集团举行首届标杆供应商授牌仪式

2023 年 7 月 11 日，伊利集团举行首届标杆供应商授牌仪式，13 家企业被授予“标杆供应商”的荣誉称号。伊利识别供应商管理优势并树立标杆，着眼于提高供应链战略合作水平，最大化发挥供应链协同效应，持续带动产业链共生共赢、联动生态圈共建共享，携手为消费者提供高品质的产品和服务。首批入选伊利标杆供应商的企业有嘉吉生化有限公司、廊坊市吉宏包装有限公司、保龄宝生物股份有限公司、山东华上印刷科技有限公司、罗盖特（中国）营养食品有限公司、宁夏和瑞包装有限公司、阿普拉（江苏）塑料制品有限公司、格瑞食品科技（天津）有限公司、黄山永新股份有限公司、芬美意香料（张家港）有限公司、湖北汇伟塑胶科技有限公司、滁州远达彩印包装有限公司、辽宁万隆包装有限公司等 13 家，涉及食品添加剂、农副产品等原料，以及塑料包装、纸包装等包装材料等领域。

伊利将标杆供应商分为创新型、质量引领型、可持续发展型、智能制造型以及精益管理型等五大类型。未来伊利也将持续引领标杆供应商之间跨界对标交流，不断提高供应商管理水平。伊利相关负责人在授牌仪式上表示，随着产业链布局日益完善、规模和管理优势持续扩大，伊利的行业绝对龙头地位进一步显现。在伊利实现全球乳业第一，健康食品五强的长期战略目标的过程中，供应商合作伙伴是不可或缺的支持者与助力者。在共生共赢的经营理念之下，伊利于供应商不仅是“下单的甲方”，更是赋能帮助、共生共荣的伙伴。

据了解，伊利已经构建了“前锋营+实战营+领军营”三位一体的供应商赋能管理体系。针对不同人群提供定制化培训。以“实战营”为例，伊利持续对供应商质量管理人员开展品质工程师或客户端品质工程师（joint quality engineer，JQE）认证，指导 JQE 人员应用六西格玛、8D 分析报告等进行质量问题分析及改善，系统提升供应商质量管理能力。目前已有 148 家供应商的 200 名质量人员通过了 JQE 认证，品类覆盖率达 40%。同时，伊利根据行业现状及供应商合作表现实施差异化质量改善项目，组织供应商开展跨界对标交流、专家双向赋能、硬件升级改造、供应商上游质量管理等管理改善举措，从而持续提高供货质量，为消费者提供 100%健康、安全、放心产品。2022 年，参与赋能改善的核心供应商占比达到 40%。以供应商的上游质量管理为例，截至 2022 年，伊利完成 33 个二级冻果厂的质量审核及准入，并对 143 个种植基地进行备案管理，种植基地面积达到 26000 多亩[①]；同时，建立食品添加剂供应商的上游原料备案机制，截至 2022 年，合计完成 110 家食品添加剂供应商的上游原料备案，并对供应商提供的备案信息进行抽查验证。

未来，伊利将充分发挥标杆供应商先进管理理念及优势，提升伊利集团合作供应商整体管理水平，带动全产业链共赢发展，实现“让世界共享健康”的梦想。

资料来源：经济观察报 时间：2023-07-11

请结合以上案例及供应商管理相关知识点，对以下问题开展研讨与分析：

1）试分析伊利设置“标杆供应商”荣誉称号的目的和意义是什么？

2）伊利构建“前锋营+实战营+领军营”三位一体的供应商赋能管理体系意义何在？

1．加强与供应商的信息沟通

（1）加强业务沟通，引入 EDI（electronic data interchange）等信息技术

通过加强业务沟通，能够很好地避免因沟通不及时造成的产品质量、型号、数量不匹配的情形，通过引入 EDI 等技术，一定程度上可实现采供双方信息之间的信息共享，提高交互的透明度和及时性。

（2）供应商参与产品开发，建立采供联合跨组织团队

供应商参与到产品的开发与设计中，能够使采购企业充分利用供应商的专业能力，降低研发成本，同时能够使供应商更精准地理解采购商的采购需求，提高双方合作的亲密度，共同提升供应商综合竞争力。

（3）建立供应商会见机制

建立供应商会见机制，能够增加互相交流与学习的机会，使供应商和采购商能够有机会对双方合作过程中存在的问题进行反馈和交流，同时能够增加彼此之间相互了解的机会。例如，在会见供应商过程中，采购商通过与供应商深入沟通和交流，了解供应商所生产产品相关领域最新的技术、材料和市场行情，有利于采购企业产品的升级与更新换代。

2．实施有效的供应商激励机制

（1）供应商激励的方式

有效的供应商激励是维持采购企业与供应商关系的必要手段之一，也是最有效的手段。一般情况下，供应商激励分为正向激励和负向激励，包括价格激励、订单激励、处罚

---

① 1 亩≈666.67 m^2。

和淘汰激励、信息激励、长期合作激励、新产品共同开发激励、组织激励、商誉激励等，这些都是很好的供应商激励方式。

1）价格激励。对于传统的企业管理，价格激励主要存在于有直接供求关系的企业之间，激励的操作简易。在供应链管理环境下，价格激励除了用于有直接供求关系的节点企业之间，同时还得在整条供应链上实现价格激励，因此，供应链管理环境下的价格激励在实务操作上具有较高的难度。供应链整体的价格激励在供应链环境下，点对点的价格激励机制一般能够解决大部分情况下的价格激励问题，但在某些情况下，如供应链运作的优化所获得的额外收益或供应链自身不可控的外部因素所造成的损失，仅由供应链上个别企业承担显然有失公允，它必然影响供应链战略联盟的利益共享和风险共担原则。为了解决这一问题，供应链就必须建立一种利益协调机制，它通过供应链全程的价格重整来驱动。

2）商誉激励。在供应链管理环境下，采用商誉激励方式将会是行之有效的办法。商誉激励可以采用以下几种方式：

①供应链内部的商誉激励。在供应链系统内，必须建立供应链内部的商业信用激励机制，通过供应链的信息平台，将注重商业信用、信守合同、赢得交易伙伴赞誉的企业进行公开宣传，从而为表现优秀的企业赢得社会的尊重和更多的市场机会。在实际操作层面上，供应链管理信息系统需要有一个能够评价各成员企业在一定时期各种商业信用指标的子系统，由子系统在一定的间隔期客观地给出各成员企业的商业信用状况，并依据事先确定的等级标准给予商业信用等级评定，由此确定进行商业信用激励的对象。

②社会化的商誉激励。供应链内部的商誉激励虽然能够较好地解决对表现优秀的企业的部分激励问题，但激励所涉及的范围不够广泛，未能最大限度地发挥商誉激励的作用。因此，利用更广泛的、具有社会影响力的商业信用激励方式，在存在信任危机的市场竞争情形下是十分重要的一种激励方式。例如，政府相关部门或相应社会组织、行业协会在对各企业的商业信用进行评价时，给予企业的一种商誉激励。

3）订单激励。在供应链管理环境下，制造商可能面临多个同质产品的供应商，由此形成供应链内部的竞争机制。供应方如果在产品质量、交货期和提供的各种服务上表现优秀，采购方除了可以通过其他不同的方式对其进行激励，还可以利用增加订单的方式进行激励。作为供应方，若能获得采购方的更多订单，这就意味着有更多的利润，也体现了己方在采购方中的地位的提升。因此，获得更多的订单对供应方而言能够起到立竿见影的激励作用。即使是单个供应商而不存在内部竞争，这种订单的激励同样是有效的。

4）处罚和淘汰激励。处罚激励是一种负向激励，这种负向激励方式可以是在供应链系统内部作出亮黄牌（警告）、处罚及淘汰等决定。供应商偶然的、一般性的失误，可通过警告或处罚的方式处理，并限期整改，如果限期整改后还不能达到供应协议所规定的要求，则应考虑对其进行淘汰；对于严重的或重复性的失误，则应立即启动淘汰机制。

5）信息激励。在供应链理念下的采购管理优于传统采购管理的一个很重要的方面，在传统采购管理模式中，各关联企业之间信息的壁垒会造成信息的流动阻塞，形成信息不对称。获得信息少的企业，往往因为机会不能及时把握而降低了自身的竞争能力，另外，信息的不对称也必然造成企业之间配合的不协调和库存居高等现象，这是传统管理企业经营成本很高的主要原因。所以，供应链的成员企业之间，如果能够向对方提供及时、有效、真实的信息，那就意味着各自企业捕捉市场机会的能力提升和经营成本的下降，同时强化了供应链的竞争力。因此，供应链成员企业对有效信息的追求，客观上就形成了信息激励的基础。

6）组织激励。供应链是以核心企业为中心，由多个企业构成的一个横向一体化的采供团队，在这个团队中，如果成员企业仅听命于核心企业，则成员企业仅是服从核心企业的各种业务安排而已，只能在供应方面尽量满足核心企业的需要，成员企业的主观能动性不可能得到真正意义上的发挥。在供应链管理环境下，核心企业可通过尊重与承认成员企业的作用，让成员企业参与核心企业的供应链战略制定过程及新产品和新技术的开发过程，满足成员企业的成就和自身成长的需要，从而最大限度地激发成员企业的积极性。

（2）供应商激励的注意事项

1）实施供应商激励必须有明确的依据。企业之间实施激励，激励过程的公平性原则是极为重要的，这要求激励的实施必须是有根据的。因此，供应链企业之间实施激励需要建立在以下几个方面的基础上才能有效进行：

①要建立激励的政策性框架，即节点企业在什么样的业绩和表现下可以获得激励，以及获得什么级别的激励，这种政策性的框架通常包含在供应链协议之中；

②要建立可横向评估的绩效评价体系，该体系能够对各企业在一定阶段的运行绩效进行客观评估，避免人为因素的干扰；

③要建立一个透明化的供应链利益分享决策机构。

2）激励的实施要有助于供应链整体竞争力提升。供应商激励通常都是公开的，某一对象一旦受到激励，周边的组织都会对该激励行为作出反应，这种感知反应大致可以归结为三种情况：①正面的积极作用，激励导致其他供应商更加努力工作，形成良性竞争局面；②部分其他供应商对该激励行为无动于衷，形不成激励实施者所期望的前驱力；③还有一部分供应商因为认为该激励行为不公平或是出于妒忌而产生抵触情绪或行为。

在供应链管理理念下，采购管理者最担心的是上述第三种情形的出现。因为供应链是一个比较松散、缺乏强制约束力的组织混合体，激励一旦把握不当，很容易造成供应链危机。所以，供应商激励的核心是提升供应链整体的竞争力，在激励的实施过程中努力消除可能削弱供应链整体竞争力的不利因素。

3）激励要充分利用采购管理信息平台。供应商激励要充分利用采购管理信息平台是基于以下理由：

①激励主体需要从采购管理信息平台上获得有价值的关于激励客体的信息，这是激励主体实施激励的主要根据之一；

②激励的实施可以通过采购管理信息平台进行发布，使供应链所有成员都能获知激励的结果并获得上面的促进作用；

③基于采购管理信息平台的激励结果发布有助于激励的公平性，因为这种激励是公开和透明的，激励的实施者必须是也只能是以公平性为最高准则。

4）要特别重视信用激励。信用在采购与供应行为当中十分重要，供应链成员如果具备良好的信用，供应链就能够稳定、有效地运行；如果供应链部分成员的信用较差，将导致供应链局部运行困难，甚至造成整个供应链的瘫痪。在供应链环境下，信用激励的要素可以包含以下几个方面：

①准时的交货和无差错性；

②满意的产品质量；

③按协议准时、足额付款；

④提供满意的售前、售中和售后服务。

【课后习题】

一、多项选择题

1. 供应链管理的内容包括（　　）。

A. 供应商调查与开发　　B. 供应商关系管理

C. 供应商选择与使用　　D. 供应商绩效管理

2. 供应商选择的原则包括（　　）。

A. 价格最优原则　　B. 优势互补原则

C. 门当户对原则　　D. 共同发展原则

3. 以下属于供应商选择的长期指标有（　　）。

A. 技术与工艺指标　　B. 管理能力指标

C. 履行合同能力指标　　D. 可持续发展指标

4. 以下属于供应商早期参与实施原因的是（　　）。

A. 市场竞争的加剧　　B. 成本因素

C. 技术的复杂性　　D. 内部研发能力

5. 实施 ESI 的供应商范围包括以下哪几类（　　）。

A. 有合作意愿的供应商

B. 前期合作中绩效表现出色的供应商

C. 与采购企业规模和实力相当的供应商

D. 新开发的供应商

6. 以下属于供应商激励方式的有（　　）。

A. 价格激励　　B. 商誉激励

C. 订单激励　　D. 处罚和淘汰激励

二、填空题

1. 对供应商绩效的统计和评价可以从七个方面开展，即 QCDSTAP。其中，Q 代表______、C 代表______、D 代表______、S 代表______、T 代表______、A 代表______、P 代表______。

2. 从供应风险维度和采购成本支出维度综合分析，可以将供应商分为：______、______、______、______。

3. 供应商选择的短期指标包括：______、______、______、______、______。

4. 供应商早期参与的层次依次为：______、______、______、______、______。

5. 供应商商誉激励包括________和________。

三、简答题

1. 简述供应商管理的意义。

2. 简述供应商管理的目标。

3. 简述供应商关系管理的内涵及发展阶段。
4. 简述供应商关系管理的意义。
5. 简述供应商激励的注意事项。

四、论述题

1. 试论述供应商分类管理策略。
2. 试论述如何加强供应商关系管理。

五、案例分析题

某企业在采购生产设备时，列出了 10 项对供应商的评价项目，每个评分标准分为五个档次并赋予不同的分值，即极差（0 分）、差（1 分）、较好（2 分）、良好（3 分）、优秀（4 分），满分 40 分，如表 6-12 所示。通过打分，最终选择评分最高的供应商作为合作供应商。

表 6-12　供应商评分表

序号	评价项目	极差	差	较好	良好	优秀
1	设备生产能力				√	
2	技术服务能力					√
3	交货速度			√		
4	对用户需求及反馈的响应速度					√
5	供应商诚信水平		√			
6	设备价格				√	
7	延期付款期限					√
8	销售人员的专业水平与品德			√		
9	与以往供应商关系处理情况				√	
10	产品说明书及使用手册的详尽情况		√			
合计得分	27 分					

请结合所学知识和案例，分析以下问题：

1. 你认为这种供应商选择的方法是否合理？为什么？
2. 案例中这种供应商选择的方法有哪些优点和不足？
3. 在使用此种方法评选供应商时应该注意哪些问题？
4. 请你对以上供应商选择方法进行优化。

【实战训练】

【实训目的】

通过本次实训，加深对供应商选择与评价相关知识点的认知，能够制作简单的供应商资格预审表或供应商基本信息调查表。

【实训内容】

菜鸟网络南京塑料立库托盘招标采购项目需求信息

招标单位：菜鸟-国内供应链事业部　发布日期：2023-09-06

项目位置：江苏省南京市江宁区凌霄路8号菜鸟网络2#库3号门；

履约保证金：0；

付款条件：货到验收合格后30天；

本次招标范围：1.2 万片立库塑料托盘，8～10 根钢管，承重＞500 kg，4 向川字，1200 mm×1000 mm×150 mm；

项目简介：南京立库托盘数量累计约1.2万片。

投标单位入围要求：

1. 成立时间大于1年；

2. 能够提供合法有效的企业证照，包括营业执照、税务登记证、组织代码证、开户行证明等；

3. 能开具增值税专用发票；

4. 有关联关系的公司，只能一个主体进行投标。

请以学习小组为单位，结合所学知识完成以下实践任务：

1. 采购作业的基本流程首先是要明确采购需求，小组内开展讨论，探讨菜鸟本次发布的采购需求是否明确，如果不明确，应该在哪些方面进行补充说明。

2. 假设在采购需求信息明确、采购计划和采购预算齐备的情况下，菜鸟国内供应链事业部在本次采购作业供应商开发环节，应该考察塑料托盘供应商哪些方面的内容？请结合所学知识，针对本次菜鸟集团的采购实际需求，尝试为菜鸟集团本次采购作业制作一份供应商资格预审表，并说明此份供应商资格预审表设计的原因。

【实训要求】

以学习小组为单位，利用互联网，广泛搜集供应商资格预审表的制作样式，为菜鸟本次的采购任务制作供应商资格预审表，应内容详尽，理由充分。

【拓展学习任务】

供应商全生命周期管理

项目七　采购绩效管理

【学习目标】

一、知识与能力目标

◆　能够清晰表述供应商绩效考核和采购部门绩效考核的内涵与目的；

◆　可以分析出某企业采购绩效管理与供应商绩效管理中存在的问题和不足；

◆　能够结合供应商绩效考核的原则和企业实际情况，团队协作，为企业设计一套科学合理的供应商绩效考核和采购部门绩效考核指标体系；

◆　根据采购绩效考核与供应商绩效考核的结果，提出改进供应商绩效和采购绩效的措施和方法。

二、价值目标

◆　树立供应链全局观及供应链“和合共赢”理念；

◆　从采购绩效关联知识点的学习中，培养系统性思维，养成做事“定目标，讲效率，有成效”的行为习惯。

【课前任务驱动】

蚌埠市医保局建立国家组织集中带量采购中选产品保障供应评价工作机制

请结合该案例内容和本项目的相关知识点，对以下问题进行分析与研讨：

1）蚌埠市医保局建立的国家组织集中带量采购中选产品保障供应评价工作机制是与供应商合作前的选择评价行为还是合作后的绩效管理行为？

2）该评价机制能否引导供应商的供应行为？为什么？

3）请对蚌埠市医保局建立该评价机制的重要性进行分析。

任务一　供应商绩效管理

【企业实践案例 7-1：关于供应商绩效管理相关问题的研讨】

中航锂电（洛阳）有限公司供应商绩效管理办法
——部门职责与分工

一、采购部

◆ 负责组织开展外购物资供应商的绩效评价工作；

◆ 定期组织业务部门进行绩效评分；

◆ 汇总整理供应商绩效数据，对供应商进行分级；

◆ 对绩效考核结果的应用执行情况进行跟踪；

◆ 负责工序外包供应商交付维度绩效；

◆ 负责评估 A/B 类及原材料二次加工类供应商的交付和成本维度绩效；

◆ 根据绩效结果调整资源分配，制订和实施供应商整改提升计划，制定和实施供应商开发计划。

二、供应商质量工程师 SQE

◆ 负责评估 A/B 类及工序外包、原材料二次加工类供应商的质量维度绩效；

◆ 根据绩效结果制订和实施供应商整改提升计划。

三、技术研究院/物流部

负责评估 A/B 类及工序外包、原材料二次加工类供应商的技术维度绩效。

四、其他一类外包供应商绩效归口管理部门参见中航锂电《外包管理程序》。

资料来源：中航锂电绿色供应链信息平台　时间：2022-08-10

请结合案例内容和下述供应商绩效管理相关知识点，对以下问题进行分析与研讨：

1）供应商绩效考核为什么需要技术研发、物流仓储、质控和采购、财务等部门相互配合？

2）这些部门在供应商绩效考核中分别承担了哪些重要职责？

供应商的杰出表现不仅可以给采购方带来利润的增值，获得稳定的原材料质量保障，减少生产制造过程中的返工率，降低市场不良率，提高生产效率，并能够帮助企业增加顾客满意度，还可以提升企业的综合竞争力。反之，如果供应商供应的产品质量不佳或者交付产品质量不稳定，再或者供应商交货不及时，则将影响企业最终交付给顾客的产品的质量和交货期，从而影响终端顾客的满意度。而绩效考核则是企业管理供应商的最有效、最重要的手段，通过供应商绩效考核，评选出的优秀供应商继续或者加深合作，促进绩效表现差的供应商改善产品质量或交付服务，淘汰不符合要求的供应商，从而避免影响企业生产经营及顾客的需求。

绩效考核只是检验供应商绩效的一种方式，而不是最终的目的。通过绩效考核，在采供双方之间搭建一座反馈沟通的桥梁，发现优质的供应商，引导不合格的供应商进行及时整改，还能够帮助供应商了解自身的优势与不足之处。因此，企业建立科学、有效、合理的供应商绩效管理体系，能够促进供应商绩效的持续改进和提高。作为引导供应商供应行为的重要导向工具，供应商绩效考核推行的出发点与落脚点应该是提升采购工作当前和未来的经济效益，支撑企业中长期的发展战略。

一、供应商绩效考核的内涵

供应商绩效考核是对已通过认证的、正在为企业服务的供应商的日常表现进行定期的绩效监控和考核，以事实数据为依据，利用适当的统计方法，评价得出供应商处于何种等级，根据供应商所处的等级水平采取相关动作。除了产品质量考核以外，还要结合企业战略目标与经营性质，综合考核供应商的成本水平，供应商的交货表现，供应商提供的服务与技术支持，以及参与产品开发的表现等方面。

供应商的绩效考核也可以理解为供应商履约评估，一般情况下，供应商履约评估主要从交付、价格、服务、质量等维度对供应商进行考核。交付主要考察供应商交付的及时性和准确性等，价格主要考察供应商提供价格的竞争性，服务一般考察供应商售后、安装、技术指导等方面的内容，质量主要考察供应商所供应产品的质量与企业要求质量之间的符合度。企业应根据自身的实际情况确定供应商绩效考核的指标和频次，可周期性进行评估，如按月度、季度或年度评估，这样的好处是比较有规律，方便考核与评估工作的组织；也可以按订单或者采购批次进行评估，这样的优势是能更具体、更精确地反映供应商每次供应的绩效情况。评估的主体一般由采购部门、使用部门、运维部门、财务部门等多部门共同参与，因为涉及的评估维度不同，只有相关部门人员齐心协力，共同实施供应商绩效考核，才能更客观地反映供应商合作的真实情况。

二、供应商绩效考核的目的、原则与准备工作

1. 供应商绩效考核的目的

1）通过供应商绩效考核，了解供应商在质量、成本、交货、服务等方面的现实表现，确保供应商各方面表现能够达到企业对供应商绩效的要求和期望，满足企业需求；

2）供应商绩效考核的结果能够帮助供应商识别合作中的问题，引导供应商改善绩效；

3）通过供应商绩效考核，淘汰不合格供应商、遴选出优质供应商，开发潜在优质供应商，不断优化供应商结构；

4）科学有效的绩效考核，对于采供双方维护和发展良好的、长期的、稳定的供应商合作关系有促进作用；

5）供应商绩效考核能够精准管控供应商，提高企业的供应链管理水平。

2. 供应商绩效考核的原则

1）整体性原则。整体性原则要求在供应商绩效考核时，要从供应商和企业自身的整体运作方面进行评估，以确立绩效考核的最终目的。

2）持续性原则。供应商绩效管理必须持续进行，要定期检查供应商绩效目标的达成度。同时，定期的绩效评估能够督促供应商持续、不间断地改善自身的绩效，以符合采购

企业的绩效预期。

3）综合性原则。企业在对供应商的绩效进行评估时，除要考虑绩效指标达成度外，还要综合考虑外在因素给供应行为带来的影响。

3. 供应商绩效考核的准备工作

供应商绩效考核实施之前，需要企业进行周密的计划，必须制定一个供应商考核工作程序或办法，有关部门或人员必须依文件实施考核。因此，在考核前需要做好以下工作：

1）确定供应商绩效考核原则、周期和频率、考核对象以及绩效评价指标体系等基本内容。

2）确定考核的具体步骤细则，并将其文件化、规范化。

3）选择要进行考核的供应商，并将考核指标及要求与对方进行充分沟通。

4）采购商成立考核小组，小组成员可以包括采购、生产、市场、计划等利益相关部门的人员，也可以聘请外部专家和管理顾问等。

三、供应商绩效考核的对象与频率

1. 考核对象

企业首先需要定义供应商绩效考核的对象和范围，即所有供应商都必须进行考核，还是只对贸易金额超过一定数额的供应商和关键零件供应商进行考核，需要定义清楚。当然，所有在正常供货的供应商都进行考核是最完美的，但是会消耗企业较大的时间和精力。

2. 考核频率

企业可以采用定期考核和不定期考核相结合的方式对供应商开展绩效评估工作，两种方式可以相互补充。

1）定期考核。定期考核目前比较普遍采用的是一个月或者一个季度考核一次，也有企业选择半年或者一年作为考核周期。但是半年或者一年考核一次，考核时间间隔太久，可能绩效反馈时效性和指导意义会有所下降。

2）不定期考核。企业可以按订单或者采购批次进行评估，也可以当发现供应商有特殊事件发生时进行评估，如供应商整体表现变差，运营出现问题，财务出现危机，以及品质出现严重缺失时，采购部门或供应商管理部门应立即对该供应商进行考核和督导，必要时组织相关部门进行评审并作出决策，以确保交货质量和稳定性。

四、供应商绩效考核的部门

供应商绩效考核是一个非常复杂的过程，涉及品质数据、交付数据、服务数据和成本数据等各种数据的采集，数据采集之后还要进行大量的分析工作。此外，考核项目中可能还涉及主观的评分项目，需要跨部门的工作人员共同打分，所以一定要明确供应商绩效考核的部门和责任人员。但是企业实际情况各有不同，需要根据组织的实际情况，设定各相关部门在供应商绩效评价中的职责和权限，合理组织开展供应商绩效评估。供应商绩效评估部门职责示例如表 7-1 所示。

表 7-1 供应商绩效评估部门职责示例

部门	评价内容
采购部门	1）文件管理：指管理制度、办法，文件的保管及发放，文件更改的控制，以及现场使用的文件情况； 2）包装、储存及交货：指在库品的管理、仓库条件、包装及防护、交货的及时性及服务质量； 3）供应商信誉及产品信誉：指质量历史及产品信誉，企业对重大问题（如质量事故）的分析、控制
品管部门	1）质量保证体系：体系结构的完善性，体系文件、记录的完整性和可靠性，全员质量意识和质量教育开展情况，以及体系运作的有效性； 2）产品设计开发能力、管理； 3）过程控制：工序控制办法，工艺文件，关键工序和特殊工序的控制，产品批次控制，生产人员素质，生产环境，不合格品的控制，以及生产设备的维护和保养； 4）检验：检验机构、人员，检验依据文件，检验设备，检验过程控制，检验环境，检验设备的校准，检验记录，以及成品检验
仓储部门	主要负责协助对交货及时性和服务质量的评价

五、供应商绩效考核指标体系

【企业实践案例 7-2：关于供应商绩效考核指标问题的研讨】

中航锂电（洛阳）有限公司供应商绩效管理办法
——供应商绩效考核指标体系及评分标准

（一）工装磨具外协机加供应商考核标准

工装磨具外协机加供应商考核标准见表 7-2。

表 7-2 中航锂电（洛阳）有限公司工装磨具外协机加供应商考核标准

类别	相关要求	硬件指标（必须满足）			配合月指标（40%）		质量月指标（30%）	成本月指标（30%）	
		设备配置基础	与我司距离（响应时间）	技术及操作人员配置	交付—按期达成率（订单数≥75）—最高不达次数（订单数＜75）	服务绩效	质量—交货合格率（订单数≥75）—最高不合格次数（订单数＜75）	成本	业务量分配比（同类别的总量）
A 级	本地高精度加工能力（承接复杂加工治具或单机设备）且优质服务（优质质量、售后维护和交货及时）	加工中心 3 台 线切割 2 台 数控车床 2 台 钻床 2 台	50 km 以内（60 min）	9 人	96%—3 次	90	98%—1 次	90	65%

类别	相关要求	硬件指标（必须满足）			配合月指标（40%）		质量月指标（30%）	成本月指标（30%）	
		设备配置基础	与我司距离（响应时间）	技术及操作人员配置	交付—按期达成率（订单数≥75）—最高不达次数（订单数＜75）	服务绩效	质量—交货合格率（订单数≥75）—最高不合格次数（订单数＜75）	成本	业务量分配比（同类别的总量）
B级	本地加工能力一般（承接简单加工治具）且优质服务（优质质量、售后维护和交货及时）	加工中心 2台 线切割 1台 数控车床 1台 钻床 1台	80 km 以内（100 min）	5人	92%—5次	80	95%—3次	80	35%
C级	本地待考察对象（3个月内新供应商或上年度考核不合格：连续2个月整改不达标予以剔除）	加工中心 2台 线切割 1台 数控车床 1台 钻床 1台		5人	88%—8次	70	93%—5次	60	
D级	专有设备供应商具备专业成套能力（现有的设备厂家、模具厂家、检验治具厂家）								
备注			距公司所在位置	付薪人员	外协进度表、外协问题汇总表	配合度考核评价表	外协问题汇总表验收单		

（二）物流外包服务供应商考核标准

物流外包服务供应商考核标准（含包装租赁、运输服务、第三方仓储），见表7-3。

表7-3 中航锂电（洛阳）有限公司物流外包服务供应商考核标准

类别	项目	基础分值	评分标准	说明	得分	备注
基础得分	质量	40	保质保量，产品及附加品无损坏、污物、淋雨受潮、灰尘等问题	（第三方仓储）未执行作业要求或防护不当，导致出现质量问题或客户抱怨 ——每出现1次扣10分		
				出现数量缺失、货损、淋雨受潮等问题的 ——每出现1次扣20分（除赔偿货损外，另处罚金2000元/次）		

类别	项目	基础分值	评分标准	说明	得分	备注
基础得分	交付	30	资源供应及时、未出现因自身导致的作业停滞、交付延期、客户断线	未落实在途汇报的，未及时通报突发状况，未落实应急管理要求的 ——每出现 1 次扣 5 分		
				资源未及时到位，内外部客户抱怨的 ——每出现 1 次扣 10 分		
				因自身导致客户断线、项目延期的 ——每出现 1 次扣 30 分 （另处罚金 2000 元/次，不低于客户对我司处罚的 1.5 倍）		
	安全/文明服务	30	不限区域，没有发生与我司相关的安全事故，没有出现不安全、不文明行为的；运作符合法律法规及相关方安全环保要求	未按要求落实安全检查巡查、问题整改的 ——每出现 1 次扣 5 分		
				在客户、我司或第三方现场，存在不安全，不文明行为，受相关方投诉或反馈的 ——每出现 1 次扣 10 分		
				在我司、第三方、客户现场，出现安全事故，造成单（多）方损失或不良影响的 ——每出现 1 次扣 30 分 （另处不低于我司所受经济损失的 1.5 倍罚金）		
				因自身原因，致使我司受影响的 ——每出现 1 次扣 30 分 （另处不低于我司所受经济损失的 1.5 倍罚金）		
加减分项	其他	—	发现或积极参与突发状况处理的，受到认可的应鼓励行为的	视具体情况裁定，每次加（5～10）分，最高加 20 分		
			出现上述未提及的，应被禁止的或收到抱怨的	视具体情况裁定，每次扣（5～10）分，最高扣 20 分		

（三）其他非生外包及 C/D 类供应商通用绩效评分标准

其他非生外包及 C/D 类供应商通用绩效评分标准见表 7-4。

表 7-4　中航锂电（洛阳）有限公司其他非生外包及 C/D 类供应商通用绩效评分标准

类别	项目	基础分值	评分标准	说明	得分
基础得分	成本	30	供应商参与项目中具有成本优势的项目比例占 80%以上的得 30 分	每季度参与项目占 80%的项目有优势得 30 分； 占 70%得 25 分； 占 60%得 20 分； 占 50%得 15 分	
	质量	30	按照技术要求完成服务	未依据作业流程执行，导致出现质量问题或风险的，每次扣 10 分	

类别	项目	基础分值	评分标准	说明	得分
基础得分	交付	30	能按照双方约定的时间完成交付	合作过程中因配合不及时或者重大失误而导致的投诉，每次扣 10 分	
	文明服务	10	运作符合法律法规及相关方安全环保要求：在双方合作期间，不限区域，没有出现不安全、不文明行为	问题响应不及时，对反馈问题不能按节点完成整改，每次扣 5 分； 出现不安全、不文明行为，每次扣 10 分	
加减分项			发现或积极参与突发状况处理的，受到认可、应鼓励的行为	每次加 5 分	
			出现上述未提及的，应被禁止的或收到抱怨的	每次扣 5 分	

资料来源：中航锂电绿色供应链信息平台　时间：2022-08-10

请结合案例内容及下述供应商绩效考核指标体系相关知识点，分析以下问题：

1）思考为什么中航锂电（洛阳）有限公司要对不同类的供应商选择不同绩效评价指标体系进行评价？

2）你认为中航锂电（洛阳）有限公司物流外包服务供应商绩效考核指标中是否应该加入“成本”指标，如果有必要加入，应该怎么考核成本指标？

供应商绩效考核的主要目的是衡量供应商供应产品或提供服务的整体绩效与采购企业预期之间的差距，并通过绩效考核不断优化供应商绩效，稳定供应商队伍。为了客观、公正、科学地反映供应商供应产品或提供服务的整体情况，企业应该建立与之相适应的供应商绩效考核指标体系。不同产品或服务的供应商的考核准则自然不同，评价方法和程序也不是完全一致的。实施供应商绩效评价的重要任务之一就是确定评价的准则或者是指标，并制定一套供应商的考核办法和程序。

一般企业衡量供应商的绩效都要考核供应商在交货质量、及时性、价格和售后服务等方面的表现。较全面的供应商绩效考核指标体系则要进一步扩展到供应商的支持服务、供应商参与本公司产品开发等方面的表现等，也就是把考核订单和订单实现过程延伸到产品开发过程。在制定考核指标体系时，应该突出重点，对关键指标进行重点分析，尽可能地采用实时分析与考核的方法。要把绩效度量范围扩大到能反映供应活动时间运营的信息上，因为这要比做事后分析有价值得多。供应商的考核指标很多，不同行业企业的做法可能不同，所用的考核指标也有所差异，这些评估指标可分为“定性”和“定量”两大类，定量指标是指可以根据具体的公式或者算法得出准确量化结果的指标，而定性指标需要人为进行判定指标。企业在制定供应商绩效评价指标时，应注意以下问题：

第一，针对不同的产品和服务供应商制定不同的绩效考核准则；

第二，绩效考核准则要明确、科学，着重体现功能理念，并与企业的采购和运营战略等保持一致。

第三，评价的准则要具有较强的可操作性，便于理解和量化。

第四，绩效考核指标和指标权重应该重点突出，能够引导供应商的供应行为向采购企业预期发展。

1. 质量指标

质量指标是供应商考核的最基本要素，每个采购单位都要对供应商供应的产品质量进行检查。检查可分为两种：一种是全检，另一种是抽检。一般企业采用抽检的方法，全检一般适用于采购量少、价值和重要程度较高的采购品。供应商质量指标可以用抽检合格率、来料批次合格率、来料抽检缺陷率、来料在线报废率、来料免检率、平均合格率、退货率/批退率等指标来描述。

（1）抽检合格率

抽检合格率=（抽检合格数/抽检总数）×100%

（2）来料批次合格率

来料批次合格率=（合格来料批次/来料总批次）×100%

（3）平均合格率

根据每次交货的合格率，计算出某固定时间内合格率的平均值来判定品质的好坏。

例如，1 月某供应商交货 3 次，其合格率分别为 90%、85%、95%，则该供应商本月的平均合格率为

（90%+85%+95%）/3=90%

（4）退货率/批退率

退货率/批退率=退货量（批次）/采购总量（批次）

例如，上半年某供应商交货 50 批次，返退 3 批次，其批退率为

（3/50）×100%=6%

（5）来料免检率

来料免检率=（来料免检的种类数/该供应商供应的产品总种类数）×100%

（6）来料抽检缺陷率

来料抽检缺陷率=（抽检缺陷总数/抽检样品总数）×100%

（7）来料在线报废率

来料在线报废率=［来料总报废数（含在线生产时发现的）/来料总数］×100%

另外，一些公司将质量体系认证、系列质检报告、测试报告等也纳入考核之中，作为必须项或加分项。有些采购企业要求供应商在提供产品的同时，提供相应的质量文档，如过程质量检验报告、出货质量检验报告、产品成分性能测试报告等。

2. 成本与经济指标

成本绩效指标主要涉及给采购组织带来的成本降低、成本规避和价格折扣等，如实际价格的降低、提供基于数量或付款期的价格折扣、付款期、市场涨价的规避等。

（1）平均价格比率

平均价格比率=［（供应商的供货价格−市场平均价）/市场平均价］×100%

（2）最低价格比率

最低价格比率=［（供应商的供货价格−市场最低价）/市场最低价］×100%

（3）报价行为

报价是否及时，数据罗列是否客观、具体、透明（原料费、加工费、包装费、税金、物流费、利润及相关付款条件）。

（4）降本态度行动

是否主动开展或自愿配合降本行动，制订并落地降本计划。

（5）付款行为

是否积极配合采购方的付款条件、要求及付款方式，开具发票是否正确、准时，在采购方出现暂时资金短缺时能否允许货款延迟支付，这取决于供应商的财务及流动资金实力。

（6）降价合同比率

降价合同比率=（达成价格降低的合同数/评估期合同总数）×100%

（7）数量价格折扣

增加采购数量可提供的价格折扣百分比。需要根据具体交易性质与条件，设定数量等级与折扣比例，如增加10%的配额，采购价格降低2%，或返还2%的现金，或给予采购总额2%的等价物。

（8）付款期

实际货款支付期天数。

3．交付指标

（1）准时交货率

准时交货率=（按时按量交货的实际批次/订单确认的交货总批次）×100%

（2）交货周期

交货周期是指自订单开出之日到收货之时之间的时间长度，常以天（d）为单位。

（3）订单变化接受率

订单变化接受率=（订单增加或减少的交货数量/订单原定的交货数量）×100%

订单变化接受率是衡量供应商对订单变化作出反应的一个柔性或者说是灵活性指标，指在双方确认的交货周期中可接受的订单增加或减少的比率。供应商能够接受的订单增加接受率与订单减少接受率一般并不相同，前者取决于供应商生产能力的弹性、生产计划安排与反应柔性以及供应商安全库存的大小及状态；后者则取决于供应的反应、库存水平以及因订单减少带来损失的承受和消化能力。

（4）产品线覆盖率

产品线覆盖率=（供应商有能力提供的产品种类数量/采购组织需求种类数量）×100%

（5）可用产能满足率

可用产能满足率=（供应商实际可用产能/预期采购数量）×100%

（6）需求增加满足率

需求增加满足率=（现有产能/采购方需求增加量）×100%

（7）合同准时完成率

合同准时完成率=（准时准量完成并交付的合同数量/合同总数量）×100%

（8）订单交付周期

订单交付周期是采购组织发出订单到订单完成交付的天数，可以有不同的计算方法，需要提前定义并与供应商沟通清楚。

（9）缺料次数

缺料次数指合同期内出现意外缺料的次数。需要明确“意外缺料”的定义，如没有提前2天通知缺料的时间与数量，采购方就没有时间准备预案或选用替代方案，则构成“意外缺料”。

（10）意外缺料的损失金额

意外缺料导致的损失金额为实际可计损失或采用标准成本计算。

（11）交货数量准确率

交货数量准确率=（准数交货的批次数/交货批次总数）×100%

需要准确定义“准数量交货”，如一个不差，或允许有±2%的偏差。

4．服务指标

服务指客户通常所需要的额外支持，涉及客户所需要信息的可得性、客户所需技术和知识的开发，以及解决客户所面临的关于产品和服务等方面问题的能力等。例如，采购组织向供应商咨询有关供应市场信息或发出信息请求，供应商都能予以积极回应；采购组织在使用供应商提供的产品的过程中遇到技术或工艺问题，供应商能给予积极解答或现场指导解决；供应商主动为采购组织举办相关的技术培训等。部分绩效指标如下。

（1）提供技术培训的次数

此指标为研发或工程部门提供技术培训并获得该部门认可的次数。

（2）解决现场技术问题的次数

此指标为生产现场成功解决实际问题的次数。

（3）免费样品金额

此指标为根据采购申请提供免费样品的金额。

（4）提供市场情报报告

此指标为在要求时间内回复信息请求（request for information，RFI）并令采购组织满意的次数。

5．合规性指标

合规性涉及经营合规和产品合规。经营合规体现为经营行为符合当地法律法规、国际有关法律及惯例要求，符合有关环境保护要求，有利于推进可持续发展。产品合规涉及有害物质和受控成分的管控要求。部分绩效指标如下：

（1）经营违规揭露次数

此指标为被人举报属实的经营违规的揭露次数。违规包括违反法律法规、环保政策、社会环境责任等。

（2）员工维权投诉次数

此指标为本企业员工维权投诉的次数。

6．内部管理效率

内部管理效率涉及供应商本身的流程效率、盈利能力、关键岗位人员变动等方面。另一个关注点是供应商的财务能力，这是产品开发和持续供应的财务保障。部分绩效指标如下：

（1）生产周期

此指标为供应商订单生产周期的天数。供应商生产周期指物料齐套到成品出库的天数。

（2）每小时产出量

此指标为8小时实际产出量/8小时。应该在正常生产条件及状态下计数，或采用月度平均值。

（3）生产不良率

此指标为（当天不良品数量/当天实际总产出数量）×100%。也可以采用直通率指标。

（4）关键岗位人员流失率

此指标为销售、技术、工艺、采购部门的责任人在一季度内（离职的人数/各部门责任人人数之和）×100%。

（5）完整的品质管控体系

此指标为品质管控体系完全符合采购方业务要求，可以采用定性评价描述，或由相关国际标准体系认证。

（6）流程协同

此指标为客户订单作业流程、交付作业流程、品质检验流程等关键流程与采购组织的衔接与协同，应有流程品质的要求，采用定性评价描述。

六、供应商绩效考核的步骤

【企业实践案例7-3：关于绩效考核流程相关问题的研讨】

中航锂电（洛阳）有限公司供应商绩效管理办法
——供应商绩效管理流程

一、发起供应商绩效考核需求

供应商绩效归口管理部门的供应商绩效管理员定期发起对合格供应商的绩效考核需求。A/B类物料供应商及工序外包、原材料二次加工服务供应商，实行月度绩效监视和季度/年度绩效评级，即按月对供应商业绩进行评分监视，按季度/年度对供应商进行评级并对分级供应商进行相应的处理对策；外包类供应商中，工装模具的委外加工/返修服务、物流外包服务供应商按月度开展绩效评价工作：监视测量设备的检定/校准/维修服务、产品认证/委外测试服务、信息化服务供应商按季度开展绩效评价工作。

C/D类供应商按季度开展绩效评价工作。

二、收集各维度绩效数据

中航锂电（洛阳）有限公司供应商绩效考核流程如图7-1所示。A/B类物料及工序外包、原材料二次加工服务供应商的质量维度绩效由供应商质量工程师负责评分，交付维度绩效由采购业务员负责评分，成本维度绩效由资源开发负责评分，技术维度绩效由技术研究院/物流部根据材料分工负责评分，如表7-5～表7-11所示。

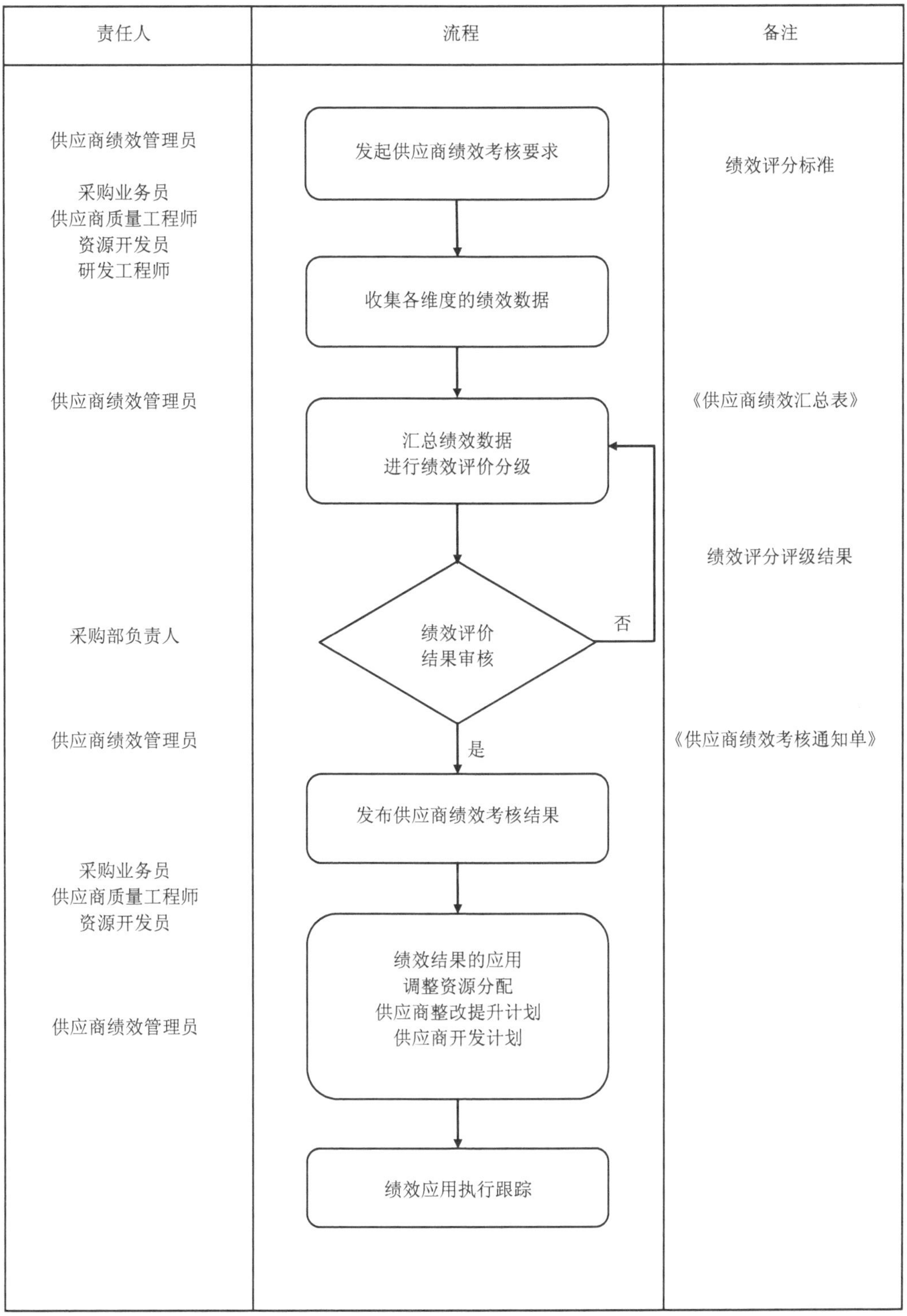

图 7-1　中航锂电（洛阳）有限公司供应商绩效考核流程

表 7-5　A/B 类物料及工序外包、原材料二次加工服务供应商质量维度评分标准（A）

项目	分项	序号	评定内容	分值
基础得分	—	1	（入检合格率得分×70%+车间使用过程合格率得分×30%）×100%	100
扣分项	质量问题	1	入库质量，重复发生质量问题，每次	−20
		2	过程质量，重复发生质量问题，每次	−20
		3	质量投诉，质量问题导致客户具有书面或记录的电话反映出的任何不满，每次	−20
	问题响应	4	问题响应不及时，对反馈问题不能按节点提供纠正预防措施，每次	−2
	8D 报告	5	8D 报告，未按时关闭项数，每项	−10
	协议文件	6	协议文件类，如质保协议、知识产权担保协议、MSDS（material safety data sheet）报告等，未按时提交和更新，每项	−10
	重大质量事故	7	供应商质量问题造成中航锂电生产线停线 24 h 及以上	−50
		8	供应商质量问题造成中航锂电成品停止发运、停止销售、召回、安全事故等严重后果	−60
		9	供应商质量问题造成中航锂电客户停止发运、停止销售、召回、安全事故等严重后果	−60
		10	未经书面正式确认，私自变更设计、制程、产线等，每次	−60

注：质量维度基础得分中，车间使用过程合格率得分 = 车间使用过程合格率；入检合格率（LAR 值）得分计算方式，如表 7-6～表 7-8 所示。

表 7-6　A/B 类物料及工序外包、原材料二次加工服务供应商质量维度评分标准（B）

①批数＞50

LAR/%	100	99	98.5	98	97	96	95	94	90	88	85	＜85
分数	100		90	80	70	60	50	40	30	20	10	0

表 7-7　A/B 类物料及工序外包、原材料二次加工服务供应商质量维度评分标准（C）

②10＜批数≤50

LAR/%	100	98	97	96	95	92	90	88	85	83	80	＜80
分数	100		90	80	70	60	50	40	30	20	10	0

表 7-8　A/B 类物料及工序外包、原材料二次加工服务供应商质量维度评分标准（D）

③批数≤10

LAR/%	100	95	90	86	83	80	75	70	65	60	＜60
分数	100	90	80	70	60	50	40	30	20	10	0

表 7-9 A/B 类物料及工序外包、原材料二次加工服务供应商成本维度评分标准

项目	分项	序号	评定内容	分值
基础得分	产品价格	1	同类物料最低 50～70 分 处于同类中间值水平 25（含）～50 分 同类物料较高 0（含）～25 分	70
	降价幅度	2	降价率≥4% 15（含）～20 分 4%＞降价率≥2% 10（含）～15 分 2%＞降价率＞0 0（不含）～10 分 价格上涨 0 分	20
	账期	3	账期≥90 天 10 分 90 天＞账期≥60 天 7 分 60 天＞账期≥30 天 4 分 账期＜30 天以下 0 分	10
加分项	报价	1	及时提供市场变化价格，主动降价或延长账期，每次	2～10
	账期	2	银行承兑以 6 个月为基准，按相差月份，每多 1 个月	2
扣分项	报价	1	不按中航锂电要求（节点、内容等）报价，每次	−2
	账期	2	银行承兑以 6 个月为基准，按相差月份，每少 1 个月	−2

表 7-10 A/B 类物料及工序外包、原材料二次加工服务供应商交付维度评分标准

项目	分项	序号	评定内容	分值
基础得分	—	1	（按期交付批次/订单总批次）×100%	100
加分项	紧急订单	1	积极配合中航锂电紧急交付项目，项目按期完成的，按项目统计，每个	2～10
扣分项	紧急订单	1	无正当理由，拒绝接受紧急订单，每次	−10
	包装规范	2	产品包装、标识、标签不符，每次	−2
		3	漏装、错装，数量与实际不符，每次	−4
		4	检验报告与装箱清单提供不符，每次	−2
	超额运费	5	标准交期内超额运费发生次数，每次	−2
	重大非质量投诉	6	合作过程中配合不及时或者重大失误导致的投诉（非质量类）	−10
	重大交付事故	7	未准时交付造成中航锂电停线（低于 24 h），每 1 h	−4
		8	未提前（3 个月）书面通知中航锂电并得到允许，私自停产某在用型号，造成中航锂电无法投产	−100
		9	标准交期物资未按照合同要求准时交付，造成中航锂电停线 24 h 及以上	−100
	交付趋势风险	10	预计未来 1 个月内交付仅满足连续生产，无安全库存	−10
		11	预计未来 1 个月内交付存在 7 天（含 7 天）以内缺口	−20
		12	预计未来 1 个月内交付存在 7 天以上缺口	−100

表 7-11 A/B 类物料及工序外包、原材料二次加工服务供应商技术维度评分标准

项目	分项	序号	评定内容	分值
基础得分	研发能力（人员、检测、试验条件、新技术开发能力）	1	研发水平行业较高 20（含）～30 分 研发水平行业中等 10（含）～20 分 研发水平行业偏低 5（含）～10 分	30
	工程化能力（人员、设备、关键工序控制能力）	2	工程化能力行业较高 20（含）～30 分 工程化能力行业中等 10（含）～20 分 工程化能力行业偏低 5（含）～10 分	30
加分项	技术配合度（合作思路、方案，技术协议签订，技术信息、样品提供的及时性、准确性、主动性）	1	分积极提供技术支持、产品验证等 30（含）～40 分	40
		2	技术配合力度较弱 15（含）～30 分 不配合技术 0 分	2～10
扣分项	合作协议履行情况	1	主动分享新技术、新知识，每次。 未履行与中航锂电签订的合作协议	−100
		2	未经书面允许，向第三方透露合作技术信息	−100

一票否决项:

有下列情形之一的供应商，直接淘汰，3 年内不再纳入《合格供方名录》。

1）违反适用法律法规，含专利、国际公约、舆论道德、人权等造成中航锂电利益受损;

2）与中航锂电达成供货（价格、框架）协议后，单方面反悔合约;

3）未经书面允许，私自向第三方透露中航锂电技术、商务政策、成本价格等信息;

4）检测报告造假;

5）为获取产品开发及供货资格，以严重低于正常成本水平报价，后期通过商务、保供等非正当理由要求涨价;

6）承接产品后，未经中航锂电书面许可，私自外包;

7）一年内在产品使用过程中出现重大质量问题（造成中航锂电经济损失 5 万元以上）的;

8）审核不通过，或连续三次以上出现质量问题未采取整改措施或整改措施无效的;

9）由于自身原因，未提前书面通知中航锂电，连续 3 个月不能供货的。

三、汇总绩效数据，进行绩效评价分级

A/B 类物料及工序外包、原材料二次加工服务供应商绩效数据汇总计算公式，见表 7-12。A/B 类物料及工序外包、原材料二次加工服务供应商评价分级标准见表 7-13 和表 7-14。供应商绩效管理员汇总各维度绩效数据，根据分级标准对供应商进行季度/年度分级，月度监控只做排名不做分级。

表 7-12 A/B 类物料及工序外包、原材料二次加工服务供应商绩效数据汇总计算公式

绩效维度	评价责任人	权重				绩效得分
		A 类		B 类		
		月	季/年	月	季/年	
质量	SQE	40%	30%	40%	30%	绩效得分=Σ(各维度得分×权重)
成本	采购业务员	20%	20%	20%	30%	
交付	资源开发员	40%	30%	40%	30%	
技术	研发工程师	—	20%	—	10%	

注：月度考核中，质量和交付，任一维度输出为空，且未引起重大质量事故、停产停线等不良影响，则当月不参与考核。

表 7-13 A/B 类物料及工序外包、原材料二次加工服务供应商绩效评价分级标准（月度评价）

月度评价依据				评价结果
综合得分	质量得分	同类物资供货量占比	批量供货时间	月度
$X \geqslant 90$	$X \geqslant 90$	≥25%	≥6 个月	优秀
$75 \leqslant X < 90$	$X \geqslant 75$	—	—	良好
$60 \leqslant X < 75$	$X \geqslant 60$	—	—	合格
$X < 60$	—	—	—	不合格

表 7-14 A/B 类物料及工序外包、原材料二次加工服务供应商绩效评价分级标准（季度/年度评价）

季度/年度评价依据				评价结果
综合得分	质量得分	月度优秀次数	月度不合格次数	季度/年度
$X \geqslant 90$	X≥90	≥1 次	0 次	Ⅰ级
$75 \leqslant X < 90$	X≥75	—	0 次	Ⅱ级
$60 \leqslant X < 75$	—	—	—	Ⅲ级
$X < 60$	—	—	—	Ⅳ级

注：①当供应商发生重大环保事故时，月度考核为不合格，季度为Ⅳ级；

②对供应商进行年度评价时，需结合供应商审核的成绩对供应商进行评级，审核时需考虑变更涉及的相关资料核准，法律地位的变化，检测手段变化，以及管理创新等方面情况；

③对于两年内未发生供货关系的供应商，自动由合格供方降级为潜在供应商，如因业务需要再次启用，按照潜在供应商导入流程重新导入。

四、结果审核

A/B 类物料及工序外包、原材料二次加工服务供应商的绩效情况，由外协机加专员组织供应商绩效月会进行会议评审，评审人员范围是各绩效维度负责人。评审后的供应商绩效评分评级结果由采购部负责人批准。

其他外包服务供应商的绩效评审由对应的绩效管理归口部门负责组织，评审结果在采购部备案；评审方式可邮件评审，评审人员范围包括各参与部门负责人。

五、发布供应商绩效考核结果

审批通过的供应商绩效结果，由供应商绩效管理员负责组织向供应商及内部部门发布。

1）向供应商发布绩效通知单。采购部负责的供应商绩效统一以采购部公共邮箱向供应商发布《供应商绩效考核通知单》。通知单需包含绩效成绩、异常绩效项目、整改要求/提升方向等信息。

2）向内部部门发布供应商绩效结果。供应商绩效管理员向各绩效维度责任部门发布审批后的供应商绩效考核结果。

六、绩效结果应用

A/B 类物料及工序外包、原材料二次加工服务供应商的绩效结果的应用包括调整资源分配、供应商整改提升计划和供应商淘汰计划。对于供应商质量绩效不达标或出现重大质量问题时，供应商质量工程师立即采取处理措施并向供应商提出纠正和预防要求，限期供应商改进，按照《不合格及纠正措施管理程序》执行。供应商绩效表现也作为资源开发及SQE 参加材评会时的报告输入之一。

七、绩效应用执行跟踪

针对 A/B 类物料及工序外包、原材料二次加工服务供应商，由外协机加专员定期组织供应商质量工程师、采购业务员、资源开发工程师检讨绩效考核结果应用的执行情况并通报。其他外包供应商的绩效应用跟踪由对应的绩效管理归口部门负责。

资料来源：中航锂电绿色供应链信息平台　时间：2022-08-10

请结合以上案例及下述关于供应商绩效考核流程相关知识，分析以下问题：

1）上述案例中，中航锂电（洛阳）有限公司供应商绩效考核方案中，第一步“发起供应商绩效考核需求”规定：A/B 类物料供应商及工序外包、原材料二次加工服务供应商，实行月度绩效监视和季度/年度绩效评级，C/D 类供应商按季度开展绩效评价工作，你认为这样设置供应商绩效考核周期是否合理，为什么？

2）案例中供应商绩效考核时需要收集各维度绩效数据，请分析都需要哪些部门的协助？

3）发布供应商绩效考核结果的目的是什么？

供应商绩效考核的整体框架可以遵循四个环节的循环过程，这四个环节包括制定供应商绩效目标、确定绩效考核指标、绩效考核过程的实施以及绩效考核结果的反馈，如图 7-2 所示。

1. 制定供应商绩效目标

供应商绩效目标源自企业对采购组织自身需求的分析，制定过程可以包括对供应商分类，确定对不同类型供应商的要求，以及分析市场行情、供应水平及竞争状态；分析采购部门的发展方向和采购战略，以引导供应商适应采购组织的业务需求。另外，还要合理地安排绩效考核过程的后续工作，确定实施绩效考核过程中每个环节的参与成员，保证每个环节的顺利衔接，以保障绩效考核科学有效，减少采购风险因素对采购工作的影响为核心目标。

2. 确定绩效考核指标

不同的行业、不同的企业环境、不同的市场条件，可能会导致供应商绩效评价指标的设定差异很大。但制定指标的基本原则，涉及供应商绩效考核的基本指标是有一定共同之处的。例如，企业在考核供应商时，都会对其质量、成本、交货能力、服务水平等项目考察，另外还应该明确描述每一指标的具体定义以及界定评判的标准，以便考核者顺利操作。

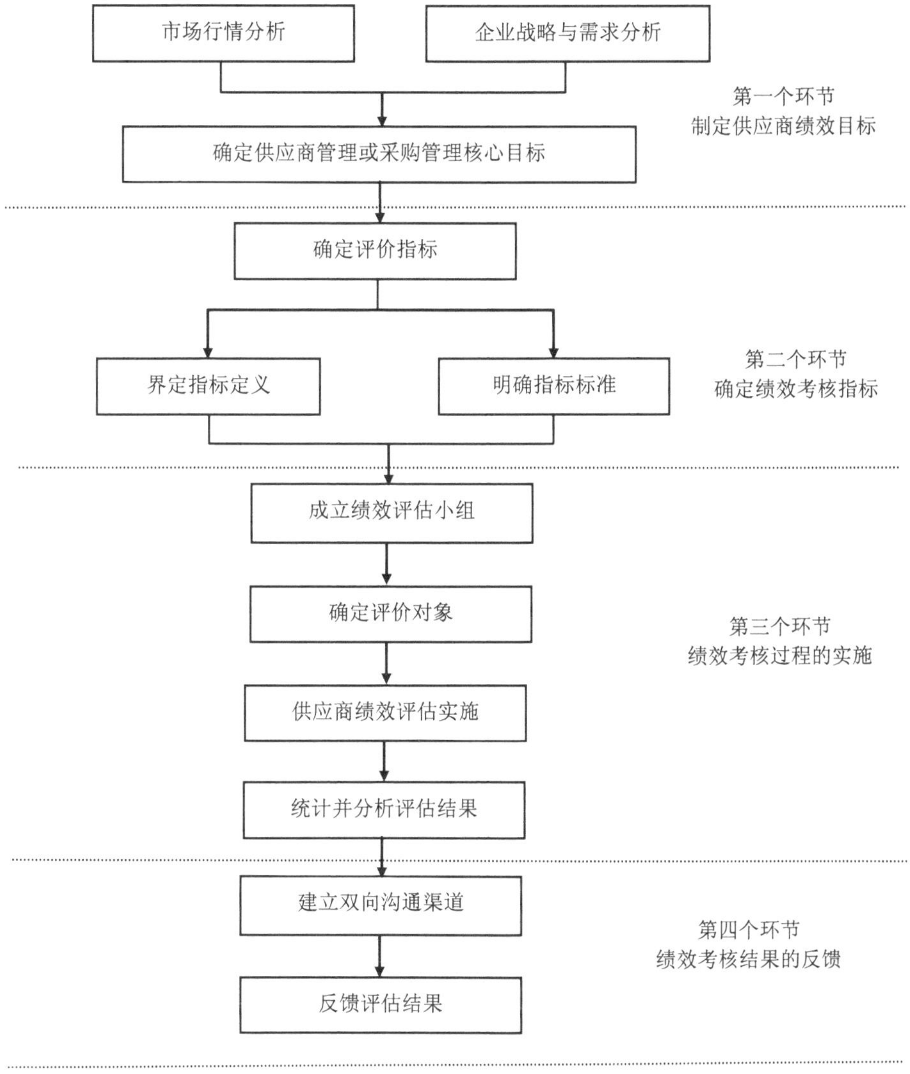

图 7-2　供应商绩效考核流程

3. 绩效考核过程的实施

绩效考核过程的实施是绩效考核体系不可忽视的重要环节。由于涉及领域众多，操作有一定的复杂性。因此，许多采购组织常常建立一个团队，确保供应商绩效考核过程实施的高效性。团队成员以来自质量、生产、工程及采购等与供应行为相关的部门为主，以来自财务、设计等部门为辅。考核实施过程应该对不同供应商进行分类，对不同供应商利用不同的考核方法，有所侧重地进行考核。考核过程主要包括供应商合同实施情况、交付绩效及现场考核、文件评审等多种形式。以收集到的数据为基础，根据考核指标的特征，尽可能采用科学的量化方法计算出供应商的综合绩效得分，从而将供应商进行分级，选择出优质的供应商，奖励优秀供应商，并与之建立进一步合作关系，找出需要改进领域，提升整体供应水平。供应商绩效考核汇总表见表 7-15。

表 7-15 供应商绩效考核汇总表

供应商	服务区域	各维度得分				总分	评级结果
		质量	交付	成本	……		
A							
B							
C							
……							

4. 绩效考核结果的反馈

供应商绩效评估结果需要及时反馈给供应商。采购组织应采取开放和实事求是的态度与供应商进行沟通与交流，一方面，要与供应商沟通清楚绩效评估的方法和结果、评估的标准与符合性；另一方面，要充分交流供应商的优点和不足，提出要求与建议的改善措施，最重要的是要表达清楚自身的要求与原则。

反馈绩效评估结果是供应商管理流程的一项基本内容，沟通清楚供应商优劣势和持续改善的方向，有利于提升供应商的能力和服务水平，从而有利于采购组织发展更具竞争力的供应商资源。另外，善意和良性的绩效评估结果交流，有利于建立良好的供应商合作关系，促进双方对彼此的认知与信任。对供应商绩效评估中发现的一些重大问题、潜在的风险，采购组织必须立刻采取行动，以防止不良势态的扩大和蔓延。

企业应建立绩效评估结果反馈作业流程，包括发送正式报告给被评估的供应商，供应商针对报告结果制定改善措施，双方就改善方案进一步磋商与谈判，执行改善方案并进行结果验收。为了使供应商严肃而认真地对待绩效评估结果，采购组织应向供应商发送正式报告，报告内容需要涵盖绩效评估领域与绩效指标清单、绩效评估方法与原则、绩效评估标准与结果、发现的问题及采购组织的改善要求与建议、采购组织对供应商的处置选项等。对于相对综合或有争议的绩效评估结果，采购组织通常会安排双方相关人员面对面沟通，以最大限度的沟通清楚主要的细节，让供应商了解采购组织的绩效评估标准与要求。如果实际情况限制了面对面沟通，也可以使用视频会议的方式进行沟通。在实际商业实践中，8D 报告和供应商纠正与预防措施报告是较为典型的分析与方案报告工具，采购组织通常会要求供应商限时提交这类报告，并根据需要与供应商进行详细讨论，报告通过后，采购组织会监控改善方案的执行，并随时验收供应商的改善成果。供应商绩效考核通知单如表 7-16 所示。

表 7-16 供应商绩效考核通知单

供应商名称		供应商品名称	
考核周期			
绩效总成绩		绩效等级	

绩效总成绩详细说明	1. 绩效总成绩的子项成绩： 2. 异常绩效的项目：
整改要求	

七、供应商绩效考核结果的处理和应用

【企业实践案例 7-4：关于供应商绩效考核结果的处理和应用相关问题的研讨】

中航锂电（洛阳）有限公司供应商绩效管理办法
——供应商绩效考核结果的应用

A/B 类物料及加工外包、原材料二次加工服务供应商的绩效结果的应用包括调整资源分配、供应商整改提升计划和供应商淘汰计划。对于供应商质量绩效不达标或出现重大质量问题时，供应商质量工程师立即采取处理措施并向供应商提出纠正和预防要求，限期供应商改进，按照《不合格及纠正措施管理程序》执行，供应商绩效表现也作为资源开发及 SQE 参加材评会时的报告内容之一。

一、评价结果为Ⅰ级的供应商

1. 可以优先参与新项目竞标；
2. 可适当增加订单配额；
3. 可给予缩短账期等奖励。

二、评价结果为Ⅱ级的供应商

1. 保持采购订单；
2. 可以竞标新项目。

三、评价结果为Ⅲ级的供应商

1. 适当降低订单配额；
2. 在下一个评估周期内暂停新项目开发；
3. 若为单一供应源，资源开发应立即寻找替代供应商；
4. 由问题责任部门制订和实施供应商整改提升计划；
5. 连续 2 次评估为Ⅰ级直接降为Ⅳ级。

四、评价结果为Ⅳ级的供应商

1. 季度Ⅳ级停单整改，禁止新项目开发；
2. 年度Ⅳ级则直接淘汰；
3. 对于因为技术或者其他特殊原因，中航不能很快取消资源的不合格供应商，仅限当前项目采购，当前项目生命周期结束自然淘汰：由问题责任部门辅导提升其管理能力；
4. Ⅳ级供应商，整改连续不合格，应启动二供快速开发流程。

其他外包服务供应商及C/D类供应商的绩效结果应用表见表7-17和表7-18。

表7-17 其他外包服务供应商及C/D类供应商的绩效结果应用表

（月度评价）

月度评价	月度得分	绩效应用
优秀	$X \geqslant 90$	适当增加订单配额
良好	$75 \leqslant X < 90$	保持采购订单
合格	$60 \leqslant X < 75$	适当降低订单配额
不合格	$X < 60$	提供整改报告及相关佐证资料

表7-18 其他外包服务供应商及C/D类供应商的绩效结果应用表

（年度评价）

年度评价	年度得分	绩效应用
优秀	$X \geqslant 90$	重点项目优先考虑
良好	$75 \leqslant X < 90$	项目优先考虑
合格	$60 \leqslant X < 75$	维持合作
不合格	$X < 60$	直接淘汰

资料来源：中航锂电绿色供应链信息平台　时间：2022-08-10

请结合该案例内容及下述供应商绩效考核结果的处理相关知识点，分析以下问题：

1）中航锂电（洛阳）有限公司对供应商分级的目的是什么？

2）分析为何月度和季度供应商绩效评价结果应用的方式有所差别？

1. 供应商分级

供应商评估和选择的结果是为企业选定合适的供应商，拟定合格供应商清单，保证企业新的供应活动由这些供应商提供。当企业与选定的各类产品的合格供应商开展合作时，需要定期对这些供应商的供应进行绩效管理和考核，采购管理真正能做，也是最应该做的是管理好供应商的绩效，让合格清单上的供应商能够满足内部客户的需求，确保这些供应商能持续满足企业的供应要求，引导供应商绩效更上一层楼。

作为采购管理组织，制定合适的供应商考核指标，以及统计绩效、定期反馈给供应商很重要；围绕绩效目标和绩效考核结果，提出科学合理的供应商改进计划和帮扶计划同样重要，这就是供应商绩效考核的应用阶段。

这里我们首先要区分两个概念，即供应商分类和供应商分级。

供应商分类就是我们平常说的“品类管理”，即把有共性的采购对象归并到一起，设置专门的采购、技术和质量团队来管理。例如，包装箱、包装袋等产品有共性，属于包材类；铝制件、不锈钢件、塑料切削件都离不开机械加工，所以划分为机械加工件类。这两类采购项大不一样，所要求的商务、技术知识也不同。供应商的分类管理一般是结合公司发展战略、采购物资重要性、供应风险等因素对物资进行分类。常用的是四分法，从供应商风险、采购金额两个维度进行划分，分出四个象限分别是战略供应商、杠杆供应商、瓶颈供应商、一般供应商。

供应商分级就是在同一品类内，根据绩效考核的结果，将供应商分成不同的级别，以便进一步区别对待。不同品类的供应商是没有可比性的，如对于钣金类产品，供应商 A 可能是优选供应商；但对于机械加工件，它可能是被淘汰供应商。供应商分级是在相同品类的供应商里开展绩效考核，根据绩效考核的结果，将其分为优秀、良好、及格和不及格，针对评定等级，采取不同的供应商管理策略。因为同类产品的供应商具有一定的可比性，它们都在经营同样的品类，做同样的事，企业就可以通过设置相同的绩效考核指标，一视同仁地开展供应商绩效考核，公平合理，这是供应商分级。

供应商分级是建立在供应商绩效考核基础上的，主要是从履约评估情况、供应商的综合实力、供应商的合作规模等方面进行综合评审，其中履约评估不用多解释，这体现的是供应商最基础的合作情况和履约能力，综合实力主要考虑供应商的财务状况、信用状况、发展前景等方面，合作规模主要是考虑与供应商的合作依赖度和黏性；此外一般还会设置一些加减分项，如在抗险救灾中给予大力支撑的供应商或者有一些技术合作或者战略合作的供应商可以适当加分，对于发生负面行为或者廉洁问题的供应商给予扣分等。一般公司会按年度对供应商进行分级评审，并结合供应商的合作及自身情况进行动态调整。

企业可以根据供应商的绩效考核结果，将某品类供应商分为四级，如图 7-3 所示。

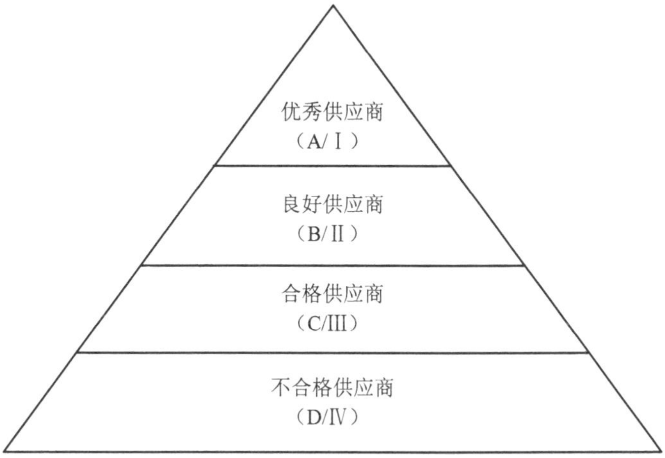

图 7-3　基于绩效考核结果的供应商分级

优秀供应商（A/Ⅰ）：绩效表现非常优秀的供应商，可以适当增加订单额度。

良好供应商（B/Ⅱ）：绩效表现较好的供应商，可以继续保持当前合作状态。

合格供应商（C/Ⅲ）：绩效表现基本合格的供应商，部分指标有可提升空间，适当降低订单额度。

不合格供应商（D/Ⅳ）：绩效表现差，需淘汰的供应商。

2．考核结果的应用

单纯统计供应商的绩效考核结果不是关键，关键是如何应用这个结果，企业不能只停留在打分、统计综合绩效得分、分好等级这一步，否则供应商绩效考核是没有价值和意义的，企业需要对绩效考核的结果进行分析和应用。企业可以根据绩效考核的结果对供应商实施激励、引导和帮扶等措施，使供应商在下一轮的合作中，有很好的绩效表现。一般供应商激励的手段包括正向激励和负向激励。此处总结几点供应商绩效考核结果应用的措施。

1）采购份额的调整：对于绩效表现不理想的供应商可直接对其合作订单份额进行调减，并调剂给履约能力较好的供应商。

2）供应商引入：在新一期采购中，可以将历史的评估得分进行评审代入，或者对等级高的供应商给予一定的加分，或者预留一定份额给予优秀供应商，从而不断提升供应商资源池的质量。

3）付款政策：对于等级高的供应商在付款政策上可以给予一定的支持，如提升首付款比例、缩短付款账期等。

4）合作便利：对于优秀供应商可以免收投标保证金、履约保证金等，或者可以实施到货免检或者减少查验频次等。

5）其他措施：对于优秀供应商开展战略合作、技术交流、联合研发等。

供应商绩效考核是供应商管理最有效的手段，需要在实施中不断总结和优化，持续提升供应商质量，从而构造良好的供应生态。

任务二　采购部门绩效管理

【企业实践案例 7-5：关于采购绩效管理相关问题的研讨】

新县政府采购项目绩效评价管理办法（试行）（节选）

第三章　绩效评价内容和方法

第十条　政府采购绩效评价目标和指标应该合理设置，主要从决策、过程、产出、效益四个方面，对预算采购项目进行全流程的绩效评价，主要包括下列内容：

（一）采购决策主要评价指标包括绩效目标合理性、内控制度完整性、内控制度执行率、代理机构的选定、采购需求明确合规性、采购需求风险控制以及编制的完整性；

（二）采购过程主要评价指标包括采购方式和程序合规性以及采购政策性；

（三）采购产出主要评价指标包括采购执行效率和合同履约效率；

（四）采购效益主要评价指标包括采购经济性、采购公平性和采购公开性；

（五）其他需要绩效评价的内容。

第十一条　绩效评价结果采取评分和评级相结合的方式，具体分值和等级可根据不同评价内容设定。总分一般设置为 100 分，等级一般划分为四档：90（含）～100 分为优、80（含）～90 分为良、60（含）～80 分为中、60 分以下为差。

第四章　评价报告及结果应用

第十二条　绩效评价报告应当包括以下主要内容：

（一）政府采购项目的基本情况。包括预算绩效目标及设立依据和调整情况，政府采购执行情况。

（二）绩效评价工作开展情况。包括绩效评价目的、对象、范围，绩效评价原则、评价方法、评价标准，以及绩效评价工作实施过程。

（三）绩效评价结论。包括绩效评价总得分及结果，各项评价指标得分分析及依据。

（四）存在的主要问题和原因分析。

（五）相关意见和建议。

（六）其他需要说明的内容。

第十三条 政府采购项目绩效评价结果应当在新县政府采购网、新县公共资源交易中心等相关网站向社会公示。

第十四条 政府采购项目绩效评价结果反映政府采购当事人和参与者在政府采购活动中存在违法违规行为的，财政部门应当依法处理。

第十五条 采购单位应当根据评价结果落实整改措施，及时将整改情况书面反馈至财政部门，并加强本单位采购项目管理，做好相关资料的汇总、审核、归集等工作。

第十六条 政府采购项目绩效评价工作是财政部门开展政府采购监督管理的重要内容之一，绩效评价结果应当作为采购人制定采购需求、完善内控制度以及财政部门加强预算管理和预算执行的重要参考，强化绩效评价结果运用。原则上，对评价等级为优、良的，根据情况予以支持；对评价等级为中、差的，要完善政策、改进管理，根据情况核减预算。对不进行整改或整改不到位的，根据情况相应调减预算或整改到位后再予安排。

新县政府采购项目绩效评价指标体系见表 7-19。

表 7-19 新县政府采购项目绩效评价指标体系

序号	一级指标	二级指标	三级指标	分值	三级指标说明
1	决策22分	绩效目标（3分）	绩效目标合理性	3	①项目是否编制了绩效目标申报表； ②项目绩效目标是否设置了数量、质量和时效绩效指标，绩效指标是否明确、清晰、可衡量； ③项目预期产出和效益（或效果）是否符合正常的业绩水平； ④项目绩效目标是否与预算批复的项目投资额或资金量相匹配
2		内控制度（6分）	内控制度完整性	2	内控制度完整性是否根据单位实际编制
3			内控制度执行率	2	是否按照内控制度完整性执行
4			代理机构的选定	2	是否按照内控制度执行的要求选定
5		采购需求（10分）	采购需求明确合规性	6	①是否依法依规编制采购需求； ②项目采购需求的技术要求、商务要求编制是否明确； ③项目采购实施计划的合同订立安排、合同管理安排是否明确
6			采购需求风险控制	4	①是否根据单位实际建立审查工作机制； ②是否针对采购需求管理中的重点风险事项，对采购需求和采购实施计划进行审查
7		采购预算（3分）	编制的完整性	3	是否纳入政府采购预算编制

序号	一级指标	二级指标	三级指标	分值	三级指标说明
8	过程21分	采购方式和程序合规性（10分）	采购程序规范性	5	考察采购程序相关制度的健全性和执行有效性
9			采购方式合规性	5	项目政府采购方式选择是否合规
10		采购政策性（11分）	采购节能产品情况	2	招标文件是否提及政府采购节能产品政策；是否执行政府采购节能产品政策
11			采购环保产品情况	2	招标文件是否提及政府采购环境标志产品政策；是否执行政府采购环境标志产品政策
12			促进中小企业发展情况	4	是否执行政府采购促进中小企业发展政策
13			政府采购合同融资	3	是否执行政府采购合同融资政策
14	产出34分	采购执行效率（23分）	采购计划执行效率	8	是否按照限时要求办理。采购人员是否发布政府采购意向、确定采购需求并严格按照意向内容完成计划备案；在采购需求确认后5个工作日内完成采购文件的编制工作；采购人在收到采购文件后2个工作日内完成采购文件确认；代理机构在收到确认后 1 个工作日内发布采购公告
15			中标（成交）结果公示	3	是否在中标（成交）供应商确认之日起1个工作日内进行公示
16			合同签订	4	是否在中标（成交）通知书发出之日起1个工作日内进行合同签订
17			合同公示	4	是否在合同签订之日起2个工作日内进行公示
18			合同备案	4	是否在合同签订之日起2个工作日内进行备案
19		合同履约效率（11分）	合同履约验收	3	是否及时组织验收（按照合同约定），其中货物是否在收到全部货物后的2个工作日内组织验收，验收完成后2个工作日内发布验收公告
20			履约验收报告	3	是否具有完整规范的履约验收报告
21			履约付款及时性	5	采购项目经过验收后，是否在收到发票后3个工作日内将资金支付到合同约定的供应商账户
22	效益23分	采购经济性（3分）	采购资金节支率（计分标准。如5以下1分，5～10计2分，10以上3分）	3	采购资金节支率=(采购项目预算金额−当年采购成交金额）/采购项目预算金额×100%
23		采购公平性（10分）	供应商质疑	5	是否存在采购人员或代理机构在采购文件、采购程序上违反相关法律法规或制度规定，导致供应商提出有效质疑
24			供应商投诉	5	是否存在采购人员或代理机构在采购文件、采购程序上违反相关法律法规或制度规定，导致供应商提出投诉。处理决定支持投诉，或者要求重新采购的

序号	一级指标	二级指标	三级指标	分值	三级指标说明
25	效益 23 分	采购公开性（10 分）	采购信息的可获得性	3	是否按照《财政部关于做好政府采购信息公开工作的通知》规定，在指定网站进行公开；是否方便参与采购的各方及时获取信息
26			意向公开	3	是否在采购计划申报前不少于 30 日公开采购意向
27			采购信息的透明度	4	是否按照《财政部关于做好政府采购信息公开工作的通知》规定，将应公开信息全部公开（包含采购公告、结果公告、合同公告、验收公告等）
合计		100	—	100	—

注：评分结果分为优（S≥90）、良（90>S≥80）、中（80>S≥60）、差（S<60）四档。

资料来源：新县政府采购网 时间：2023-06-27

请结合以上案例及以下关于采购绩效评估相关知识点，分析以下问题：

1）你认为企业采购绩效评估与政府采购绩效评估的评估指标侧重点有何不同之处？

2）请思考新县制定政府采购项目绩效评价管理办法的目的和意义是什么？

3）你认为该指标体系中“采购经济性”指标用“采购资金节支率”来衡量是否科学合理？

一、采购绩效评估的内涵与层次

1. 采购绩效评估的内涵

采购绩效评估是指从数量、成本和质量等方面评估采购职能部门和采购工作人员达到规定目标和实现具体目标的程度。企业采购部门在一系列的作业程序完成之后，是否达到了预期的目标，企业对采购部门的工作是否满意，需要经过考核评估之后才能下结论。采购绩效评估是为了全面反映和检查采购部门的工作业绩、工作效率和效益，运用科学的绩效评估方法，对照一定的工作标准和要求，按照绩效评价原则，对企业采购组织和人员的业务行为过程及其效果进行的科学、客观、公正的衡量比较和综合评价。

2. 采购绩效评估的层次

（1）采购部门绩效考评

采购部门绩效考评是对整个采购组织工作状况的全面衡量。其主要指标有物料质量、采购成本、及时供应、售后服务等，辅助指标有计划准确率、库存周转率、组织效率、付款及时率等。

（2）采购团队绩效考评

在企业采购管理组织中，可能会有不同产品的采购团队，采购团队绩效考评主要侧重于物料的质量、成本、交货、库存水平等方面。

（3）采购员工个人绩效考评

采购员工个人绩效考评主要考察该员工对部门的贡献度及其工作的完成情况。

一般情况下，通常选择以下五类人员（部门）参与采购绩效考评。

1）采购主管或采购经理。采购主管是采购部门对所管辖的采购人员实施绩效考评的第一人，由于采购主管对管辖的采购人员很熟悉，而且所有工作任务的指派或工作绩效的考评都在他们的直接监督之下开展，因此，由采购主管负责的考评，可以达到监督与评价的效果。但也应考虑主管进行考评可能包含一些个人感情因素，因此为了避免考评结果出现偏差，就需要完善采购人员评价指标体系建设。

2）会计部门或财务部门。采购金额占公司总支出的比例很高，采购成本的节约，对企业净利润的贡献很大。尤其在企业经济状况不景气时，采购业务的资金支付情况对企业资金周转的影响也很大。会计部门或财务部门不但掌握公司产销成本数据，而且对资金的取得与付出也进行全盘管制，因此，也应该参与对采购部门工作绩效的考评。

3）工程部门或生产管制部门。产品供应的及时性，影响企业的生产或建设效率，同时，库存管理策略也对采购订单计划有一定的制约，因此这些部门可以参与采购部门的绩效考核工作。

4）供应商。有些企业通过正式或非正式渠道，向供应商咨询他们对公司采购部门或采购人员的意见，以间接了解采购作业的绩效和采购人员的素质，这对优化供应链管理和供应商关系管理有一定意义。

5）外界的专家或管理顾问。为了避免公司各部门之间的本位主义或门户之见，企业也可以特别聘请外界的采购专家或管理顾问，针对全盘的采购制度、组织、人员及工作绩效，作出客观的分析和考评，这类人群进行采购绩效考核时，比较客观，主观因素影响较小。

二、采购绩效评估的目的

采购作业作为企业生产运作的一个重要环节，它的绩效对企业整体目标的实现起着很重要的作用。采购人员在制订了采购计划、战略、目标及实现相应目标的行动计划后，还需有相应的绩效评估指标，用于对采购过程进行检查控制，并在一定阶段对工作进行总结，在此基础上，再提出下一阶段的行动目标与计划，这样循环往复不断改进。采购绩效评估是对采购工作进行全面、系统的评价。

绩效管理是以结果（目标）为导向的，但目标并不是唯一重要的事情，其实现方式和推动持续改进的过程也同样重要。如果以“末位淘汰”作为员工实现既定目标的依据，或者放任员工以弄虚作假的方式“美化”绩效数据，显然不是采购绩效评价的目的。通过绩效考核，让采购部门和员工了解自己工作中存在的问题，然后支持、帮助员工更好地发挥其能力，从而更好地实现采购目标。

通过采购绩效评估，可以达到以下目的：

（1）确保企业采购目标的实现

明确的采购绩效评估指标能够有效指导采购部门按照企业的指标要求提供产品和服务，科学的绩效考核激励措施能够引导采购部门和采购人员逐步实现企业的采购管理目标。不同的企业，采购管理目标的侧重点不同，因此，企业应该设置不同的绩效指标和指标权重来调节和控制采购目标的实现。

（2）为采购部门提供改进绩效的依据

绩效评估制度可以提供客观的标准来衡量采购目标是否达成，也可以确定采购部门目前的工作表现如何。能够明确指出采购作业的缺失所在，据此拟定改善措施，收到“检讨过去、策励将来”的效果。

（3）作为采购部门和采购人员奖惩的参考

良好的绩效评估方法，能将采购部门的绩效，独立于其他部门凸显出来，并反映采购人员的个人表现，作为各种人事考核的参考资料。依据客观的绩效评估结果开展公正的奖惩，激励采购人员不断前进，发挥团队合作精神，使整个部门发挥合作效能。

（4）协助甄选与培训采购人员

根据绩效评估结果，可针对现有采购人员的工作能力缺陷，拟订改进计划，安排参加有侧重的专业培训；若发现整个部门缺乏某类特殊人才，则可另行由公司内部甄选或向外界招募，如成本分析员等。

（5）促进部门关系改善

采购部门的绩效，受其他部门配合度的影响非常大，故采购部门的职责是否明确，表单、流程是否简明合理，付款条件及交货方式是否符合公司的管理制度，以及各部门目标是否一致等，均可通过绩效评估而予以判定，并可以改善部门间的合作关系，增进企业整体的运作效率。

（6）提高采购人员的士气

有效且公平的采购绩效评估制度，将使采购人员的努力成果能获得适当回馈与认可。通过采购人员绩效评估，反映其对公司利润的贡献度，成为受到肯定的员工或部门，对采购部门士气提升大有帮助。

三、采购绩效评估的指标体系一般要求

企业在设定采购绩效指标时应全面衡量供应商和企业的实际情况，选择合适的衡量指标，另外，绩效指标的目标值的设定要充分考虑。对于采购体系尚不健全的企业，刚开始可以选择批次质量合格率、准时交货率等指标来控制和考核采购人员的工作情况，用平均降价幅度来考核采购部门的采购成本控制情况。随着供应商管理程序的逐步健全、采购管理制度的日益完善、采购人员的专业水平及供应商管理水平的不断提高，商品采购绩效指标也就可以相应地系统化、整体化并且不断深化。

所有绩效管理的起点都是目标的设定，从事采购工作的员工或采购管理部门要实现什么样的目标，就要通过设计绩效考核指标体系，促进采购目标的达成，采购绩效管理无疑是以结果为导向的。关于采购管理绩效目标的设定，应遵循 SMART 原则，SMART 由 5 个英文单词的首字母组成，即在设定采购部门或采购人员绩效考核目标时所要遵循的 5 个原则，具体如下。

第一，目标必须是明确的（Specific）。

第二，目标必须是可以衡量的（Measurable）。

第三，目标必须是可以达到的（Attainable/Achievable）。

第四，目标必须和其他目标（如部门或企业目标）具有相关性（Relevant）。

第五，目标必须具有明确的期限（Time-bound）。

商品采购绩效的衡量可根据采购工作范围的划分、采购能力与采购结果等，概括成采购效果指标及采购效率指标两大类。采购绩效衡量的主要范围如图 7-4 所示。

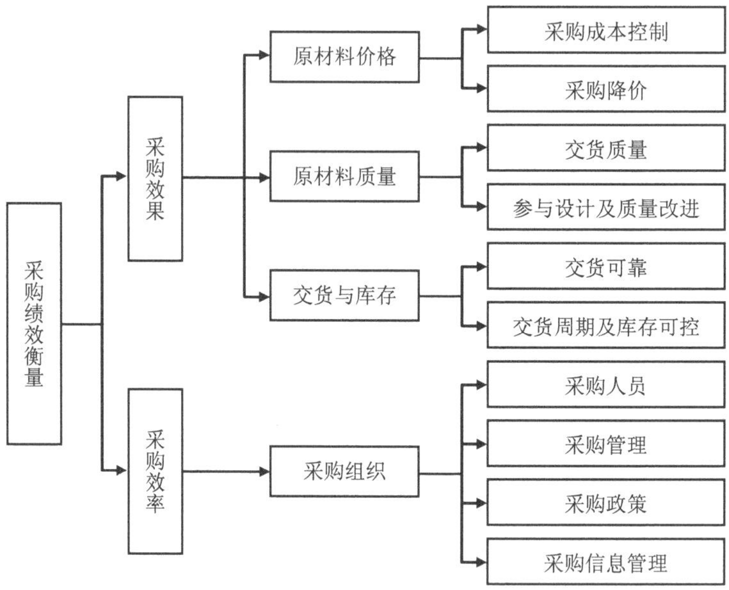

图 7-4 采购绩效衡量的主要范围

四、采购绩效评估指标体系的建立

就采购职能而言，通常可以从不同维度设定采购管理职能部门和采购部门员工的绩效目标，常见的采购绩效指标如表 7-20 所示。该表只展示了常见的采购绩效指标，并不是完整的采购绩效指标清单，根据不同的岗位职责和企业的战略，可以设计不同的绩效指标体系。

表 7-20 常见的采购绩效指标

指标类别	绩效目标	指标说明
成本	成本节约	成本节约的金额或基于采购额的成本节约百分比
效率	采购周期	从请购单到订单产生所需的周期时间
	供应商开发周期	从供应商递交注册申请到审核通过的时间
	框架协议	有长期框架协议覆盖的材料和服务的支出比例
	准时交货率	供应商的准时交货率
质量	采购缺陷率	供应商交付产品或服务的缺陷率
人员☆	人员培训	为员工制订培养发展计划及计划完成的百分比
	员工意见调查	员工意见调查后的行动计划及计划完成的百分比

注：打“☆”的指标一般是指采购经理或采购主管的绩效考核指标。

采购绩效评估应以“5R”为核心，即适时、适质、适量、适价、适地，并用量化指标作为考核的尺度。根据采购专家的经验，具体可以把采购部门及人员的考核指标划分为以下五大类。

1. 数量绩效指标

当采购人员为争取数量折扣，以达到降低价格的目的时，可能导致存货过多甚至发生呆滞物料（呆料）、废料的情况。

1）储存费用指标。储存费用是指存货利息及保管费用之和。企业应当经常将现有存货利息及保管费用与正常存货水准利息及保管费用之差额进行考核。

2）呆料、废料处理损失指标。呆料、废料处理损失是指处理呆料、废料的收入与其取得成本的差额。存货积压的利息及保管的费用越大，呆料、废料处理的损失越高，显示采购人员的数量绩效越差。不过此项数量绩效，有时受到公司经营状况、物料管理绩效、生产技术变更或投机采购的影响，并不一定完全归咎于采购人员。

2．质量绩效指标

质量绩效指标主要是指采购部门所采购产品的质量水平，它包括合作供应商质量体系、来料质量等方面。

1）质量体系。质量体系可以考察选择的供应商中通过 ISO 9000 认证的供应商比例、实行来料质量免检的供应商比例、来料免检的价值比例、实施统计过程控制（SPC）的供应商比例、产品协调（project support & control，PSC）控制的物料数比例、开展专项质量改进（围绕本企业的产品或服务）的供应商数目及比例、参与本企业质量改进小组的供应商人数及供应商比例等。

2）来料质量。来料质量包括批次质量合格率、来料抽检缺陷率、来料在线报废率、来料免检率、来料返工率、退货率、对供应投诉率及处理时间等。

同时，采购的质量绩效可由验收记录及生产记录来判断。验收记录指供应商交货时，为企业所接受（拒收）的采购项目数量或百分比；生产记录是指交货后，在生产过程发现质量不合格的项目数量或百分比。

进料验收指标=合格（拒收）数量/检验数量

若以进料质量控制抽样检验的方式进行考核，拒收或拒用比率越高，显示采购人员的质量绩效越差。

3．时间绩效指标

时间绩效指标是用以衡量采购人员处理订单的效率及对供应商交货时间的控制。延迟交货，固然可能形成缺货现象，但是提早交货，也可能导致买方发生不必要的存货储存费用或提前付款的利息费用。

1）紧急采购费用指标。紧急运输方式（如空运）的费用是指因紧急情况采用紧急运输方式的费用。将紧急采购费用与正常运输方式的差额进行考核。

2）停工断料损失指标。停工生产车间作业人员工资及有关费用的损失。除了前述指标所显示的直接费用或损失，还有许多间接损失。例如，经常停工断料，造成顾客订单流失、员工离职以及恢复正常作业的机器必须做的各项调整（包括温度、压力等）；紧急采购会使购入的价格偏高，质量欠佳，还会产生赶工时间，必须支付额外的加班费用。这些费用与损失，通常都没有估算在此项指标内。

4．价格绩效指标

价格绩效是企业最重视及最常见的衡量标准。通过价格指标，可以衡量采购人员议价能力以及供需双方实力的消长情形。采购价差的指标，通常有下列数种：

1）实际价格与标准成本的差额。实际价格与标准成本的差额是指企业采购商品的实际价格与企业事先确定的商品采购标准成本的差额，它反映企业在采购商品过程中实际采购成本与采购标准成本的超出额或节约额。

2）实际价格与过去移动平均价格的差额。实际价格与过去移动平均价格的差额是指企业采购商品的实际价格与已经发生的商品采购移动平均价格的差额，它反映企业在采购过程中实际采购成本与过去采购成本的超出额或节约额。

3）使用时的价格与采购时的价格之间的差额。使用时的价格与采购时的价格之间的差额是指企业在使用材料时的价格与采购时的价格的差额。它反映企业采购材料物资时是否考虑市场价格的走势，如果企业预测未来市场的价格走势是上涨的，企业应该在前期多储存材料物资；如果企业预测未来市场的价格走势是下跌的，企业不应该多储存材料物资。

4）动态指标。将当期采购价格和基期采购价格之比率与当期物价指数和基期物价指数之比率相互比较，该指标是动态指标，它主要反映企业材料物资价格的变化趋势。

5. 采购效率指标

以上质量、数量、时间及价格绩效是针对采购人员的工作效果来衡量的，还可以针对采购效率来衡量。

1）年采购金额。年采购金额是企业一个年度中商品或物资的采购总金额，它包括生产性原材料与零部件采购总额、非生产采购总额（包括设备、备件、生产辅料、软件、服务等）、原材料采购总额占总成本的比例等。其中，最重要的是原材料采购总额，它还可以按不同的材料进一步细分为包装材料、电子类零部件、塑胶件、五金件等，也可以按采购付款的币种分为人民币采购额及其比例。原材料采购总额按采购成本结构又可划分为基本价值额、运输费用及保险额、税额等。此外，年采购额还可分摊到各个采购员及供应商，算出每个采购人员的年采购额、年人均采购额、各供应商年采购额、供应商年平均采购额等。

2）年采购金额占销售收入的百分比。年采购金额销售收入的百分比是指企业在一个年度中商品或物资采购总额占年销售收入的比例，它反映企业采购资金的合理性。

3）订购单的件数。订购单的件数是指企业在一定时期内采购品的数量，主要是按 ABC 管理法，对 A 类商品的数量进行反映。

4）企业从事采购业务的人数。它是反映企业劳动效率指标的重要因素。

5）采购部门的费用。采购部门是一定时期内采购部门的经费支出，它反映采购部门的经济效益指标。

6）新供应商开发个数。新供应商开发个数是指企业在一定时期内采购部门与新供应商的合作数量，它反映企业采购部门的工作效率。

7）采购计划完成率。采购计划完成率是指一定时期内企业商品实际采购额与计划采购额的比率，它反映企业采购部门采购计划的完成情况。

8）错误采购次数。错误采购次数是指一定时期内企业采购部门工作失职等造成错误采购的数量，它反映企业采购部门工作质量的好坏。

9）订单处理的时间。订单处理的时间是指企业处理采购单的过程中所需要的平均时间，它反映企业采购部门的工作效率。

五、采购绩效评估的标准

（1）历史绩效

选择公司以往的采购绩效水平作为评估目前绩效的基础，是相当有效的做法。但应在企业没有重大业务变动的情况下，才适合使用此项标准。

（2）预算或标准绩效

若过去的绩效难以取得或采购业务变化很大，则可以预算绩效或以标准绩效作为衡量基础。标准绩效的设定，有以下三种原则：

1）固定的标准。标准一旦建立，则不再更动。

2）理想的标准。理想的标准是指在完美的工作条件下，应有的绩效。

3）可达成的标准。可达到的标准是指在现状下，应该可以做到的水平，通常依据当前的绩效设定。

（3）同行业平均绩效

若其他同行业公司在采购组织、职责和人员等方面，均与企业相似，则可以与其绩效进行比较，以辨别彼此在采购工作成效上的优劣。若个别公司的绩效资料不可得，则以整个同行业绩效的平均水准进行比较。

（4）目标绩效

预算绩效或标准绩效是代表在现状下，应该可以达成的工作水准；而目标绩效则是在现状下，经过一番努力才能达到，否则无法完成的较高境界。目标绩效代表公司管理层，对工作人员追求最佳绩效的期望值。目标绩效，常以同行业最佳绩效水准为标杆。

六、采购绩效考核的一般要求

（1）定期化与制度化

采购绩效考核制度作为企业的一项重要制度，能够对采购部门的工作起到指导作用，绩效考核的结果对于企业和采购部门而言都十分重要，因此，企业应该有规范的采购绩效考核相关制度规范，而且定期、持续地开展绩效考核工作，确保采购活动服务于企业的经营管理目标。

（2）以量度标准为主导

在采购绩效考核过程中，尽可能避免过多的主观评价，尽量将评价指标量化，客观地对各个评价指标开展考核，保证绩效考核的科学合理。

（3）绩效考核结果的及时沟通与反馈

采购绩效考核评价结束后，部门经理及时与被考核者进行沟通，将考核结果告知被考核者。在反馈考核结果的同时，应当向被考核者就结果进行解释说明，肯定成绩和进步，说明不足之处，提供今后努力方向的参考意见等，并认真听取被考核者的意见和建议，共同制订下一阶段的工作计划。

七、采购绩效评估的程序

采购绩效评估流程如图 7-5 所示。

（1）制订绩效计划

绩效计划是整个考核的起点，企业的战略要落实，必须先将战略分为具体的任务或目标，落实到各个部门和岗位上。这一步主要包括根据企业战略目标明确部门和个人职责、部门和个人的目标、确定考核指标与标准、选择考核人员等。

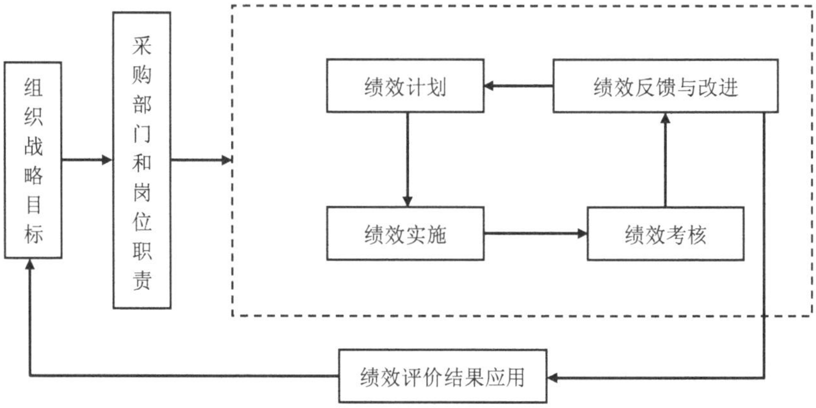

图 7-5 采购绩效评估流程

（2）具体绩效评估指标设定

一个优质的采购绩效评估指标体系，指标必须清晰、可衡量。所谓清晰就是员工必须正确理解该指标的含义，并认同该指标，这样才能引导绩效按期望的结果发展。所谓可衡量是指建立的估计指标必须是能够准确测量估计和计算的。

（3）建立绩效评估标准

为每一项指标建立相应的绩效标准也是十分重要的，制定不可能完成的标准会打消积极性，太容易达到的标准又不能发挥潜能，因此，好的绩效评估标准一定要适度。绩效评估标准必须是现实的，能够反映企业内外部的实际情况，这意味着标准是具有挑战性的，并且经过刻苦努力是可以实现的。

（4）选定参与采购绩效评估的人员，确定采购绩效评估的频率

参加采购绩效评估的人员要有代表性，不能只有领导参加，不能只由采购部门的人员来进行评估，还应当有财务、生产、技术等部门的人员，必要时可邀请外部专家参与。这样，评估结果才能公正、科学，有说服力。此外，确定绩效评估的频率是每年，还是半年，或是每个季度评估一次。

（5）实施评估并反馈绩效考核结果

根据提前规划好的采购绩效评估的指标体系以及频率，有序开展采购绩效评估工作。在评估结束后，评估结果应向被考评员工、采购部门、供应商等反馈，给予被考核对象一定的交流与反馈渠道。通过上下级之间的沟通，管理者可以及时了解员工的实际工作状况和更深层次的原因，员工也可以了解上级对自己工作的看法、评价及要求，及时采取纠正措施，通过与供应商的沟通，可以加强理解，增强信任，促进供应商改进服务质量和服务水平，共同提高采购绩效。

（6）绩效评价结果的应用

采购绩效评价工作完成之后，评估结果并不是可以束之高阁、置之不理的，而是要与相应的其他管理环节相衔接。绩效考核主要有以下管理接口：部门或个人奖金的分配、部门员工的调配与晋升、通过反馈沟通提高绩效、培训再教育。

八、采购绩效评估的方法

1. 常规方法

（1）直接排序法

直接排序法是一种较为简单的岗位价值评估方法，它根据总体上界定的岗位的相对价值或者岗位对组织目标做出的贡献来将岗位进行从高到低的排序，主管按照绩效表现从好到坏的顺序依次给员工排序，这种绩效表现既可以是整体绩效，也可以是某项特定工作的绩效。

直接排序法比较适合人数较少的组织或团队，如某个工作小组或项目小组，其优点是比较容易识别好绩效和差绩效的员工，如果按照要素细分进行评估，可以清晰地看到某个员工在某方面的不足，利于绩效面谈和改进。但是如果需要评估的人数较多，此种排序工作就比较烦琐，尤其是要进一步细分要素展开时比较烦琐，而且严格的名次界定会给员工造成不好的印象。最好和最差比较容易确定，但中间名次是比较模糊和难以确定的，不如等级划分那样容易比较。

（2）两两比较法

两两比较法是指在某一绩效标准的基础上将一名员工与其他员工相比较来判断谁更好，记录每一名员工与任何其他员工相比较时认为更好的次数，根据次数的多少给员工排序。

（3）等级评定法

等级评定法是最容易操作和普遍应用的一种绩效评估方法。这种评估方法的操作形式是，给出不同等级的定义和描述，然后针对每一个评价要素或绩效指标按照给定的等级进行评估，最后再给出总的评价。

等级评定的方法简便、易操作，但也容易遇到一些问题。首先，由于操作上的简便，人们容易做表面工作，在进行等级评定时敷衍了事。其次，较多的主管人员习惯于将员工评定为比较高的等级，因此常出现大量的绩效评定为优秀的员工。最后，有时候对等级计价标准表述得比较抽象和模糊，令人产生歧义，从而导致不同的人在评估时标准可能会不统一。使用等级评定法应注意以下四点：

1）等级评定法应在多次观察的基础上进行。

2）整体评定和分析评定应结合起来使用。

3）最好在两个或两个以上条件相当的评定者之间进行评分。

4）要防止评分过高或过低，或都给予平均分的倾向。

（4）利润中心法

利润中心法适用于对采购部门的考核，该方法把采购职能看作企业的一部分，它控制企业的资产，不仅负责企业的开支，也负责企业的收入。这一方法的目的是要表明采购职能是一个利润中心而不是成本中心。这种方法要建立一个控制企业资产的集中化的采购机构。采购职能的集中化处理是十分有利的，因为采购部门采购到的货物和服务以高于相应实际直接成本价格作为内部财务价格转账到其他的职能部门。事实上是采购部门以转账价格卖给了其他职能部门。因此，采购部门要执行基于利润原则的决定，并由职能部门所产生的利润来衡量。

2．360 度考核法

360 度考核法又称全方位考核法，最早由英特尔公司提出并运用。该方法是指通过员工自己、上司、同事、下属、顾客等不同主体来了解其工作绩效，通过评估和反馈各方面的意见，被评估者得以清楚自己的优点和不足，进而提高未来工作绩效。

采购人员如果想知道别人对自己是怎么评价的，自己的感觉跟别人的评价是否一致，就可以主动提出来做一次 360 度考核。当然，这种考核并不是每个采购人员都必须要做的，一般是针对工作时间较长的采购人员和骨干人员。360 度考核法可以把跟被考核的采购人员有联系的上级、同级、下级、服务的客户各划分为一组，共 4 组，每组至少选择 6 个人，然后公司用外部的顾问公司来作分析、出报告，再交给被考核人。

（1）360 度考核法的优点

1）避免传统由上级考核下级的方式容易出现的“光环效应”“个人偏见”；

2）从不同角度对考核对象进行全面评估；

3）全面的反馈信息，有助于被考核者全面提升。

（2）360 度考核法的缺点

1）考核成本高；

2）可能成为某些员工发泄私愤的渠道；

3）考核涉及的人员比较广，培训工作难度大。

3．关键绩效指标法

关键绩效指标（key performance indicators，KPI）是指将组织战略目标经过层层分解而产生的、具有可操作性的、用以衡量组织战略实施效果的关键性指标体系。其目的是建立一种机制，将组织战略转化为内部流程和活动，从而促使组织获取持续的竞争优势。

关键绩效指标作为一种绩效管理工具，其核心思想是根据“二八”原则，找到组织的关键成功领域（key result areas，KRA），洞悉组织的关键绩效要素（key performance factors，KPF），有效管理组织的关键绩效指标，就能以少治多、以点带面，从而实现组织战略目标，进而打造持续的竞争优势。其中，抓住关键成功领域是为了实现组织战略而必须做好的几方面工作；关键绩效要素是对关键成功领域的细化和定性描述，是制定关键绩效指标的依据。

（1）关键绩效指标法优点

1）目标明确，有利于企业和采购部门战略目标的实现；

2）有利于组织利益、部门利益和个人利益达成一致；

3）科学合理的 KPI 设置能够起到良好的引导作用。

（2）关键绩效指标法的缺点

1）科学合理的绩效指标的设置需要企业不断地探索和尝试；

2）关键绩效指标法可能会使考核者误入机械的考核方式。

【课后习题】

一、多项选择题

1. 以下属于供应商绩效考核“质量指标”的有（　　）。

A. 抽检合格率　　B. 退货率

C. 平均价格比率　　D. 来料在线报废率

2. 采购绩效考评的层次包括（　　）。

A. 供应商绩效考评　　B. 采购部门绩效考评

C. 采购团队绩效考评　　D. 采购个人绩效考评

3. 采购绩效评估的标准包括（　　）。

A. 历史绩效　　B. 预算绩效

C. 同行业平均绩效　　D. 目标绩效

4. 供应商绩效考评的指标一般包括（　　）。

A. 成本指标　　B. 质量指标

C. 交付指标　　D. 服务指标

5. 供应商绩效考评的原则包括（　　）。

A. 公平客观原则　　B. 持续性原则

C. 指标全面原则　　D. 差异化原则

二、简答题

1. 简述供应商绩效考核的内涵。

2. 简述供应商绩效考核的目的。

3. 简述供应商绩效考核的步骤。

4. 简述采购绩效评估的目的。

三、论述题

1. 试论述供应商分级与分类的区别。

2. 试论述供应商绩效考核结果如何应用。

3. 试论述采购绩效评估的关键绩效指标法的优缺点。

四、案例分析题

请结合本项目中采购绩效管理相关知识点及表 7-21 的内容，分析以下问题：

1. 如果让你对“考核结果应用”部分内容进行详细说明和完善，你该如何制订“考核结果应用”方案。

2. 你认为绩效考核指标中“呆滞物料损失金额”应该如何界定？该指标设置是否合理？

3. 你认为本方案是否有不合理之处，如有请提出。

表 7-21　某企业采购人员绩效考核实施方案

方案名称	采购人员绩效考核实施方案	受控状态	
		编号	

一、目的

为贯彻企业绩效考核管理制度，全面评价采购人员的工作绩效，保证企业经营目标的实现，同时为员工的薪资调整、教育培训、晋升等提供准确、客观的依据，特制订采购人员绩效考核实施方案。

二、遵循原则

（一）明确化、公开化原则

考评标准、考评程序和考评责任都应当有明确的规定，而且在考评中应当遵守这些规定。同时，考评标准、程序和对考评责任者的规定在企业内部应当对全体员工公开。

（二）客观考评的原则

明确规定的考评标准，针对客观考评资料进行评价，避免掺入主观性和感情色彩。做到“用事实说话”，考评一定要建立在客观事实的基础上。其次要做到把被考评者与既定标准作比较，而不是在人与人之间进行比较。

（三）差别的原则

考核的等级之间应当有鲜明的差别界限，针对不同的考评评语在工资、晋升、使用等方面应体现明显差别，使考评带有刺激性，激励员工的上进心。

（四）反馈原则

考评结果（评语）一定要反馈给被考评者本人。在反馈考评结果的同时，应当向被考评者就评语进行说明解释，肯定成绩和进步，说明不足之处，提供今后努力方向的参考意见等。

三、适用范围

适用于本企业采购部人员，以下人员除外。

①考核期开始后进入本企业的员工。

②因私、因病、因伤而连续缺勤 30 日以上者。

③因工伤而连续缺勤 75 日以上者。

④虽然在考核期任职，但考核实施日已经退职者。

四、绩效考核小组成员

人力资源部负责组织绩效考核的全面工作，其主要成员包括人力资源部经理、采购部经理、采购部主管、人力资源部绩效考核专员、人力资源部一般工作人员。

五、采购绩效考核实施

（一）采购人员绩效考核指标

采购人员绩效考核以适时、适质、适量、适价、适地的方式进行，并用量化指标作为考核的尺度。主要利用采购时间、采购品质、采购数量、采购价格、采购效率五个方面的指标对采购人员进行绩效考核，量化指标如表 7-22 所示。

（二）绩效考核周期

采购部经理对短期内工作产出较清晰的记录和印象以及对工作的产出及时进行评价和反馈，有利于及时地改进工作，以月度为周期进行考核：对周边绩效指标，以季度或年度进行考核。

（三）绩效考核方法及说明

采购人员绩效考核采用量化指标与日常工作表现考核相结合来进行，量化指标占考核的 70%，日常工作表现考核占 30%。两次考核的总和即采购人员的绩效，采购人员绩效考核计算方式如下：

采购人员绩效考核分数=量化指标综合考核得分×70%+日常工作表现×30%

（四）绩效考核实施

绩效考核小组工作人员根据员工的实际工作情况展开评估，员工本人将自己的考核期间的工作报告在考核期间交于人力资源部，人力资源部汇总并统计结果，在绩效反馈阶段将考核结果告知被考核者本人。

表 7-22 量化指标

绩效考核方面	权重/%	考核指标说明
时间绩效	15	停工断料影响工时
		紧急采购（如空运）的费用差额
品质绩效	15	进料品质合格率
		物料使用的不良率或退货率
数量绩效	30	呆滞物料金额
		呆滞物料损失金额
		库存金额
		库存周转率
价格绩效	40	实际价格与标准成本的差额
		实际价格与过去平均价格的差额
		比较使用时价格和采购时价格的差额

（五）考核结果应用

考核结果分为五个层次（划分标准见表 7-23），其结果为人力资源部奖金发放、薪资调整、员工培训、岗位调整、人事变动等提供客观的依据。

表 7-23 绩效考核结果等级划分标准

杰出	优秀	中等	需提高	差
A	B	C	D	E
85 以上	75～85	65～75	50～65	50 以下

根据员工绩效考核的结果，可以发现员工与标准要求的差距，从而制订有针对性的员工发展计划和培训计划，提高培训的有效性，使员工的素质得到提高，最终为企业管理水平的提高打下坚实的基础。

（六）绩效考核实施工具

对采购人员的绩效考核，主要的考核实施工具为采购人员绩效考核表，如表 7-24 所示。

表 7-24 采购人员绩效考核表

项目		权重	等级说明					综合得分
			杰出	优秀	中等	需提高	差	
定量指标	时间绩效	15%						
	品质绩效	15%						
	数量绩效	30%						
	价格绩效	40%						
定量指标权重为 70%								
定性指标	责任感	30%						
	合作度	30%						
	主动性	20%						
	纪律性	20%						
定性指标权重为 30%								

考核人：　　　　　　　　　　被考核人：　　　　　　　　　　考核日期：

【实战训练】

【实训目的】

通过本次实训，能够明确企业开展采购绩效考核和供应商绩效考核的作用和流程。能结合企业实际情况，对企业采购绩效考核或供应商绩效考核方案的合理性进行评价，并结合所学知识，针对绩效考核方案的不合理之处提出具体可行的改进措施。

【实训内容】

1. 以学习小组为单位，调研并陈述某企业的采购绩效管理或供应商绩效管理现状或方案。

2. 分析该企业采购绩效考核和供应商绩效考核方案存在的问题。

3. 提出采购绩效考核和供应商绩效考核方案的改进措施，并陈述理由。

【实训要求】

以学习小组为单位，组内分工协作，对某企业的采购绩效评估和供应商绩效考核方案进行调研、研读、分析和总结，撰写调研报告，调研报告内容、格式规范。

【拓展学习任务】

采购供应链数智化转型研讨会供应商管理专题

行业专家共话数智化供应商管理

项目八　数字化采购与战略采购

【学习目标】

一、知识与能力目标

◆ 能够归纳出战略采购与传统采购的区别；

◆ 能分析出企业的 TCO 结构，并设计合理的 TCO 模型；

◆ 能够认识到降低供应链复杂度和产品标通化设计对协同降本的重要性；

◆ 能够对简单的采购项目开展 VE/VA 分析；

◆ 能清晰描述数字化采购内涵及其发展阶段。

二、价值目标

◆ 了解智慧供应链与数字化采购的行业前沿技术；

◆ 培养数字化思维方式，逐步形成数字化时代的供应链全局观。

【课前任务驱动】

九个“第一”改变采购行业，京东政企业务按下企业成长加速键

请结合该案例的内容和本项目的相关知识点，对以下问题进行分析与研讨：

1）请分析什么是数字化采购？

2）请总结本案例体现了数字化采购的哪些优势？

3）请开展广泛调研，分析京东是如何助力企业采购数字化转型的？选择其中一个典型案例与同学们进行分享交流。

任务一　数字化采购

【企业实践案例 8-1：关于数字化采购问题的研讨】

京东中采云高校小额零星全流程数字化采购解决方案

清华大学为提高院系采购效率，优化师生采购体验，清华大学启动了采购全流程线上化建设工作。京东中采云提出“采购管理系统+电子卖场”的解决方案，助力校内采购全链路数字化管理。除了提供线上采购功能，同时打通校内审批、报销、资产系统，实现采

购预算审批、采购下单、在线报销全流程贯通。清华科教商城进入试运行推广阶段，采购及管理流程由线下人工对接，全面转入线上处理，处理时效由“天”提升至小时级。

一、京东面临的业务挑战

（一）采购行为难以管控：高校采购中心难以管控到师生采购的全流程采购行为，违规采购问题难以避免。

（二）采购对账报销难：师生采购完成后报销流程烦琐，财务对账工作效率低下。

（三）采购流程不规范：采购流程繁杂多样，师生未经多次培训难以自主完成采购。

（四）采购环节不能无缝对接：采购数据碎片化，未实现高校系统间各采购环节数据串联。

二、京东中采云为清华大学提出的解决方案

（一）采购全程合规保障：基于采购政策对采购全程智能引导，形成精细化采购方案，确保采购人员采购行为合法合规。采购全程数据可追溯，数据统计助力全局掌控采购情况，同时可对异常项目智能预警，让采购监管人员放心让师生自主采购。

（二）采购流程标准规范：搭建 SaaS 化采购管理系统，通过行业最佳实践，建立标准采购体系，进行采购流程精简、整合、优化、重塑，大幅提高采购效率，缩短采购周期，降低学习成本，让师生敢自主采购。

（三）统一对账结算解决报销难题：采购完成后系统自动推送入库进行验收确认，弥补线下人工入库确认贴票报销弊端，实现自动化入库报销，优化采购体验，服务师生高效采购。通过系统自动推单对账，统一开票，减少财务对账工作。

（四）系统无缝集成打破数据孤岛：与高校门户网站、财务管理系统、资产管理系统等信息化平台无缝集成，形成采购数据全流程闭环，打破数据孤岛，让数据多跑路，实现采购数据互联互通，避免采购重要环节脱节。

资料来源：京东政企业务官网　时间：2022-09

请结合案例分析：

1）清华大学接入京东中采云平台后解决了哪些采购难题？

2）“系统无缝集成打破数据孤岛”有何意义？

3）京东中采云平台是如何助力清华大学采购行为合规的？

一、数字化采购

1. 数字化采购的内涵

数字化是指在某个领域的各个方面或某种产品的各个环节都采用数字信息处理技术，即通过计算机系统把文字、图像等不同形式的信息转换成数字编码进行处理。当世界上第一台计算机诞生后，人们采用了很多软件把日常业务结构化存储起来，我们把这些录入的数据称为信息。如今，随着人工智能、大数据、云计算等一系列新兴技术的发展，现实世界的变化可以同步反映到虚拟世界中，虚拟世界也可以发出指令改变物理世界。我们把物理世界的活动在计算机中的表示称为数字化，简单地说，数字化就是将物理世界的事情变成计算机能够读懂的 0 和 1。

数字化转型是技术与商业模式的深度融合，数字化转型的最终结果是商业模式的变革。与数字化转型相关的是数字化优化，数字化优化是利用数字化技术提高现有业务的运营效率，改善用户体验，使企业在现有业务模式下获取更大的收益，这也是当下很多企业正在实施的措施。后续提到的数字化转型既包含数字化转型，也包含数字化优化。

数字化浪潮将冲击所有行业，改变传统的业务模式和行业态势。企业只有变得更加灵活和高效，才能在新时代中生存与发展下去，数字化转型刻不容缓，但在数字革命浪潮中，采购部门的数字化进程已远落后于其他部门，采购部门还没有得到足够的关注和投资，这一局面必须改变。领先的企业已经开始启动数字化采购转型的工作，投入大量资源开发数字化采购产品和解决方案。麦肯锡 2016 年对全球各地首席采购官的调查结果显示，如果采用端到端的数字化采购计划，企业每年可节省 20%～30%的成本，交易性采购可减少约 30%的时间，而且价值漏损将减少 50%。麦肯锡认为，数字化采购包含识别和创造价值以及防止价值漏损两大核心要素。

数字化采购是指以互联网为依托，以供需精准对接、满足客户多样化需求为目的，运用大数据、物联网、人工智能等数字化技术手段，对采购全过程进行重塑，进而形成组织间高效协同的采购管理新模式。数字化采购通过大数据、云计算、物联网、移动互联网、人工智能、区块链等数字化技术，打造数字化、网络化、智能化、生态化的采购管理，将采购部门打造成企业价值创造中心，而不仅仅是企业的“保证供应”部门。

在现有市场经济下，由于供需之间不是精准对接，企业对谁需要产品、需要多少、何时需要，往往不清楚，所以生产带有盲目性，再加上组织之间也不是高效协同的，所以对市场反应有滞后性，造成很多浪费。另外，由于传统的组织架构和管理手段的影响，企业和供应链之间或多或少存在“企业沟”和“部门墙”，企业间信任度不够、信息不够透明、部门间本位主义等现象严重，使组织间很难高效协同。数字化采购要解决的实质问题就是解决供需之间怎样精准对接，组织之间如何高效协同。

2．数字化采购的优势

（1）可视性

由于所有的采购活动都在系统中完成，并且数据实时更新，采购数字化为采购和供应链管理流程提供了前所未有的可视性，使决策者能够根据各种数据作出有依据的选择。由于供应链中随时存在各种不确定性，企业经常需要不断地对计划中的情况进行监测、调整和纠正。拥有高度的供应链可视性，对供应链环境下的采购尤为重要。对全球化采购的供应链节点企业而言，数字化采购尤为如此，因为延长的供应链会带来更大程度的不确定性，且供应链中断会造成巨大的影响。为了尽快发现这些潜在的问题，并以最好的方式作出反应，企业可以利用数字化工具实现对在途货物和供应商的在线可视，从而有效地降低供应风险。企业也可以要求供应商将系统与自己的系统连通，从而更好地监控其生产和库存状况。了解尽可能多环节的情况有助于预防危机，或者至少在危机不可避免的情况下，为应对危机做好准备，这是由于供应链运营的可视性提升，供应链中的风险和问题能够更早地被识别。

可视性还体现为有效跟踪成本节约机会和分析支出的能力。数字化工具提供的支出分析功能，能够帮助企业了解自身采购模式，包括购买了什么、何时购买、购买频率如何、谁购买、花费多少、谁是供应商等。这有助于企业完成以下事项：

1）数字化采购技术，能够创建关于各部门或分支机构支出模式的报告，供生产经营部门参考。

2）数字化采购技术，能够帮助企业识别节约成本的机会。

3）数字化采购技术，在数据分析的基础上，辅助企业作出更明智的采购决策。

此外，由于所有的流程数据都储存在中央数据库中，数字化工具可以生成即时报告和各种关键绩效指标的仪表板以反映采购活动的绩效，并帮助企业作出有效和快速的决策。

（2）利于沟通与协作

与可视性相关的益处是，利用数字化工具，企业能够通过同一个电子采购平台管理所有供应商，以有效和高效的方式进行即时通信，而不必通过各种渠道，如电子邮件、电话，甚至传真等。因此，主动和被动的沟通都可以使供应链流程及其状态具有更高的可视性。主动沟通是指企业主动发起信息共享。例如，向供应商发送状态更新信息，这种形式的沟通一般是为了获得即时的反馈和回应。被动沟通是指企业访问储存的信息，这些信息要么是由供应商在不同时间点输入的，要么是由系统根据规则自动生成的（如供应商在平台确认订单后，系统会自动将订单状态更新为“订单已确认”）。由于所有信息被储存在同一个平台中，供应链的各方人员都可以在需要时访问。

同时，数字化工具也为顺畅的协作创造了基础。新技术已经为协作平台的创建、实时数据收集、预测分析铺平了道路。这些工具使采购团队能够轻松地共享数据，并帮助跨职能团队与供应商和内部利益相关者一起制定解决方案。

对于与供应商的合作，如供应商管理库存，企业与供应商也可以通过数字化工具共享生产计划和库存信息，供应商由此可以随时掌握最新的预测信息，从而更好地管理库存并及时补货。

此外，专门的供应商门户网站还可以共享供应商的计分卡，从而为供应商提供其当前的绩效信息。所有这些数字化工具都有助于促进供应链伙伴相互之间的沟通与协作。

（3）高效率

提高效率是越来越多的企业采用数字化工具的主要目标之一。从员工的沟通到整个企业的信息流动，各个环节都能通过数字化工具无缝连接起来。对于业务部门较多且分布较广的企业来说，通过文书工作和 Excel 表格手动编制多个部门的采购需求非常耗时，且这种手动处理大量数据的方式也使采购流程更容易出现人为错误。由于数字化工具的普及，几乎所有的手工操作都将“消失殆尽”。因为不同部门或不同区域的用户都可以访问同一个电子采购平台，而不论身处何处，企业管理层都可以通过平台进行采购审批。从采购订单到收货记录，再到发票，所有文件都被数字化，并在电子采购平台上清晰地列出，使财务部门很容易进行“三方匹配”，从而支付款项。电子采购平台和 ERP 系统的整合进一步减少了人为错误，并使数据录入工作大幅减少，因为采购系统与财务系统关联，所有采购记录都会自动反映到企业的财务系统中。

数字化工具还可以显著提高程序执行的效率，信息共享的即时性使交易时间可以大幅缩短。具体来说，由于交易不受营业时间或有人在场的限制，它们几乎可以随时随地进行。在某些情况下，对于重复性的工作，利用机器人流程自动化工具，甚至不需要人与人之间的互动或人的参与，就能根据系统设置作出程序化反应，立即完成任务。数字化工具大幅加快了流程处理速度。

与交易的快捷性相关的是成本效率。交易消耗的资源较少（可以在较短的时间内完成），因此，结果可以更快实现，这对企业而言是人力成本的节省。

（4）自动化

数字化技术正在改变一系列关键的采购活动，如支出分析和采购到付款（purchase-to-pay，P2P）等。这些工具提高了效率，加快了流程进度，减少了错误。例如，国际商业机器公司（IBM）使用机器人流程自动化工具来解决发票的匹配问题，将匹配时间从之前的 32 min 减少到平均 90 s。同时，处理有问题发票的人工干预下降了 95%。新工具提高了整个流程的质量、合规性和可追溯性。IBM 的采购人员也通过机器人流程自动化（robotic process automation，RPA）工具，将创建成本节省报告的时间从 3 d 减少到 3 h。

数字化采购工具使采购系统自动将请购单根据框架协议的价格转成整订零取订单并自动发送给相应的供应商。当库存水平低于设定的某个数量时，系统会自动生成订单并发送给相应的供应商自行补货，以维持安全库存。供应商经由系统上传发票后，系统将自动进行订单、收货单和发票的 3 单匹配，并在 3 单相符后根据系统所设定的付款条件（账期）直接付款。在合同到期之前，系统将根据设定的天数自动发送邮件提醒采购人员或用户部门即将到来的合同更新。数字化的意义不仅在于缩短操作时间或减少人工错误，还在于将采购人员从繁重的文书工作和低效的手工作业中解放出来，使采购人员能够把更多的时间花在真正重要的事项上，即更具战略性或真正需要人工干预的任务，从而提升他们的整体生产力。

（5）合规性

利用系统进行更多的控制，数字化工具也能提升流程的合规性。由于所有的采购流程都在同一个平台中完成，所有的采购支出都将遵循同样的采购程序，而且，由于所有的审批都由系统控制，这就避免了用户不受监管的支出。

此外，由于所有的采购步骤及相应的文件都被真实、实时地记录在系统中，数字化工具给了企业内部相关人员和外部供应商前所未有的透明度。供应商的回应、投标文件以及历史活动都以数字形式储存下来，并带有时间戳，对采购人员和用户部门的活动、招标过程、技术和商务评估结果以及备份文件的审计可以很容易进行，从而给内外部的审计工作提供了便利。

由于数字化工具的应用，大量烦琐的手工作业被消除，这也有助于推动用户对采购程序的采用。上述各方面都将显著提升采购流程的合规性。

（6）便利性

数字化工具带来的另一个益处是“全天候”的处理能力。系统中的信息可以随时被检索和更新，这对于跨越不同时区的全球组织或者实施全球采购的企业来说尤为重要。

此外，信息可以从任何地方获取，这些信息往往是实时的，反映了正在发生的事情的真实状态。许多数字化工具也可以通过智能手机和平板电脑访问，使采购人员能够轻松获取信息并做出决定。当必须毫不拖延地作出关键决定时，迅速反应的能力已成为大多数组织应具备的重要能力，这一点尤为重要。

另一个与便利性相关的是数字化工具的配置和扩展。大多数数字化工具都是基于云端的应用程序，可以根据企业需求进行配置或随着业务的发展而拓展。其应用通常也可根据企业需求进行定制，使采购人员能够以最有效的方式加以利用。

（7）流程优化

除了上述数字化工具本身所能带来的益处之外，实施采购数字化给流程再造所带来的效益也不容忽视。简言之，采购数字化不仅是工具的升级，还是思维方式的转变，而思维方式的转变会促成工作方式的转变。

具体来说，在采用任何新系统之前，企业都需要对当前的流程进行处理。首先，通过消除不必要的步骤来优化工作流程；其次，所有在数字时代不合时宜或者完全没有价值的做法应毫不犹豫地摒弃；最后，思考现有流程中的难点和痛点是什么，在新的竞争态势下需要提升的领域在哪里，等等。在此基础上，在采购数字化转型的过程中，企业应思索什么样的数字化工具能够解决上述问题，并对流程进行再造，从而实现采购职能真正的升级。

二、数字化采购应用场景

1. 目录化采购

数字化采购将通过目录化采购，构建基于品类的自动化采购流程，从而帮助企业加强全流程控制，实现差异化品类分析，并在复杂的支出类别中发现可持续的成本节省；结合最佳实践和企业采购品类自定义编码，建立全品类目录化采购，从根本上规范采购流程；基于采购目录建立精细的品类管理模式，实现差异化品类分析，优化各采购品类的管理策略。最常见的就是各类网上商城模式，如大家熟知的京东工业品、中石化的“易派客电子商务平台”等。

2. 采购到发票活动自动化

数字化采购通过批量执行重复性任务、自动触发请购及审批流程，实现核心的采购到发票管理活动的自动化和标准化，帮助企业全面提高采购效率，持续降低管理成本。企业应用自动化技术，消除重复性手动操作，使员工专注于高附加值工作，以创造更大价值；实时感知物料需求，并自动触发补货请购，从而简化和智能化请购流程；结合最佳实践和企业现有流程自动分配各环节审批任务，大幅缩短审批周期，提高效率。

3. 阳光采购与风险合规

很多企业推动阳光采购，采购全过程在信息系统中进行，全程留痕，便于审计和跟踪。数字化采购通过构建风险与合规管理生态系统，应用数字技术，自动追踪采购行为和异常情况，帮助决策制定者实时洞察采购风险与合规性；将风险与采购管理无缝嵌入采购流程，从而自动监控各环节采购行为和审计跟踪，帮助企业快速洞察风险与机遇，有效控制采购风险；也可以应用机器人流程自动化技术，自动化审计跟踪，提高审计效率。

4. 付款与供应链金融

数字化采购能够应用智能合约技术自动触发付款流程，消除手动验证，未来可以结合区块链分布式记账技术，在智能合约触发付款后，执行自动化安全付款，实现精准触发付款，推动付款管理更加安全与高效。根据企业需求提供供应链金融功能，应用智能合约技术实现灵活按需融资，从而增加企业自由现金流，释放运营资本；结合动态折扣功能，最大限度享受供应商折扣，从而降低采购成本，实现更高的收益率。

三、数字化采购发展阶段

【企业实践案例 8-2：关于数字化采购发展阶段问题的研讨】

京东中采云大数据监管与预警平台

一、平台能力

（一）多维分析：满足占比、排名、汇总等常用计算，以及同期值、增长率等时间计算，支持商品来源、价格类型、采购权限等多维度分析；

（二）价格指数：通过对商品价格的采集、匹配和分析，通过 AI 智能算法，得出可作为采购价格参考依据的价格指数，建设科学、客观的价格指数体系；

（三）风险预警：监管平台商品报价行为，对偏离价格指数一定比例的报价进行风险预警；

（四）异常提醒：通过可视化仪表盘进行全流程监测，对异常交易行为进行实时提醒。

二、平台核心价值

（一）监管手段数字化：应用大数据全流程监控采购交易行为及采购合规性的技术手段，对采购风险及异常行为平台自动预警，以"互联网+"促进监管规范透明，创新监管手段，实现从"人盯"到"技防"的精准监管。

（二）交易行为规范化：通过采购行为留痕、结果公开及全流程监管，促进采购预算单位正当履责，规范采购行为。

（三）提升监管单位服务能力：应用大数据对采购风险事件做到事前、事中和事后的多角度分析和预警，构建权责清晰、运行高效、监管有力、服务优化的监管新机制，让采购主管部门可以更加放心地由监管向服务职能转变。

三、京东中采云大数据监管与预警平台应用场景

（一）事前预警：通过 AI 价格指数对平台商品报价进行审核，对偏离价格指数指定比例过高或过低的商品价格给出采购前的提示及预警。

（二）事中监督：采购人在进行采购时，平台提供所采购商品的参考价格，辅助采购人进行判断，同时可监管异常采购行为。

（三）事后审计：作为凭证记录采购成交时的价格指数和成交价格，形成采购合规的依据，审计时可进行采购行为追溯，规避审计风险。

资料来源：京东中采云官网　时间：2022-10

请结合案例分析：

1）中采云大数据监管与预警平台的事前预警、事中监督与事后审计每个阶段有何意义？

2）你认为京东中采云大数据监管与预警平台是否可以称为"数字化采购 4.0 阶段"的产物，为什么？

1. 数字化采购 1.0 电子化阶段——采购信息化阶段

在企业创业初期，企业关注市场业务，采购人员工作量庞大，要线下完成从采购申请

到下单、跟单、对账的全过程，采购人员最常使用的工具是 Excel 等软件，进行数据统计。此时采购部门的数据为信息孤岛形式，无法及时汇总有价值的数据并形成决策支撑，也难以有效监管。当企业进入发展期，企业开始出于管控需求以及业务财务基于规范化要求，企业开始上线 ERP 系统等，采购管理进入数字化 1.0 阶段。企业进入数字化采购 2.0 阶段。

采购信息化的本质是线下业务线上化，其业务逻辑是固化、优化现有业务流程，实现业务数据化，提高信息共享和工作效率，优化资源配置，支撑分析决策，并通过对采购业务流程的固化，记录业务事件、追溯业务过程，形成对采购业务的监控。

采购信息化的过程往往基于管理需求，要对数据进行及时抓取。集团型企业随着业务的发展，需解决下属公司需求分散、信息不畅、资源不共享而导致的重复采购、重复储备，以及操作不规范、过程不透明、人为干扰多等普遍性问题。要通过信息化手段将下属公司的采购信息线上化，才能推进集团化采购。单体公司建立起一套完整的规范化采购体系，但往往由于企业内部强大的惯性，经过一段时间后才慢慢“还原”为原来的工作模式。为了不让变革倒退回去，企业在这时就希望通过一套软件来固化采购流程，提高采购操作效率，也有利于追溯、监管和审计。采购场景越固化的，越容易被线上化，采购需求审批、采购订单系统及招投标系统很多企业优先采用线上。

采购信息化并未改变采购业务的逻辑，只是将业务操作从线下搬到线上，通过信息化手段，把优化后的业务流程进行固化、自动化，并提供业务决策支持。受益部门往往并不是采购部门，而是财务与管理部门。其信息化往往由 IT 部门主导，包括信息化选型，往往是财务与 IT 部门。业务部门往往是信息化选型后接受调研的部门。受限于企业认知水平与信息化规划能力，“重功能、轻数据”现象普遍存在，各职能分别建设，直接导致数据重复生成，极易形成数据孤岛。

2. 数字化采购 2.0 系统化阶段——流动起来，串联起来，让管理更有效率

这个阶段追求的目标是把 1.0 记录下来的信息流动起来，通过 IT 系统实现某一个流程、某一个功能，如采购管理系统、供应商寻源系统、电子招标系统、合同管理系统、发票管理系统等。比较典型的是供应商关系管理（SRM）系统。SRM 系统对供应商进行全生命周期管理，比如，引进新的供应商，建立优秀供应商数据库；通过与供应商共享信息，加快产品开发进度；提高供应商满意度，保留和吸引优秀供应商；改进供应链商业流程，降低采购和储存成本等。以前是流程，未来是“流程+数据”。系统除了解决一个流程、一种功能的问题，还会记录数据，为后续智能化做准备。

3. 数字化采购 3.0 集成化阶段——并联起来，互联互通，让管理协同

这个阶段的目标是打通信息孤岛，实现互联互通，链接供应链各个节点，最后使整条供应链透明可视，实现网络协同。所谓通则不痛、痛则不通，供应链一定要打通。信息孤岛是指相互之间在功能上不关联互助，信息不共享、不互换，以及信息与业务流程和应用相互脱节的计算机应用系统。我们应当看到，在整个信息技术产业飞速发展过程中，企业的 IT 应用也伴随着技术的发展而前进。但与企业的其他变革明显不同的是，IT 应用的变化速度更快，也就是说，企业进行的每一次局部 IT 应用改进都可能与以前的应用不配套，也可能与以后“更高级”的应用不兼容。因此，从产业发展的角度来看，信息孤岛的产生有着一定的必然性。

信息孤岛的类型有很多，不仅企业内各环节存在信息孤岛，企业间也存在信息孤岛，所以供应链管理和 B2B 电子商务应运而生。甚至政府机关之间也存在信息孤岛，在很多地方，有多少个委、办、局，就有多少个信息系统，每个信息系统都由自己的信息中心管理，有自己的数据库、自己选择的操作系统、自己开发的应用软件和用户界面，完全是独立的体系。我们要消除供应链中的信息孤岛，不仅要消除企业内部孤岛，而且要消除企业外部孤岛，最终形成闭环。这需要供应链成员间信息互联互通、资源共享，最终实现网络协同。

我们从下面这个角度看一下“互联互通”的重要性。很多企业都有战略供应商，并且签署了“战略合作协议”，但供应商真正被提到战略高度了吗？笔者认为战略供应商就是要能够“同甘苦共患难”的供应商，就是要能够团结一致应对市场的供应商，战略关系要能风险共担、信息共享。注意，笔者这里说的是“信息共享”，不是“利益共享”，而风险共担就是利益共享，不仅仅是损失共享。

例如，某乳业企业其中的一个供应商要求涨价，因为供应商把车间建好后，需求量不是从前买方承诺的量了。这家供应商把车间建在买方的厂房里，变成买方工艺的一部分，实际上已经无法分离，该供应商可以称为该乳制品企业的战略供应商。但二者之间的战略协议既没有提到如何风险共担，更没有提到如何信息共享，在这种情况下，乳制品企业和供应商之间的利益矛盾就难以很好地协调。

再如汽车厂，它一旦选定供应商后，实际上与供应商就形成了战略供应商关系，因为一个车型量产以后是不可能随便更换供应商的。此时，汽车厂一定要与供应商“互联互通”，信息共享。这样供应商可以实时知道买方的生产情况、市场情况，以便及时作出调整，甚至可以自动进行调整。现在已经有一些汽车厂，把自己的 ERP 与供应商 ERP 打通，或者自己开发一个供应商关系管理系统与供应商的客户关系管理系统整合打通。有很多中小企业也在尝试用某种软件，把买卖双方的信息打通，实现供应链可视化，使买方随时知道生产交付库存情况，卖方随时知道生产库存市场变化情况，这样能极大地提高买卖双方沟通的效率和准确性。

4．数字化采购 4.0 智能化阶段——数据洞察，挖掘规律，智能决策

这个阶段的目标是，一切业务数据化，通过数据挖掘、数据洞察，继而实现智能决策。数据化管理=数据分析+服务业务+改善管理。信息化是一种管理手段，它将企业的生产过程、物料移动、事务处理、现金流动等业务过程数字化，通过各种信息系统、网络加工生成新的信息资源，以便各层次业务人员了解“现在是什么情况”“流程进行到哪里了”等一切业务信息。

（1）大数据

大数据是指无法在可承受的时间范围内用常规软件工具进行捕捉、管理和处理的数据集合，是需要新处理模式才能具有更强的决策力、洞察发现力和流程优化能力的海量、高增长率与多样化的信息资产。大数据技术不用随机分析法（抽样调查）这样的捷径，而采用所有数据进行分析处理。大数据具有 5V 的特点，即大量（volume）、高速（velocity）、多样（variety）、价值（value）、真实性（veracity）。

（2）数据分析

数据分析是指用适当的统计分析方法对收集的大量数据进行分析，提取有用信息和形成结论，从而对数据加以详细研究和概括总结的过程。这一过程也是质量管理体系的支持过程。在实际应用中，数据分析可以帮助人们作出判断，以便采取适当行动。数据分析的数学基础在 20 世纪早期就已确立，但直到计算机的出现才使得实际操作成为可能，并使得数据分析得以推广，数据分析是数学与计算机科学相结合的产物。

（3）数据挖掘

数据挖掘是指从大量的数据中通过算法搜索隐藏于其中的信息的过程。数据挖掘通常与计算机科学有关，并通过统计、在线分析处理、情报检索、机器学习、专家系统（依靠过去的经验法则）和模式识别等诸多方法实现上述目标。

如果说数据是数字化采购的燃料，那么技术就是数字化采购的引擎。这里所说的技术，是指连接并赋予数据含义的技术，尤其是 AI、自然语言处理、数据分析和机器人技术。通过将数据和上述先进技术结合在一起，企业将能够实现各种业务活动和流程的自动化或优化，在特定情况下，还能超越简单的自动化，实现高级的智能化。例如，在选择供应商时，智能代理将应用一个复杂的模型，根据所采购物品的采购历史记录、供应商评级和绩效以及最近推荐的供应商报价，推荐入围的供应商。智能代理是软件机器人，即收集信息或提供其他相关服务的程序，不需要人的即时干预。

（4）智能化

智能化是指未来商业的决策会越来越多地依赖机器学习、依赖人工智能。那么，企业如何走向智能化呢？这个过程最难的不是技术本身，而是用智能商业的思路来重新审视自己所有的业务和流程。相信很多人都是这样认为的，即把书面做的变成计算机做的，或者将现有业务流程交由计算机完成。这是错误的，或者说智能化不仅是这样的，而是指企业要用计算机思维，思考业务流程。那么，企业如何用智能化改造自己的流程和业务呢？

首先，企业的业务流程必须在线化、软件化，也就是将所有核心流程构建在互联网上，然后由软件自行驱动，这样才有智能化演进的可能。

其次，企业要让决策数字化，包含三个方面：

①所有采购过程被实时记录，如谁什么时候买了什么、买了多少，以便进行支出分析。

②根据用户反馈和绩效，让算法自动调整采购策略，如自动选择最合适的供应商。

③依靠人的洞察将数据、算法和客户体验相结合，让绩效每时每刻都得到改进。

5. 数字化采购 4.0+阶段——寻求新的突破

（1）采购执行自动化

在采购执行（从采购到付款）环节中，数字化采购将提供自助式采购服务，自动感知物料需求并触发补货请购，基于规则自动分配审批任务和执行发票及付款流程，从而加速实现采购交易自动化，有效管控风险和确保合规性，大幅提高采购执行效率。

1）互联网数字化采购通过批量执行重复性任务，自动触发请购及审批流程，实现核心的采购到发票管理活动的自动化和标准化，帮助企业全面提高采购效率，持续降低管理成本。

2）互联网数字化采购应用人工智能机器流程自动化技术，通过模式识别和学习逐步消除重复性手动操作，如发票匹配、预算审核等，从而降低采购资源负担，使员工专注于高附加值工作，为企业创造更大的价值。

3）互联网数字化采购应用认知计算和人工智能技术，实时感知物料需求，并自动触发补货请购，从而简化和智能化请购流程。

4）互联网数字化采购结合最佳实践和企业现有流程部署审批工作流程，能够自动化分配各环节审批任务，大幅缩短审批周期，并确保审批人正确。

（2）支出可视化工具

该类工具具有先进的支出数据分析功能，并可自动生成采购结果。凭借具有人工智能和自我学习功能的算法技术，有些跨国企业和综合性企业已经实现了数据清理和分类的自动化。新一代系统将能够在预算和利润表中直接跟踪支出节省情况。支出分析、数字化采购将建立实时支出管理体系和支出知识库，应用预测分析技术，帮助企业预测采购需求和支出结构，进而定位关键支出，实现广泛细致的支出分析和可持续降本战略。

（3）前瞻性的供应商绩效管理与风险管理

1）数字化采购将应用众包、网络追踪和 VR 等技术，全面收集与捕捉供应商数据，构建全方位供应商生命周期管理体系，实现前瞻性风险规避与控制，从而提升供应商绩效与能力，支持采购运营持续优化。

2）数字化采购将建立实时监测和定期评估机制，将数据转化为切实可行的洞察与预测，从而打造前瞻性绩效管理，逐步优化供应商资源；基于大数据进行前瞻性预测分析，实时洞察潜在的供应商风险，及时采取措施，帮助企业建立先发制人的风险管理模式。

3）数字化采购将应用人工智能技术和高级可视化仪表盘，实时监测与定期评估供应商绩效，从而提供全面的绩效洞察和趋势预测，帮助企业识别优质供应商群体，及时淘汰不合格供应商，最终打造前瞻性供应商管理。对于绩效管理，数字化采购能够建立实时监测和定期评估机制，将数据转化为切实可行的洞察与预测，从而打造前瞻性绩效管理，逐步优化供应商资源；应用高级可视化仪表盘，识别优质供应商，及时淘汰不合格供应商，打造前瞻性供应商管理；应用 VR 或空间分析技术，生成虚拟场景完成供应商访问与现场审核，简化绩效管理流程。

4）数字化采购将结合网络追踪技术，主动监测供应商行为和绩效的线上与线下活动。结合第三方数据源集成整个供应价值链，建立供应商风险评估数据库。对于风险管理，数字化采购将应用数据捕捉和采集技术，基于大数据进行前瞻性预测分析，实时洞察潜在的供应商风险，帮助企业建立先发制人的风险管理模式；结合第三方数据源集成整个供应价值链，建立供应商风险评估数据库；应用数字技术，实时监测、识别供应商风险，建立前瞻性风险控制与规避机制；应用对等网络技术，捕捉影响供应商风险的事件。实现广泛细致的风险洞察，降低供应链风险。

（4）大数据决策

1）数字化采购将借助高级的可视化管理仪表盘，直观展现寻源洞察与建议，简化领导层的决策制定过程，将寻源执行及决策周期缩短，从而大幅提高市场敏捷度。

2）数字化采购将应用认知计算和人工智能，基于供应商资质、历史绩效和发展规划等因素，构建敏感性分析模型，从而更加准确地预测供应商对企业成本与风险的影响，帮助筛选优质的合作对象。

3）数字化采购将应用智能分析技术，预测供应商对企业成本与风险的影响，为寻源提供可视化预测及业务洞察，从而提升供应链的整体透明度，帮助企业更加智能和迅速地制定寻源决策。构建完备的采购体系需要获取两大类数据。第一类数据用于创建具有参考价值的信息，如供应商基本信息、市场概述或各地区商品或服务平均价格的描述性分析。第二类数据用于分析采购决策与结果之间的相关性，建立预测模型，最终实现人工智能。采购体系内的所有数据，不仅包括采购流程数据，还包括与采购活动相关的其他流程所产生的数据，其中包括发票和付款数据，用于了解价格和流程的合规情况，以及流程信息，如谁批准了价格调整及其具体金额。采购体系以外的数据，如深入而全面的行业和市场信息，其实更为重要。特别是在协商合同的具体条款时，企业需要依据这些数据计算总拥有成本和价格杠杆，从而判断该采购哪些物资，以及从哪些供应商处采购。

（5）可预测战略寻源

1）在战略寻源方面，数字化采购将提供强大的协作网络，帮助企业发掘更多合格供应商，同时智能分析和预测其可靠性与创新能力，逐步实现战略寻源转型；应用认知计算等技术，评估和预测潜在供应商的可靠性与创新能力，发掘优质潜在供应商；借助领先供应商协作平台，在全球市场中发现最优供应商；结合品类管理功能，根据不同品类的需求特点等因素，制定差异化寻源策略和可复用标准流程。

2）在决策制定方面，数字化采购将应用智能分析技术，预测供应商对企业成本与风险的影响，为寻源提供可视化预测及业务洞察，帮助企业快速、智能地制定寻源决策；应用数字技术，构建敏感性分析模型，从而更准确地预测供应商对企业的影响，筛选优质合作伙伴；借助高级可视化仪表盘，直观展现寻源洞察与建议，可将寻源执行及决策周期缩短 50%。

3）在供应商协作方面，数字化采购将智能预测供应商谈判的场景和结果，分析并推荐最优供应商和签约价格，同时自动执行供应商寻源任务，最终建立可预测的供应商协作模式；构建敏感性分析模型，预测谈判双方条件变化对签约价格及采购成本的影响，帮助谈判人员识别关键因素与节点，从而控制谈判风险并削减采购成本；基于最佳实践构建全球条款库，自动识别适用条款，提高合同签订效率，并确保合规性。

任务二　战略采购与协同降本

【企业实践案例 8-3：关于战略采购相关问题的研讨】

江淮 1 卡为顺丰提供深度定制的全包服务，及时专业持续降本

近年来，快递物流行业飞速发展，同时对物流装备的颜值、安全、节能、舒适、智能、效率、环保和服务等方面也提出了更高的要求。江淮 1 卡作为商用车行业头部企业，通过对物流变革趋势与用户需求升级提前研判，前瞻性地打造了以“快递 1 号”为代表的上百个细分市场的数百款产品，引领物流新价值。

物流行业竞争日益激烈，降本增效是关键。顺丰速运坚持精益化成本管控，对贯穿全过程的物流装备，顺丰速运也有着更明确的要求，既要动力充足，操控性好，还要经济耐用，帮助企业实现降本增效。2022 年年底，天津顺丰选购了两辆帅铃产品，开展实际运营测试试验，重点检测油耗。经过长达半年的测试，帅铃整车油耗稳定在 10 L 左右。而且，帅铃配置最新一代车联网系统，可实时监测油耗并纠正驾驶员用车习惯，助力成本管控。另外，江淮 1 卡包揽买车至二手车交易全过程，在二手车交易市场帅铃价格高于市场同级车型 2000～3000 元，做到真正的全生命周期成本最低。借助全新一代车联网系统，江淮 1 卡为所有车辆建立完备的数据档案，包含买车、用车油耗、维修保养以及二手车市场的全生命周期的运营成本，为包括顺丰速运在内的众多物流企业带来全生命周期性价比最优、总成本最低的超高优势。

针对顺丰等物流行业大客户，江淮 1 卡制定了专属全包服务政策。全包服务就是在车辆的全生命周期内提供所有服务，旨在通过更加及时、细致、专业、规范的服务，降低客户经营成本，实现全生命周期的降本增效。全包服务不仅包含免费定期保养、免费维修、免费救援、上门维保、定期安全检查等常见保养项目，还通过专人对接开展定制化服务，包含 1 对 1 的专属服务人员以及 6 对 1 的服务保障小组，根据用户实际工作范围，指定服务负责人，并建立从服务经理、技术专家到配件专员的专业服务团队，24 小时在线，全程保驾护航。截至今年 8 月，江淮 1 卡已累计为顺丰公司 2200 余辆车提供全生命周期服务，涉及 11 款车型，覆盖全国 31 个省（区、市），服务里程公里数达到 3.2 亿+，有效解决了客户的后顾之忧。在 2021 年、2022 年顺丰对各供应商评级中，江淮 1 卡获得顺丰最高等级 A 类荣誉。

资料来源：搜狐网　时间：2023-09-15

请结合案例内容及下述关于总拥有成本相关知识点，分析以下问题：

1）对于物流企业而言，在选择供应商时，是否有必要考虑“全生命周期成本”，为什么？

2）请分析，对顺丰而言，江淮 1 卡提供的全生命周期服务是如何降低顺丰物流车辆“全生命周期成本”的？

一、战略采购

1．战略采购的内涵

“战略采购”是由著名咨询企业科尔尼于 20 世纪 80 年代首次提出的。科尔尼致力于战略采购研究和推广工作，已为全球 500 强企业中的很多企业提供过战略采购咨询服务。实施战略采购不仅能为企业带来 20%～30%的物料总拥有成本的下降，更重要的是通过实施战略采购，能够帮助采购与供应商之间构建新型的供应链合作关系，为提升供应链整体竞争力奠定了坚实的、有长久生命力的基础。在这个“市场竞争已不再是单个企业作为竞争主体的竞争，而是整个供应链之间的竞争”的时代，战略采购显得尤为重要。

战略采购是以降低物资采购的总拥有成本及提高供应链竞争力为目的的一系列采购决策的过程，战略采购的目的是指导采购部门的所有活动围绕提高企业能力展开，以实现企业的远景计划。从公司战略的实施角度来说，战略采购是支持企业战略及供应链战略实施的重要举措，包含采购策略的计划、制定、实施及控制的整个过程，它不仅涉及战略性物资，还涉及其他采购项目。

2. 战略采购的原则

战略采购有别于常规采购，它与普遍意义上的采购的主要区别是前者注重的要素是总拥有成本，而后者注重的要素是“最低采购价格”。简单地说，战略采购是以最低的总成本建立供给渠道的过程，而常规采购是以最低采购价格获得当前所需资源的简单交易。战略采购能够充分平衡企业内外部优势，以降低采购项目整个生命周期成本为宗旨，涵盖整个采购流程，实现从需求描述直至付款的全程管理。战略采购的实施应遵循以下重要原则：

（1）考虑总拥有成本最优

总拥有成本最优被许多企业管理者误解为价格最低，他们认为价格最低就是成本最低，只要购买价格低就好，很少考虑采购项目后期使用成本、管理成本和其他无形成本。采购决策依据就是单次购置价格，如购买一台打印机，采购的决策者如果忽略了采购过程发生的沟通成本、交通费成本、日后维护保养成本、硒鼓纸张等消耗品成本、产品更新淘汰残值等因素，只考虑设备购买价格，采购的总拥有成本实际上是没有得到控制的。采购决策影响着后续的运输、调配、维护、调换乃至产品的更新换代，因此，必须对整个采购流程中所涉及的关键成本和其他相关的长期潜在成本进行评估。

（2）在事实和数据信息基础上进行协商

战略采购过程不是采供双方的简单商务谈判，而应该是一个商业协商的过程，协商的目的不是一味比价、压价，而是基于对市场的充分了解和企业自身长远规划的双赢沟通。在这个过程中需要通过对总体成本分析、第三方服务供应商评估、市场调研等为协商提供有力的事实和数据信息，帮助企业认识自身的议价优势，从而掌握整个协商的进程和主动权。

（3）采购的终极目标是建立双赢的战略合作伙伴关系

双赢理念一般很少用在采购中，更多的企业管理者更喜欢单赢，喜欢在采购的过程中总是“我方为刀俎，他人为鱼肉”。事实上双赢是“放之四海而皆准”的真理，它在战略采购中也是不可或缺的因素，许多发展势头良好、起步较早的企业一般都建立了供应商绩效评估与激励机制，通过与供应商建立长期稳定的合作关系，确立双赢的合作基准。要知道，在现代经济条件下，企业必须讲求“服务、合作、双赢”的模式，互为支持，才能把“蛋糕”做大，共同成长。

（4）竞合关系的构建是战略采购实施的基础

企业和供应商本身存在一个相互比较、相互选择的过程，双方都有其议价优势，如果对供应商所处行业、业务战略、运作模式、竞争优势、长期经营状况等有充分的了解和认识，就可以帮助企业本身发现机会，在竞争与合作关系中找到平衡。现在，已有越来越多的企业在关注自身发展的同时，开始考虑如何利用供应商的专业技术和资源来降低自身的生产成本，增强自身的市场竞争力和满足客户。

二、总拥有成本的概念

1. 总拥有成本的内涵

总拥有成本（TCO）又称战略采购成本，是指企业在采购时除了采购价格之外，还要考虑所采购的原材料或零部件等项目，在本企业产品的全部生命周期过程中所发生的总成本。也就是说，TCO 是采购项目全生命周期所发生的总成本，它应该包括本公司产品的市场调研、供应商开发、产品生产与售后服务各阶段的成本，以及因供应商的参与或提供的产品（或服务）所发生的成本。

传统采购往往以产品的价格为主要考量，没有考虑除此之外的一系列其他成本，可能能够采购到低价格的产品，但却导致 TCO 升高。比如，供应商表面上降低设备等当期成本而赢得订单，却为弥补"损失"提高软件和服务等远期费用，隐藏客户投入的成本。TCO 即产品全生命周期发生的成本，包括设计、采购、仓储物流、工程建设、使用、运维、报废处置等成本。引入 TCO 理念，可以弥补传统采购成本管理无法充分反映企业实际成本的缺陷。研究 TCO 的构成，能更好地理解与供应商发生商品和服务交易的真实成本，为合理制定采购策略提供支持，帮助企业降低成本，实现竞争力的提升。除此之外，TCO 理念更加注重质量、后续服务、绿色环保等长期目标的实现，以达到总体采购成本最小化来获得企业价值最大化。

以某企业采购生产设备为例，该生产设备的 TCO 由以下三部分组成：

（1）所有权成本或使用权成本（价格）

在采购行为发生前，设备所有权拥有者是供应商，企业通过采购，支付给供应商相应金额（设备的价格）之后，设备的所有权转移给采购商，企业为了获取设备的所有权或使用权而所发生的成本，称为所有权成本或使用权成本。

（2）取得成本

为了取得某台设备所有权的过程中所花费的成本，称为取得成本。例如，为了采购这台生产设备，采购员需要花费时间和精力进行寻源，为此企业需要支付给采购人员的工资就是一种取得成本，当选定供应商范围后，采购人员需要到供应商企业进行考察、技术人员需要到供应商企业进行培训，为此所支付的差旅费、工资都是取得成本。取得采购设备后，将设备运回企业所发生的物流成本，为安装调试支付给安装调试人员的费用，都属于取得成本。很多取得成本在公司财务上没有被归结到该项目中，是企业最容易忽视的。

（3）取得后成本

设备采购回来以后使用过程中，要使用耗材、备件，需要水电能源、修理保养、报废后的处置费用，所有的这些花费，统称为取得后成本。类似于打印机，打印机本身的价格并不贵，但要维持打印机持续工作，就需要不断更换耗材——硒鼓、墨盒等，这就是取得后成本。

因此，在比选供应商时，采购人员不能只比设备价格，应设计总拥有成本比较表，其中应包括：

1）设备价格；

2）取得成本（运输、安装、调试、培训等）；

3）取得后成本（备件数量×单价+耗材用量×单价+水电能源费+维修费用+其他）。

尤其是第三项，需要在合同中事先约定：备件、耗材用量超出部分由哪方负责。

例如，某企业国外采购零件所发生的 TCO，如表 8-1 所示。

表 8-1 某企业国外采购零件所发生的 TCO

项目	单价或单位费用/万元	该项目占总采购成本比重/%
采购价	37.2	54.31
运输费	5.97	8.72
保险费	1.96	2.86
运输代理	0.03	0.04
进口关税	2.05	2.99
流通过程费用	0.41	0.60
库存利息	0.97	1.42
仓储费用	0.92	1.34
退货包装等摊销	0.09	0.13
不合格品内部处理费用	0.43	0.63
不合格品退货费用	0.14	0.20
付款利息损失	0.53	0.77
开发成本摊销	6.20	9.05
提供给供应商的专用模具摊销	5.60	8.18
包装投资摊销	6.00	8.76
其他费用	0	0
总计	68.50	100

从表 8-1 可以看出，价格只是 TCO 中的一部分，企业不应该追求价格最低，而应该追求 TCO 最低，这对采购全流程的识别、数据统计、数据分析等都提出了较高的要求。因此，企业应根据实际情况，对重要采购物资建立 TCO 结构模型，对重要采购物资 TCO 进行统计分析，提出优化建议。

2. TCO 模型

采购是企业经营活动中的基本环节，其目的在于提供企业经营所需的设备、材料和服务。在时间和质量得以保证的前提下，以往的采购决策只是按照采购物品或服务的价格（狭义的采购成本）来选择供应商。这是一种以“价格”为导向的采购成本管理观念，这种观念不是从企业各经营环节的相互联系入手来分析成本管理，而是过分强调局部和短期的利益，使采购成本管理不仅缺乏“生命周期”和“全面成本”观念，还缺乏战略成本管理思想。针对传统采购成本管理的缺陷和供应链管理思想的出现，TCO 理念孕育而生，TCO 不仅是一种理念，还是一种成本分析工具。之所以说 TCO 分析是一种理念，是因为 TCO 分析方法要求企业管理者在进行采购决策时有一个观念的转变，即从价格导向的观念转变为所有权总成本导向的观念。TCO 又是一种成本分析方法，从字面上理解，这种方法要求企业管理者在进行采购决策时，要考虑与所采购物品或服务相关的所有成本，不仅要考虑采购时所发生的支出，还要考虑采购前和采购后所发生的各种与之相关的支出。

TCO 可以应用于任何形式的采购，包括生产物资采购（如固定资产）、经营物资采购（如办公设备）、备品备件（MRP）采购、原材料采购和服务采购等。由于 TCO 的应用范围十分广泛，针对不同的采购项目设计出来的 TCO 模型所包含的成本项目也会各不相同，建立 TCO 模型是 TCO 分析流程的关键环节。一般而言，TCO 模型大体上都应该包括以下三类成本：

1）采购时支付的价款；

2）与购买相关的基本作业成本，包括订购、运输、检查、接收、安装、培训、入库、支付货款等相关作业的成本；

3）由于供应商的过失而引起的额外作业成本，如由于商品运送不及时而引起的生产延迟，以及商品质量不合格而引起的退货、返工、停工等成本。

常见的 TOC 模型有以下几种，如图 8-1～图 8-3 所示。

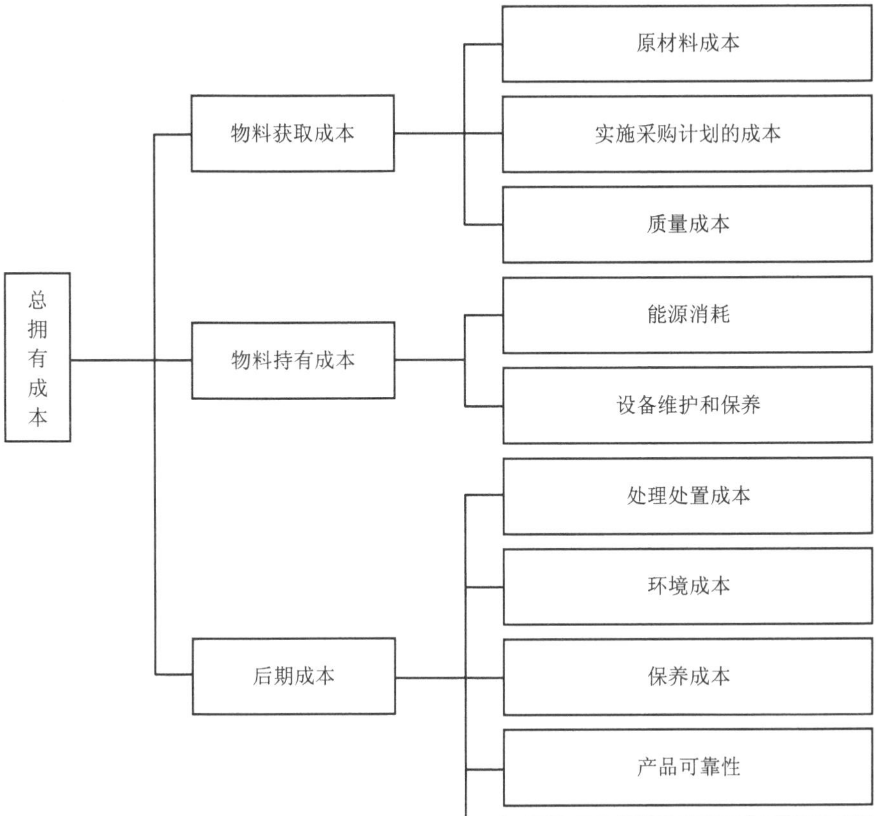

图 8-1　总拥有成本（TCO）模型 1

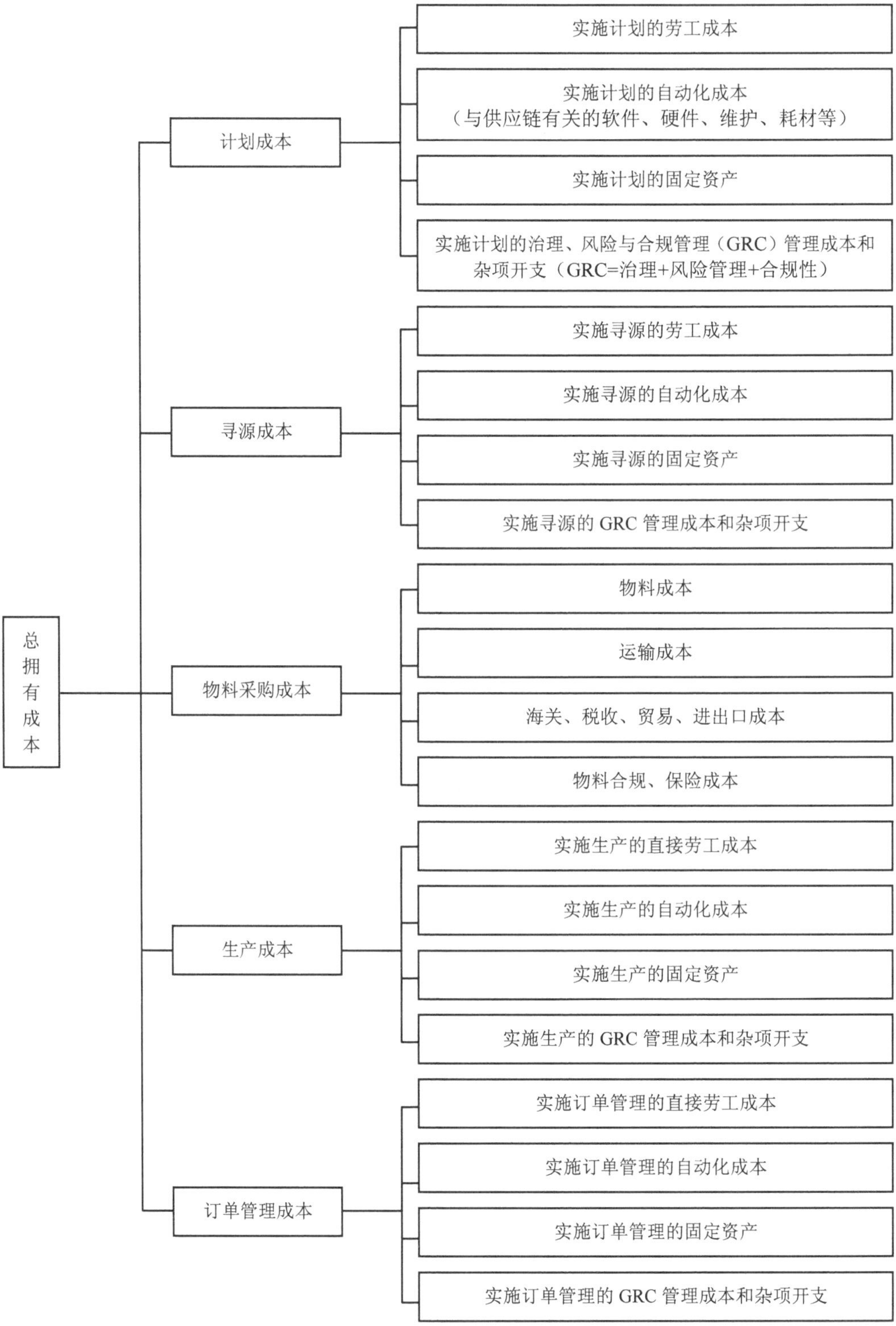
总拥有成本
计划成本
实施计划的劳工成本
实施计划的自动化成本（与供应链有关的软件、硬件、维护、耗材等）
实施计划的固定资产
实施计划的治理、风险与合规管理（GRC）管理成本和杂项开支（GRC=治理+风险管理+合规性）
寻源成本
实施寻源的劳工成本
实施寻源的自动化成本
实施寻源的固定资产
实施寻源的 GRC 管理成本和杂项开支
物料采购成本
物料成本
运输成本
海关、税收、贸易、进出口成本
物料合规、保险成本
生产成本
实施生产的直接劳工成本
实施生产的自动化成本
实施生产的固定资产
实施生产的 GRC 管理成本和杂项开支
订单管理成本
实施订单管理的直接劳工成本
实施订单管理的自动化成本
实施订单管理的固定资产
实施订单管理的 GRC 管理成本和杂项开支

（接下页）

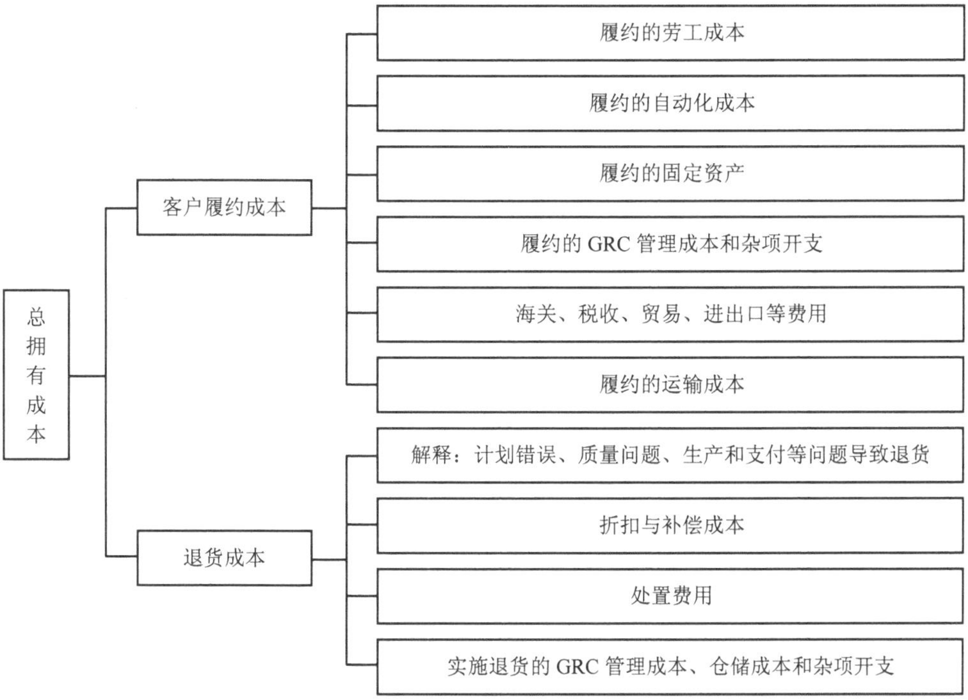

图 8-2　总拥有成本（TCO）模型 2

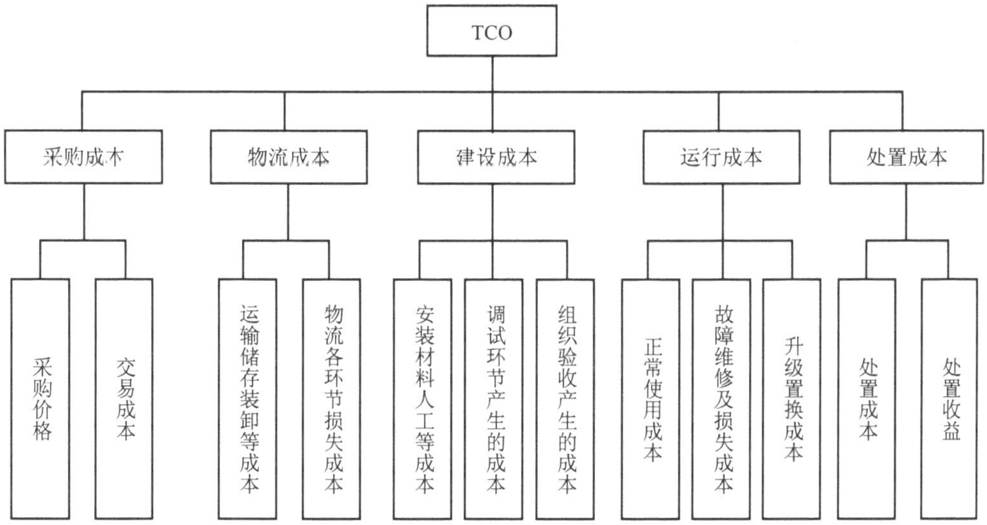

图 8-3　总拥有成本（TCO）模型 3

三、协同降本

【企业实践案例 8-4：关于战略采购与协同降本相关问题的研讨】

丰田是如何实现标通化的

（1）采购与设计部门联合思考：我们公司有多少种车把手？

回答：35 种。

（2）从客户感知到的价值，我们有多少种就能满足客户的需要？

回答：3 种。

（3）哪 3 种？

回答：高档车专用车把手、中档车专用车把手、低档车专用车把手。

（4）如果从 35 种改成 3 种，有哪些成本节约？

回答：35 种车把手意味着 35 套设计，35 套模具，35 个从产品、质量、先期策划到生产的验证过程，意味着 35 套检验规范、仓库要留 35 个货位、ERP 里有 35 个料号、35 种断货缺料的可能、35 种产品生命周期结束后的呆滞物料、35 种装配错误的可能、要留 35 种售后备件库存……

当缩减为 3 种时，意味着单个供应商的生产量放大 10 倍多，由于规模效应，供应商的固定成本被摊薄；同时品类减少，操作工人换线时间变少，学习曲线发挥作用，单位产出时间缩短，产出效率提高；另外供应商品类少，越做越熟练，产品质量也跟着提高。对于顾客而言，对车把手的感知，35 种与 3 种并没有太大区别。

（5）那么我们是否可以组成一个标准化、通用化小组，对车把手进行标准化、通用化活动。标准化指减少品类，部件一致；通用化指部件可以不一致，但接口设计一致，可互换，标准化与通用化简称标通化。

回答：可以的！

（6）除了车把手，我们还有什么零部件可以进行标通化设计呢？

回答：还有空调排气管。

（7）我们目前有多少种空调排气管？

回答：27 种。

（8）能标通化为多少种？

回答：4 种。

最后，丰田与供应商共同努力，将丰田车空调排气管种类由以前的 27 种降至 4 种，使相关成本降低了 28%。但丰田还不满足，它希望进一步减少到 3 种。

通过上述类似活动，丰田成功地把关键零部件成本降低了 30%，总共为丰田节约成本约 100 亿美元。丰田在众多竞争对手市场份额下降，面临巨额亏损的恶劣市场环境下，保持了快速增长，市场份额稳步攀升，而且创造了巨大的利润，其中重要的举措就是坚持产品的多样化和零部件的标准化相结合。他们称为看得见的地方尽量不一样，看不见的地方统统都一样。

资料来源：《采购 4.0-采购系统升级、降本、增效实用指南》

作者：姜宏锋　时间：2022-11

请结合以上案例内容及下述相关知识点，分析以下问题：

1）产品设计标通化为什么能帮助企业降低采购成本？

2）产品设计标通化的过程是不是采购部门一个部门的事？需要哪些部门的协同配合？

3）请结合案例内容，分析降低复杂度或者标通化设计对企业的重要性。

降本是指在不降低产品的品质和性能的基础上，对产品从设计、开发、采购、销售等环节所产生的所有成本进行降低的活动，提高企业的竞争力和收益性。因此，降本不是采购部门一个部门的事，而是需要多个部门配合，才能够实现真正意义上的降本，即协同降本。协同降本的方式很多，下面将讲解最常见的三种方式。

1. 降低供应链复杂度

曾经有人问通用汽车的前采购副总安德森：“你们的挑战是什么？”安德森说：“通用汽车的采购有三个挑战：复杂度、复杂度，还是复杂度。通用汽车在全球采购的零部件达16万种，这也意味着每天出问题的机会就会有16万个。而要生产线停顿下来，缺一种零件就够了。”对通用汽车这样的整车厂来说，在全球化市场的发展趋势下，整车厂不可避免地成为供应链资源的整合者，他们的竞争优势也从单纯的技术变成了管理能力——对复杂供应链的有效管控和整合的能力。因此，尽可能地降低供应链的复杂度才能提高核心企业对供应链的管控能力。复杂度是一个累积过程，它来自公司里成百上千名员工日复一日、年复一年作的大大小小的决策。每个部门、每个人都在以不同方式增加复杂度：营销人员接下非标业务，设计人员开发出非标件，生产人员开发独特的生产工艺，财务人员制定各种各样的财务制度，采购人员导入一个又一个的供应商，都增加了公司和供应链的复杂度。现代企业供应链复杂度不断增加的主要原因有以下两个方面：

1）复杂度是由专业人员设计出来的。比如，独特零件是由设计部门设计出来的，独特工艺是由生产人员开发的，众多的供应商是采购部门选择的。这些人都是各自领域的行家、权威，别人很难来挑战其决策，连公司的最高层也不能。

2）复杂度是为了满足合理诉求增加的。销售人员不一定愿意接受个性化定制的订单；也没有一个设计人员故意开发复杂的非标件；采购导入很多供应商，也是为了降低采购成本。这些善意的诉求成了复杂度的“保护伞”，让复杂度能够堂而皇之地泛滥。

复杂度是供应链的大敌，又是供应链成本的驱动器，只有控制了复杂度，才能管好供应链，控制好供应链的成本，因此，产品采购标通化对供应链成本控制就十分必要了。

2. 采购品类标通化

企业采购标通化（标准化、通用化），可以达到降本的目的。在推行采购标通化时，我们发现，合理的推行步骤，会让采购品类精简，最后使我们的采购成本下降，也能够在一定程度上降低供应商的研发成本，供应链也会变得简洁。

企业内部不同的研发人员往往有不同的设计偏好，会做很多尝试，于是在物料清单BOM中，就会多出很多不同的物料代码，但企业真正经常使用的占比不会太多。企业需要定期做零部件的标准化、通用化工作，定期清理BOM，同时通过标通化，使用量得以集中，品类得以精简，最后降低采购成本，供应链复杂度也得以降低。

企业实施标准化、通用化活动的步骤如下：

1）团队头脑风暴，列出公司品类特别多、特别杂的物料种类。

2）从客户价值的视角选出所有可能实施标准化、通用化的品类。

3）挑出贡献度大的品类作为优先品类。

4）列出标通化计划、成功标准、行动步骤。

5）由设计、采购、生产、供方有关人员组成的团队实施。

6）成果回顾与激励。

在企业实施标通化过程中，经常会发现技术问题往往并不是实施标通化的难点，如何让技术人员有积极性参与这项工作才是难点。这个问题的3步解决方法是：

1）把所有的品类都摆在明显的位置，让设计人员和采购人员一起看到品类有多么多、多么杂、多么不合理，从而解决为什么要改的问题。

2）建立标通化的激励体系。例如，将标通化设计节约下来的金额，按一定比例（如10%）奖励给标通化小组成员，以解决技术人员参与标通化的动力问题。

3）标通化后，要列入品类目录加以固化。将标通化好的零部件（如案例的3种车把手）列入产品目录或信息化系统，当有新产品时，这些零部件不需要设计，只要挑选就可以了。如果要新增加品类，需要公司品类管理委员会按流程严格审批，且每选一个新品类，就需要打掉一个老品类。随着企业的发展壮大，品类会越来越复杂，所以一定要定期为采购品类“瘦身”。对品类定期优化，实施标准化、通用化，是价值回报最高、实施难度最小的工作。

3. VE/VA

（1）VE/VA 的内涵

产品成本的90%是客户决定的，而70%～80%是在设计阶段决定的，这就是所谓的“设计决定成本，成本影响设计”，VE/VA 对在新产品开发初期以及现有产品持续改进的跨部门协同降本中可以提供有效支持。VE 针对新产品，主导者为研发部门，通常在产品、过程、设施和服务处于早期设计阶段，但在制造或生产之前，对其进行研究，以改进功能，同时最小化成本。VA 是针对现有产品进行改善，主导者为采购部门，通常是对现有产品、流程、设施或服务的研究，以改进功能和质量，同时降低成本。

（2）VE/VA 推动降本的原理

用户需求的是产品的功能，功能是产品的本质，而产品的具体内容只是功能的实现形式。例如，客户购买手表是为了实现“指示时间”功能，而不是为了购买里面的元件。企业设计和采购部门研究一个产品或零件，要思考“它是做什么的”而不是“它是什么”，比如研究一个螺丝，首先要了解它的功能是“连接或固定物体”，再思考“有没有其他方式实现同样功能”（卡扣连接），“新方式价值如何”（卡扣成本低，功能不变，价值高），以及“新方式是否能够满足功能要求”（性能测试指标是否可以满足）。就算无法通过卡扣结构取消螺丝，至少我们可以不必局限于螺丝的“尺寸、材料和表面处理”，而更关注于满足功能前提下，需要达到的性能指标（固定力、跌落测试等）。这样我们可以考虑用通用的标准螺丝，取消额外增加的支持美学功能的特殊表面处理及特别防锈功能的不锈钢材料。

价值（Value）=功能（Function）/成本（Cost）

价值：指投入与产出、效用与费用的比值。

功能：指产品所具有的特定用途和使用价值（顾客维度）。

成本：该产品从调研、设计、制造、使用直至报废为止的产品生命周期所花的全部费用，即总成本（企业维度）。根据 VE/VA 的基本公式，提高价值的途径如下：

1）功能提升，成本下降。

2）功能提升，成本维持不变。

3）功能维持不变，成本下降。

4）功能大幅提升，成本略有提升。

5）功能略有下降，成本大幅下降。

VE/VA 分析降本途径，如表 8-2 所示。

表 8-2 VE/VA 分析降本途径

状况	功能（F）	成本（C）
1	提升	下降
2	提升	维持不变
3	维持不变	下降
4	大幅提升	略有提升
5	略有下降	大幅下降

VE/VA 与工业工程（IE）、质量控制（QC）被日本企业并称为企业管理的三大支柱，对日本企业实现高质量、低成本的竞争优势有重要作用。它是以最低的产品生命周期费用，可靠地实现必要的功能，着重于产品或作业功能分析的有组织的活动，目的是实现产品的最优性价比。

企业在开展 VE/VA 分析时，可以从客户的维度，将该功能对客户的重要度分为 1～10 个等级，其中 1～3 为低重要度，4～6 为中重要度，7～10 为高重要度。可以从成本支出维度将成本支出按该功能分为 1～10 个等级，其中 1～5 为低成本区，6～10 为高成本区，于是产生了 VE/VA 性价比分析模型，如表 8-3 所示。

表 8-3 VE/VA 性价比分析模型

成本	低重要度	中重要度	高重要度
高成本	去除	降低	维持
低成本	降低	维持	提升

（3）VE/VA 对象选择的原则

VE/VA 对象选择与具体实施以提高生产率、提高质量、降低成本、提高商品价值和经济效益为目的，在选择 VE/VA 对象时应遵循以下原则：

1）使用量大，涉及面广的产品；

2）成本相对较高的产品；

3）结构比较复杂的产品；

4）竞争激烈的产品。

（4）VE/VA 降本的方式方法

1）去除过剩的品质；

2）考虑使用可再生材料；

3）去除多余的部件；

4）零部件尽量标通化、系列化；

5）材料的变更；

6）复杂结构的重新设计；

7）优化生产加工方法；

8）竞品拆解，对比分析。

无论是战略采购的推行，还是产品标通化设计，抑或是 VE/VA，都需要做好跨部门沟通与协同工作。但由于各部门有各自负责的 KPI、部门间权责不清、部门主管个性差异等原因使很多企业跨部门合作困难重重。日本企业解决这个问题往往是以 QC 小组为组织形式，开展 QC 活动，对重点项目进行攻关。VE/VA 对企业提升客户满意度、降低成本、实现企业竞争优势帮助很大，企业实施 VE/VA 可以使用 Tear Down 法与 QC 小组法相结合的方式来实现协同降本，即

1）Tear Down 法，即从市场买回竞争对手的产品进行拆解。通过对竞争对手产品的拆解与对比，分析竞争对手产品设计中的长处和特色，发现差距，并帮助其衍生新的创意，找到改善点。

2）邀请有技术专长的供应商的专家一起参与 VE/VA，充分发挥供应商的专业优势，鼓励供应商对自己的产品、流程提出合理化改善建议。如果有可能，还会邀请客户代表参与。

3）营销、设计、物流、采购、生产各部门通力合作，集思广益，以 QC 小组为形式开展 VE/VA。

【课后习题】

一、多项选择题

1. 根据 VE/VA 的基本公式，提高价值的途径有（ ）。

A. 功能维持不变，成本下降　　B. 功能提升，成本维持不变

C. 功能提升，成本下降　　D. 功能略有提升，成本大幅提升

2. 对产品进行 VE/VA 性价比分析时，产品的某项功能应该“降低”的有（ ）。

A. 低成本，低重要度　　B. 低成本，中重要度

C. 高成本，低重要度　　D. 高成本，中重要度

3. VE/VA 降本的方式方法包括（ ）。

A. 去除过剩的品质　　B. 零部件尽量使用标准化、通用化设计

C. 竞品拆解，对比分析　　D. 复杂结构的重新设计

4. 现代企业供应链复杂度不断增加的原因包括（ ）。

A. 供应商的增加　　B. 复杂度是由专业人员设计出来的

C. 是为了满足合理的诉求增加的　　D. 企业降本指标的需求

5. TCO 模型基本上都应该包括以下哪几类成本（　）。

A. 研发设计成本　　B. 采购时支付的价款

C. 与购买相关的基本作业成本　　D. 由于供应商的过失而引起的额外作业成本

二、填空题

1. 常见的协同降本的方式有：________、________、________。

2. 在选择 VE/VA 对象时应选择：________、_________、_______、_______。

3. 常见的数字化采购应用场景有：_______、_______、_______、________。

4. 数字化采购拟将采购部门打造成企业__________，而不仅仅是企业的“保证供应”部门。

三、简答题

1. 简述什么是战略采购。

2. 简述数字化采购发展阶段。

四、论述题

1. 试论述数字化采购为企业经营带来哪些好处。

2. 试论述实施战略采购的原则。

五、案例分析题

长安汽车 2018 年一季度，采购部联合技术部门在对 PEPS AT 车型防盗方式成本解析时，发现竞品车型未装置电子转向锁（ESCL），而目前长安汽车的每一款 PEPS AT 车型无论任何配置均装置电子转向锁。

（1）主动解读法规需求，分析市场配置

发现与竞品的差异后，采购部 VE/VA 推进室奔赴技术部门法规所了解国家法规的相关要求，经咨询国内及国外认证机构：AT 车型通过锁止换挡机构，是可以满足 GB 15740（汽车防盗装置）及 ECER 116（关于机动车辆防盗保护的统一技术规定）。

随后，采购部积极与产品策划部门进行沟通，对市场上的其他品牌进行了解，随之了解到市场上很多 PEPS AT 车型已经不再采用传统的锁止转向机构的防盗方式，改用通过锁止传动机构或换挡机构来实现防盗，此方式可以省掉使用 ESCL。例如，宝马全系均无 ESCL，奔驰在售新车型也全部均无 ESCL，吉利汽车也在逐步取消 ESCL。从而可见，PEPS AT 车型取消 ESCL 将是技术趋势。

（2）拉动六个部门，快速启动 VE/VA

采购部 VE/VA 推进室发现眼前这个降本机会可行，立即组织产品开发一部、产品开发二部、采购部、渝北工厂，北京工厂开会分析，组织讨论取消 ESCL 方案的可行性，决定启动此 VE/VA 方案。进行风险及效益评估，最终一致同意推进此 VE/VA 方案。

（3）实施小批量试装，进行风险评估

为确保取消 ESCL 可行性，采购部及时会同技术部门、工厂、供应商进行小批量试装，并逐一进行可靠性试验，在 VE/VA 推进中抢时间，争分夺秒抢进度。最终试装验证结果结论为取消 ESCL 对整车性能无影响。

（4）降本策略落地，短期实现全系切换

快速实现单车降本 240 元，截至 2018 年 6 月 30 日已完成 CS35、CS55、CS75、CS95 等项目全系切换，落地达成降本金额 1353 万元。根据后续规划量，下半年预计继续增加降本约 2479 万元，全年预计实现降本 3832 万元。

请结合案例内容及本项目相关知识点，分析以下问题：

1. 什么是协同降本？为什么要协同降本？
2. 长安汽车对竞品车型进行分析的目的是什么？
3. 本案例中长安汽车提高价值的途径有哪些？

【实战训练】

【实训目的】

通过本次实训，深刻理解 TCO 理念在企业采购管理和供应商选择工作中的重要性，能够结合企业实际情况，针对某一采购项目，设计构建 TCO 模型，并核算潜在供应商提供产品的 TCO 成本，从中感受战略采购管理与传统采购理念的差别。

【实训内容】

1. 选择京东、顺丰或菜鸟其中一家企业为调研对象，调研该企业（或者其下属的某个分支单位）新能源卡车和传统燃油卡车的配置情况。
2. 请对快递物流企业卡车采购中引入 TCO 理念的必要性进行分析。
3. 利用 TCO 理念，对两类车中某型号的车型进行成本项的拆解分析。
4. 构建 TCO 模型，对两种卡车的 TCO 成本进行对比分析。
5. 深入分析并总结，对于京东、顺丰或菜鸟这些致力于环境、社会和治理（ESG）目标的企业来说，在进行卡车采购 TCO 分析时，是否应该引入环保指标，如果需要，在 TCO 模型构建时如何引入和利用这类指标。

【实训要求】

学习小组内部，分工协作，利用各种渠道开展实践调研，结合实训内容要求和所学专业知识，撰写调研报告，调研报告内容齐备，格式规范，调研结论应具备一定的创新性和研究深度。

【拓展学习任务】

京东政企业务助企业客户实现数智化转型升级

参考文献

[1] 刘宝红. 供应链管理：实践者的专家之路[M]. 北京：机械工业出版社，2017.

[2] 刘宝红. 供应链管理：高成本、高库存、重资产的解决方案[M]. 北京：机械工业出版社，2016.

[3] 金燕波，陈宁，李巍，等. 采购管理[M]. 北京：清华大学出版社，2016.

[4] 王炬香. 采购管理实务[M]. 3 版. 北京：电子工业出版社，2016.

[5] 刘宝红. 采购与供应链管理：一个实践者的角度[M]. 3 版. 北京：机械工业出版社，2019.

[6] 孙旭，贾强法，刘子玉，等. 采购管理[M]. 2 版. 北京：清华大学出版社，2021.

[7] 姜宏锋. 采购 4.0：采购系统升级、降本、增效实用指南[M]. 北京：机械工业出版社，2019.

[8] 徐杰. 采购与供应管理[M]. 北京：机械工业出版社，2019.

[9] 中国物流与采购联合会. 采购管理：降低采购成本，提高采购效率[M]. 北京：人民邮电出版社，2023.

[10] 黄文霖. 数字化采购-采购转型升级的实践指南[M]. 北京：人民邮电出版社，2023.

[11] 宫迅伟. 全品类间接采购管理[M]. 北京：机械工业出版社，2022.

[12] 宫迅伟. 采购全方位领导[M]. 北京：机械工业出版社，2023.

[13] 宫迅伟. 供应商全生命周期管理[M]. 北京：机械工业出版社，2019.

[14] 柳荣. 采购是个技术活——如何专业做采购[M]. 北京：人民邮电出版社，2020.

[15] 吴春尚，孙序佑，杨好伟. 采购管理[M]. 成都：电子科技大学出版社，2020.

[16] 王刚，刘鹤. 采购谈判与采购方式[M]. 北京：电子工业出版社，2016.

[17] 毛敏. 采购与供应管理[M]. 成都：西南交通大学出版社，2021.

[18] 柳荣. 采购与供应链管理——采购成本控制和供应商管理实践[M]. 北京：人民邮电出版社，2018.

[19] 吴守荣. 项目采购管理[M]. 北京：机械工业出版社，2018.

[20] 王皓. 采购管理[M]. 武汉：华中科技大学出版社，2019.

[21] 文丹枫. 智慧供应链[M]. 北京：电子工业出版社，2019.

[22] 李方峻，曹爱萍. 采购管理实务[M]. 北京：北京大学出版社，2019.

[23] 任璇. 数智化视域下企业供应链转型的路径及价值分析[J]. 全国流通经济，2024（9）：78-81.

[24] 王静，张松青，周熙. 打造企业物资数智化管理供应保障体系[J]. 中国物流与采购，2024（8）：37-38.

[25] 马敬泽. 专家解析采购与供应链数智化转型之路[N]. 现代物流报，2024-01-24（2）.

[26] 丁红武，张浩，朱勇. 电力行业供应链企业平台型数智化管理创新与实践[C]//中国电力企业管理创新实践（2022 年）. 国网物资有限公司，2024：3.

[27] 冯颜，张国强，陈晓琦. 扎实推进绿色采购　把试点打造成“亮点”[N]. 政府采购信息报，2024-03-25（9）.